Die Zahlen entsprechen den Seitenzahlen im Buch

Österreich
Ein Porträt in Luft- und Satellitenbildern

Autorenverzeichnis
DR. LOTHAR BECKEL, Salzburg: Vorwort, Einleitung, Seite 10–26
MAG. ROMANA ERLACHER, Salzburg, Seite 168, li.
PROF. MAG. FRANZ FORSTER, St.Ulrich-Steyr: alle weiteren Beiträge

Bildnachweis:
Satellitenaufnahmen: © GEOSPACE BECKEL SATELLITENAUFNAHMEN GMBH., Salzburg
Luftaufnahmen: © ALPINE LUFTBILD, Innsbruck: Seite 33, re;
S. 43, li; S. 55, li; S. 71, li; S. 119, ru; S. 165.
© ALFRED HAWLICEK, Hörsching: Seite 49, re. Rand; S. 79, li; S. 127;
S. 129 li u. re; S. 155, ro, ru; S. 161, li, re; S. 167, re
© FOTO LANGHANS, Fürstenfeld: Seite 153.
© ROBERT STASTNY. Salzburg, Seite 11, li
© alle übrigen Aufnahmen: LOTHAR BECKEL, Bad Ischl/Salzburg
Luftaufnahmen freigegeben vom BMfLV, Wien
Topographische Karte ÖK50, BLATT 31, Seite 24, re: © Bundesamt für Eich- und Vermessungswesen, Wien

© GEOSPACE VERLAG GMBH, Salzburg, 1996
© Satellitenbilddaten: GEOSPACE BECKEL SATELLITENBILDDATEN GMBH., Salzburg, und ÖSTERREICHISCHES FERNERKUNDUNGSDATEN ZENTRUM - OFD, Salzburg,
© Originaldaten: EURIMAGE/C.N.E.S. 1996

Alle Rechte vorbehalten. Reproduktion, Speicherung in Datenverarbeitungsanlagen, Wiedergabe auf elektronischen, fotomechanischen oder ähnlichen Wegen, Funk oder Vortrag – auch auszugsweise – nur mit ausdrücklicher Genehmigung der Copyrightinhaber.

ÖSTERREICH – Ein Porträt in Luft- und Satellitenbildern
Herausgegeben von LOTHAR BECKEL
GEOSPACE VERLAG, Salzburg, 1996

ISBN 3-85313-019-4

Konzept, Redaktion und Koordination: LOTHAR BECKEL, GEOSPACE GMBH, Salzburg
Buchgestaltung: mit Lizenz der PRISMA VERLAGS GMBH, München – V. DESIGN, Teisendorf
Umschlaggestaltung: V. DESIGN, Teisendorf
Interaktive Bildverarbeitung und Datenoptimierung:
DIPL.-ING GERALD MANSBERGER, MAG. ANDREA SCHÖRKMAIER, GERALD ZIEGLER, GEOSPACE GMBH, Salzburg
Kartographie: DR. MARKUS EISL, MAG. ANDREA SCHÖRKMAIER, DIPL.-GEOGR. JÜRGEN JANOTH,
Lektorat: DR. HERBERT SCHILLINGER, Wien
Lithographie: SCANGRAPHIC E. ZIELSKE, Bergen
Belichtungen: REPRO FUCHS GMBH, SALZBURG
Satz: V. DESIGN, Teisendorf
Druck: HOFFMANN OFFSETDRUCK + REPRO, Traunreut
Weiterverarbeitung: CONZELLA VERLAGSBUCHBINDEREI URBAN MEISTER GMBH & CO KG, Pfarrkirchen

Printed in Germany

Österreich
Ein Porträt in Luft- und Satellitenbildern

Texte von Franz Forster
Herausgegeben von Lothar Beckel

GEOSPACE Verlag

Inhalt

Seite			
	6–7	94–95	**Wien**
	Von der Mark zur Republik	96–97	**St. Pölten**
	8–9 Österreich auf einen Blick	98–99	Gmünd
	10–23 Einführung in diesen Atlas	100–101	Waldviertler Landschaft
	24–26 Satellitenbilder und Karten	102–103	Horn und die Horner Bucht
	28–29 **Bregenz**	104–105	Retz
	30–31 Feldkirch	106–107	Das zentrale Weinviertel
	32–33 Bludenz	108–109	Der Nibelungengau
	34–35 Der Bregenzerwald	110–111	Amstetten und das Ybbsfeld
	36–37 Silvretta	112–113	Wachau
	38–39 Arlberg	114–115	Krems an der Donau
	40–41 **Innsbruck**	116–117	Hainburg
	42–43 Landeck	118–119	Wiener Neustadt
	44–45 Tschirgant	120–121	Rax und Schneeberg
	46–47 Kaunergrat und Gepatschspeicher	122–123	**Eisenstadt**
	48–49 Sölden	124–125	Seewinkel
	50–51 Achensee – Jenbach	126–127	Günser Gebirge
	52–53 Kitzbühel – St. Johann	128–129	Güssing
	54–55 Lienz	130–131	**Graz**
	56–57 **Salzburg**	132–133	Mariazell
	58–59 Trumer Seen	134–135	Admont und die Gesäuseberge
	60–61 Steinernes Meer und Hochkönig	136–137	Erzberg
	62–63 Zell am See	138–139	Hochschwab
	64–65 Der Grossvenediger	140–141	Leoben
	66–67 Der Grossglockner	142–143	Bruck an der Mur
	68–69 Bad Gastein	144–145	Sölkpass
	70–71 Tamsweg	146–147	Das Judenburger Becken
	72–73 **Linz**	148–149	Packalpe
	74–75 Aigen – Moldau	150–151	Köflach
	76–77 Schlögener Schlinge	152–153	Gleisdorf
	78–79 Das untere Mühlviertel	154–155	Leibnitz
	80–81 Schärding	156–157	**Klagenfurt**
	82–83 Mattigtal und Kobernausser Wald	158–159	Wolfsberg
	84–85 Wels	160–161	Maltatal und Kölnbreinsperre
	86–87 Steyr	162–163	Spittal an der Drau
	88–89 Sengsengebirge und Windischgarstener Becken	164–165	Kötschach-Mauthen und die Gailtaler Alpen
	90–91 Traunsee		
	92–93 Dachstein	166–167	Villach

Die Landeshauptstädte eröffnen jeweils den Abschnitt der zugehörigen Bundesländer. Grenzüberschreitende Bilder wurden jenem Bundesland zugeordnet, in dem sie den größeren Anteil einnehmen.

*L*iebe Leserinnen, liebe Leser!

Dem Millennium der österreichischen Geschichte folgt bald ein zweites: das der christlichen Zeitrechnung. Es ist einmal mehr Anlaß, die heutigen Landschaften Österreichs mit ihren gegenwärtigen Grenzen zusammenfassend mit den Mitteln der verfügbaren Technik, nämlich der Erdbeobachtung aus dem Weltraum, zu überblicken und zu sehen, wie Natur und Mensch diese Landschaften gestaltet haben.

Eine Gesamtaufnahme des Landes in solchem Sinne wäre wünschenswert, der Umfang eines Buches gestattet zumindest die Erfassung ausgewählter Teillandschaften, welche die ungeheure Vielfalt auf dem Raume von 83.858 Quadratkilometern widerspiegelt. Das Bild, das es zu erfassen gilt, reicht von den schnee- und eisbedeckten Gipfeln über die geologisch bedingten und so unterschiedlichen Felsregionen der Hochgebirge, über die – den bioklimatischen Höhenstufen folgenden – Vegetationszonen bis in die seit Jahrhunderten besiedelten Täler und weiter zu den seit den Ursprüngen der Siedlungsgeschichte bewirtschafteten Flach- und Hügelländern im Nordosten des Landes.

Von jeher prägten Naturgewalten mit ihren endogenen und exogenen Kräften die Oberflächenformen unseres Landes. Zusammen mit seiner geographischen Position auf dem Kontinent und dessen Lage im global bedingten Wechselspiel von Klima und Wetter, wie wir es dank der Raumfahrt erstmals mit dem Blick von außen erfassen können, bestimmen sie auch heute noch unseren Lebensraum und das, was der Mensch früher in naturnaher Verbundenheit, jetzt mit der Allmacht der Technik aus dem Land gemacht hat. Seine Spuren sind unauslöschlich selbst aus 700 bis 800 Kilometern Höhe zu sehen und lassen sich aus dieser Sicht rasch in ihrem Gesamtgefüge erfassen. Die Folgen der menschlichen Aktivitäten sind abschätzbar, Entwicklungstrends und ihre zu erwartenden Auswirkungen lassen sich ermitteln, und die gewonnenen Erkenntnisse können einer Zukunftsplanung zugrunde gelegt werden.

Satelliten- und Luftaufnahmen zeigen, wie sich die tausendfachen, jedoch gleichartigen Aktionen Einzelner zu einer den Lebensraum Erde beeinflussenden Gesamtsumme verdichten, sie zeigen aber auch die faszinierende Schönheit des Landes im Überblick und im Detail mit all den geistigen und kulturellen Leistungen, die in der Vergangenheit überwiegend in christlichem Glauben entstanden sind. Man denke nur an die zahlreichen Kirchen, Stifte und Klöster, von denen ausgehend Kultur und Siedlungsgeschichte, überlagert von weltlichen, politischen Machtsystemen maßgeblich geprägt wurden. All diese Spuren sind neben Gunst oder Ungunst der Landschaft im Satellitenbild wiederzuentdecken – Rodungs- und Flurformen, Siedlungsmuster, wirtschaftliche Erschließungen und vieles andere mehr. Sie bieten Ihnen, verehrte Leserinnen und Leser, genügend Raum für geistige Spaziergänge in den Satellitenaufnahmen und anschließende Ausflüge ins Gelände. Dafür wünsche ich Ihnen als Herausgeber dieses Buches viel Entdeckungsfreude und Vergnügen.

Lothar Beckel
Salzburg, im Herbst 1996

Von der Mark zur Republik
Österreich heute und seine Lage in Europa

Ö STERREICH feiert sein Millennium – ist der Name, der sich auf einer Urkunde des 10. Jahrhunderts fand wirklich die Geburtsstunde unserer Heimat, oder liegen die Anfänge weiter zurück?

Die landschaftliche Vielfalt, die durch diesen Atlas vermittelt wird, spiegelt sich in der Geschichte ÖSTERREICHS wider. Pässe und Talengen boten der Bevölkerung der Alpenregionen Schutz. Das Fehlen natürlicher Barrieren im DONAURAUM und im östlichen Vorland sorgte dafür, daß immer wieder fremde Völker einfielen und die kontinuierliche Entwicklung unterbrachen.

Die Anfänge der Territorialbildung im Ostalpen- und Donauraum gehen auf die Abwehrkämpfe gegen die aus dem Osten kommenden Reitervölker zurück. Nach der Niederlage der Magyaren am LECHFELD errichtete Otto I. zwischen ENNS und TRAISEN die OSTMARK, die er im Jahre 976 den Babenbergern als Lehen übertrug. Die 270 Jahre währende Herrschaft der Babenberger ist durch eine kontinuierliche Vergrößerung ihres Territoriums und den inneren Ausbau gekennzeichnet. Die MARK dehnte sich nach Osten und Norden ins WALDVIERTEL aus, im Jahre 1156 wurde sie zum Herzogtum erhoben. In diese Phase fällt auch die Verlegung der Residenz nach WIEN. Eine bedeutende Gebietserweiterung gelang LEOPOLD V., der mit den Steirischen Ottokaren im Jahre 1186 die Georgenberger Handfeste abschloß, die die Babenberger als Erben einsetzte. Der Erbfall trat 1192 ein, wodurch die STEIERMARK an die Babenberger fiel. Gefährdet wurde die Aufwärtsentwicklung nach dem Aussterben der Babenberger, als Ottokar von Böhmen ÖSTERREICH und die STEIERMARK aneignete.

Die Entscheidung fiel 1278, als Rudolf von Habsburg den Böhmenkönig entscheidend schlagen konnte und die OSTALPENLÄNDER 1282 am Reichstag zu REGENSBURG seinen Söhnen als Lehen übertrug. Damit begann die 636 Jahre dauernde Herrschaft des Hauses Habsburg. Im 14. Jahrhundert dehnten die Habsburger das Reich nach Süden und Westen aus. 1335 wurde das Herzogtum KÄRNTEN erworben und 1363 fiel das Land TIROL nach dem Aussterben der Grafen von TIROL an die Habsburger. Ihr Bestreben war darauf gerichtet, eine Verbindung zu ihrem Stammlande in der OSTSCHWEIZ und in SÜDDEUTSCHLAND zu schaffen. Durch Erbschaften und Kauf wurde so das Land vor dem ARLBERG an ÖSTERREICH angeschlossen. Durch Erwerb von GÖTZ und KRAIN erhielten sie mit TRIEST den Zugang zur ADRIA.

Wesentlich für die Festigung der habsburgischen Herrschaft war Rudolf IV., der neben der Gründung der Universität WIEN (1363) der Wirtschaft entscheidende Impulse verlieh. Teilungen des habsburgischen Besitzes auf mehrere Linien führten im 15. Jahrhundert zu einer Stagnation, die erst durch die Heiratspolitik Friedrichs III. und Maximilians I. überwunden wurde. Die burgundische und spanische Heirat brachten unter Karl V. ein Universalreich, in dem die Sonne nicht unterging. Wesentlicher für die Entwicklung in ÖSTERREICH war aber der Erwerb UNGARNS und BÖHMENS durch Heirat und Erbschaftsverträge. Die Teilung des habsburgischen Universalreichs 1547 führte dazu, daß sich die österreichische Linie ganz auf den Ausbau ihres Machtbereiches konzentrieren konnte. Der Aufstieg ÖSTERREICHS zur Großmacht fällt in das 17. Jahrhundert und ist mit der Abwehr der osmanischen Gefahr verbunden. Nach der Belagerung WIENS 1683 konnten unter Führung von Prinz Eugen ganz UNGARN und SIEBENBÜRGEN sowie das BANAT erworben werden. Parallel dazu brachte der Spanische Erbfolgekrieg wesentliche Gebietsgewinne in den NIEDERLANDEN und in OBERITALIEN. Um 1740 hatte die HABSBURGMONARCHIE ihre größte Ausdehnung erreicht.

Für das heutige Staatsgebiet wichtige Gebietserweiterungen waren der Erwerb des INNVIERTELS von BAYERN und, beim WIENER KONGRESS, des Erzbistums SALZBURG. Das 19. Jahrhundert brachte der Monarchie infolge des aufkommenden Nationalismus in ITALIEN und bei den SÜDSLAWEN zahlreiche Gebietsverluste. So ging bis 1866 fast ganz OBERITALIEN an das neue Königreich.

Im Jahre 1910 zählte der Vielvölkerstaat der HABSBURGMONARCHIE rund 670.000 Quadratkilometer bei einer Einwohnerzahl von 51 Millionen. Mit dem Ende des Ersten Weltkrieges brach die Monarchie auseinander. Es war nicht gelungen, die zahlreichen Nationalitätenprobleme zu lösen. Der Friede von ST. GERMAIN schuf einen kleinen Staat, der die deutschsprachigen Gebiete im Alpen- und Donauraum umfaßte, wobei der Verlust von SÜDTIROL besonders schmerzlich empfunden wurde. Der Anschluß des BURGENLANDES im Jahre 1921 brachte die endgültige Gestaltung des heutigen Staatsraumes.

Österreich um 996
Rot Ostarrichi

Die Grenzen der Österreichisch-Ungarischen Monarchie um 1918
1 Niederösterreich
2 Böhmen
3 Mähren
4 Schlesien
5 Galizien
6 Bukowina
7 Ungarn
8 Kroatien und Slavonien
9 Bosnien
10 Herzegowina
11 Dalmatien
12 Istrien
13 Krain
14 Steiermark
15 Kärnten
16 Görz und Gradisca
17 Tirol
18 Vorarlberg
19 Salzburg
20 Oberösterreich

Österreich auf einen Blick
Ein Mosaik aus Satellitenaufnahmen ergibt die Zusammenschau

Vielfalt der Landschaften
Vom Hochgebirge zur Pannonischen Ebene

*E*s gibt viele Möglichkeiten ein Land kennenzulernen. Die beste und rascheste ist zunächst einmal die Betrachtung von oben. Stephan Koren schreibt in einem seiner Bücher »…nur wer Abstand nimmt kommt einer Sache näher…«). Von oben heißt vom Flugzeug und der nächsten, übergeordneten Stufe, vom Satelliten. Freilich ist es nicht jedermann vergönnt, Astronaut zu werden. Bislang hat es ein einziger beneidenswerter Österreicher, Franz Viehböck, geschafft, sich die Heimat aus dieser Sicht anzusehen; das mit dem Flugzeug klappt schon eher.

Einmal in der Luft, werden einem plötzlich die landschaftlichen Unterschiede mit ihren mannigfaltigen Strukturen, Formen und Farben ebenso klar wie Zusammenhänge zwischen den Landschaften und dem Lebensraum des Menschen, seinem Wirtschaften, aber auch seiner Geschichte und dem, was er im Laufe der Zeit aus dem Land gemacht hat. Betrachten wir ÖSTERREICH auf der vorangehenden Doppelseite im Satellitenbildmosaik, das aus 24 Aufnahmen hergestellt wurde, so präsentiert sich das Land in einer Sicht, wie man sie anders nicht erlangen kann.

Den größten Teil des 580 Kilometer langen und an seiner breitesten Stelle 294 Kilometer weiten Landes nehmen die Alpen ein. In einer schwungvollen, flachen S-Kurve durchziehen sie das Land. Im Westen bestehen sie aus über 3.500 Meter hoch aufragenden, vielfältig gegliederten, mächtigen Gebirgsstöcken (RÄTIKON, SILVRETTA, ÖTZTALER, STUBAIER ALPEN), die in die langgestreckten Gebirgszüge der HOHEN und NIEDEREN TAUERN übergehen. In ihrer Oberflächenform unterscheiden sich die vielfach vergletscherten Zentralalpen deutlich von den sie im Norden und Süden begleitenden Kalkalpen, von denen sie durch die großen alpinen Längstalfurchen (INNTAL, SALZACH- und ENNSTAL, MUR-MÜRZTAL im Norden, DRAUTAL, KLAGENFURTER BECKEN im Süden) klar getrennt sind. Entlang dieser durchgängigen Täler liegt eingeschoben eine schmale Grauwackenzone. Sie hebt sich durch sanfte gras- und in den tieferen Lagen waldbestandene Formen deutlich ab. Ihre größte Breite erreicht sie in Dreiecksform mit den TUXER ALPEN und den KITZBÜHELER SCHIEFERALPEN und findet sich ausgedehnter auch in den GURKTALER ALPEN und den KARAWANKEN.

Die Kalkalpen präsentieren sich zum Teil als Kettengebirge, wie in TIROL oder im Süden des Landes, zum Teil als mächtige Kalkplateaus über steilen Wänden, die weitgehend verkarstet und öde Steinwüsten sind.

Gegen Osten verlieren die Alpen zunehmend an Höhe. Sie enden mit einer Bruchzone am WIENER BECKEN und laufen mit dem nur 361 Meter hohen BISAMBERG bei WIEN nördlich der DONAU aus, wo sie in den durch eine »Klippenzone« markierten Alpen-Karpatenbogen übergehen. Im Südosten sind sie durch das bogenförmige STEIRISCHE RANDGEBIRGE begrenzt, welches das wie ziseliert aussehende STEIRISCHE HÜGELLAND umspannt.

Im Norden werden die ALPEN von der schmalen, in parallele Falten gelegten Flyschzone begleitet, an die mit dem ALPENVORLAND ein ehemaliger, tiefer Meerestrog, der im Tertiär mit Schotter gefüllt wurde, anschließt. Die helle Farbe des Ackerlandes hebt das Alpenvorland gut heraus. Im Osten geht es in die weite Landschaft des WIENER BECKENS – eine tiefe, schottergefüllte Grabenbruchzone – über, die den hier auslaufenden Alpensporn umschließt.

Nördlich der DONAU erhebt sich die bis zu 1.000 Meter hohe Landschaft des alten MITTELEUROPÄISCHEN GRUNDGEBIRGES der BÖHMISCHEN MASSE. Es besteht im Westen aus Granit, über dem sich ein ausgeprägtes, tief zertaltes Kuppenland ausbreitet, und im Osten aus Gneis, der eine sanfte, flachwellige Landschaft trägt.

Als Besonderheit des Alpenstaates gilt der Übergang in die UNGARISCHE TIEFEBENE mit der steppenhaften Landschaft des SEEWINKELS jenseits des NEUSIEDLER SEES.

Ödland zwischen Waldgrenze und Gletscher in den Ötztaler Alpen. Zur Wegsicherung über die Alpen im Vordergrund das Hochjochhospiz

Naturereignisse wie der Bergsturz von der Bischofsmütze im September 1993 offenbaren die gewaltigen Kräfte, die unsere Landschaft formen

Die Deckenstirn der Ostalpen zieht eine markante Linie durch die während und nach der Eiszeit entstandene Seenlandschaft des Salzkammergutes

Hohe Tauern
Der österreichische Nationalpark in den Zentralalpen

Große Teile der oberen Regionen in den Hohen Tauern, an denen die Bundesländer Tirol, Salzburg und Kärnten Anteil haben, wurden durch die Erhebung zum Nationalpark unter Schutz gestellt

Flurformen und Landnutzung
Seit Jahrhunderten bestimmen Bauern das Gesicht des ländlichen Raumes

Bauern sind die Pfleger der Landschaft. Sie haben das Gesicht ÖSTERREICHS seit Jahrhunderten in vielfältiger Weise geprägt. Vom Boden aus sind Feldstrukturen kaum zu erfassen, blickt man jedoch von oben hinunter, so ordnen sich die vielen Hecken und Raine, Wege und Flurgrenzen sofort zu Mustern, die viel über die Siedlungsgeschichte, aber auch über Gunst und Ungunst eines Landes verraten. So unterschiedlich wie die Landschaften sind auch die Flurformen. Die Bildausarbeitungen im Hauptteil des Buches im Maßstab 1:50.000 zeigen sie mit aller Deutlichkeit.

Satellitenaufnahmen geben über Mehrfachaufnahmen während des Jahres durch die unterschiedlichen Wuchs- Reife- und Erntezeiten der einzelnen Anbauprodukte gute Auskunft und erlauben auch die Abgrenzung der verschiedenen Hauptanbaugebiete. Klima- und lagebedingte regionale Einflüsse sind bei der Interpretation jedoch zu berücksichtigen.

Die ältesten nachweisbaren Flurgrenzen und -formen in ÖSTERREICH gehen auf die Römerzeit zurück. Sie finden sich im Bereich der PARNDORFER PLATTE, im Umland der römischen Stadt Carnuntum, wo entweder von Veteranen oder von privaten Siedlern weithin Ackerbau betrieben wurde. Um 200 vor Christus wurde die Landvermessung in Centurien eingeführt. Eine *centuria* umfaßte 50 Hektar, sie bestand aus 100 *heredia*, wobei ein *heredium* 5.048 Quadratmeter besaß. Das bei der Landeinteilung verwendete Längenmaß, 1 *actus*, betrugt 35,42 Meter. Diese Maßeinheiten finden sich heute noch in besagtem Gebiet, die darauf basierenden Flurgrenzen sind an einzelnen Stellen im Satellitenbild zu erkennen.

Die Flureinteilungen sind eng an die Siedlungsformen und damit an die Siedlungsgeschichte gebunden. In vergleichender Betrachtung lassen sich die Unterschiede in den Einzellandschaften gut herausarbeiten, man vergleiche zum Beispiel die Waldhufenfluren im MÜHLVIERTEL mit den Blockfluren im ALPENVORLAND oder den Streifenfluren im WEINVIERTEL. Flurumlegungen in unserer Zeit zerstören da und dort die alten Muster. Besonders auffällig sind dabei die auf Enteignung nach dem Zweiten Weltkrieg zurückgehenden genossenschaftlichen Fluren der östlichen Nachbarländer.

Die Detailerkennbarkeit ist ausreichend genug, daß die Europäische Union europaweit jährlich Ernteschätzungen und Brachflächenkontrollen mit Hilfe von Satellitenaufnahmen durchführt. Zwei bis drei Aufnahmen der in jedem Land ausgewählten Testgebiete während des Jahres, ihre exakte Abgrenzung durch Überlagerung mit digitalisierten Katasterplänen und Bestimmung der Anbauprodukte pro Testfläche aus Meldungen der Landwirte oder durch Überprüfung der Flächen ergeben in Verbindung mit digitaler Bildauswertung der Aufnahmen hinreichend gute Ergebnisse zur Ernteschätzung oder Brachflächenkontrolle.

Unerwartete Landschaft im Alpenland Österreich: die Parndorfer Platte im Osten

Wald- und Seenlandschaft im nördlichen Waldviertel

»Ausgeräumtes Bauernland« nordöstlich von Steyr

Städte und Dörfer
Spiegel von Siedlungsgeschichte, Wirtschaftsform und Sozialstruktur

𝒟ie Siedlungsgeschichte und die damit verbundenen Siedlungsformen ÖSTERREICHS werden im Satellitenbild besonders deutlich. Zeigen sie sich doch einerseits indirekt durch die großflächig wirksamen Flurformen und andererseits durch ihre Verteilung beziehungsweise Anordnung in der Landschaft. Relief, Oberflächenformen, Durchgängigkeit der Landschaft, Höhenlage und damit klima- und lagebedingte Witterungsverhältnisse, Böden, Wasserangebot, Verteilung der natürlichen Vegetation, Sicherheit vor kriegerischen Einfällen, aber auch vor Naturereignissen und viele andere Aspekte waren ebenso maßgebend wie politische Maßnahmen für die Anlage der Siedlungen, die im Laufe der Zeit entstanden.

Überlagert man Satellitenbilder mit den Siedlungsbildern der verschiedenen Epochen, so zeigen sich interessante Zusammenhänge und Strukturen. Zum Beispiel, wenn man die Ringanlagen des Neolithikums, die sich allein im WEINVIERTEL finden, mit der damaligen eiszeitlichen Vergletscherung der Alpen in Beziehung setzt. Man siedelte in relativ geschlossenem Gebiet weitab von den kalten Fallwinden aus den eisbedeckten Bergen, in überschwemmungssicherer Lage auf fruchtbaren Lößböden, wie sie das WEINVIERTEL bot.

Weite Teile des Landes wurden in keltischer und später römischer Zeit besiedelt, mit wenigen Ausnahmen, zum Beispiel bei Carnuntum, sind diese Spuren zwar am Boden zu finden, im Satellitenbild aber kaum zu entdecken, wenngleich es an vielen Plätzen Siedlungskontinuität gibt, und Orts- und Flurnamen auf die frühe Besiedelung hinweisen.

Die heute noch überwiegend gültigen Flur- und Siedlungsstrukturen des ländlichen Raumes entwickelten sich seit dem frühen Mittelalter, wie etwa mit der planmäßigen Besiedelung des Alpenvorlandes von BAYERN her im 7. bis 9. Jahrhundert, wo Einzelhöfe in Blockfluren und Weiler mit Einödfluren entstanden, und später im 11. bis 13. Jahrhundert, als der Nordwald gerodet und entlang der Aufschließungswege die langgestreckten Waldhufendörfer des MÜHLVIERTELS angelegt wurden. Die mittelalterliche Besiedelung OSTÖSTERREICHS erfolgte ab 1000 nach Christus über das WEINVIERTEL. Hier wurde großflächig gerodet für die Anlage von Straßen- und Angerdörfern mit Gewann- und Streifenfluren.

Im alpinen Raum, in den man seit keltischer Zeit zur Nutzung der Bodenschätze vorgedrungen war, begann die Urbarmachung mit Einzelhöfen inmitten von Rodungsinseln, wie sie im SALZACH- und ENNSTAL auf den sonnigen Südhängen oder im STEIRISCHEN RANDGEBIRGE zu finden sind. Geschlossene Siedlungen bildeten sich meist in geschützter Lage auf Schwemmkegeln oberhalb von versumpften oder durch Überschwemmungen gefährdeten Talböden.

Die ersten Stadtgründungen erfolgten im 11. Jahrhundert unter Leopold V. In der Mitte des 12. Jahrhunderts folgte eine Zeit der planmäßigen Städtegründungen, die bis in das 14. Jahrhundert andauerte. Die Städte entstanden entlang der Handelswege, meist an Flußläufen, oder in günstiger Lage am Ausgang jener Täler aus dem Gebirge, die Alpenübergänge kennzeichneten. Besonders deutlich ist dies zum Beispiel bei den Städten SALZBURG und GRAZ zu sehen.

Mit der beginnenden Industrialisierung im 19. Jahrhundert, der Entwicklung des Eisenbahnverkehrs, und ganz besonders nach dem Zweiten Weltkrieg mit der enormen Wirtschafts- und Verkehrsentwicklung, aber auch mit dem Wirtschaftswandel und der ungeheueren Mobilität nahezu aller Bevölkerungsschichten begannen die Siedlungen, wenn auch aus unterschiedlichsten Gründen, aus den Fugen zu geraten. Neue Siedlungsformen entstanden, dichte Verkehrsnetze überziehen seither das Land, ganze Talschaften entwickelten sich ebenso zu geschlossenen Stadtlandschaften wie alte Siedlungsketten in den heutigen »Zentralräumen«.

Die alten Strukturen lösen sich auf. Deutlich zeigt sich diese Entwicklung in den Satellitenaufnahmen.

Bad Hall in Tirol: Vielfältig sind die Nutzungsinteressen in den Alpen

Ursprung der Siedlung: neolithische Kreisgrabenanlage im Weinviertel

Schnellstraßen verändern das Leben im ländlichen Raum

Waidhofen an der Thaya – die Dreiecksform des Terrassensporns begründet den Grundriß der planmäßigen Burgstadt aus dem 12. Jahrhundert

Veränderungen des Landschaftsbildes: Alte und neue Siedlungsformen bei Lenzing in Oberösterreich

Ebenen im Osten Österreichs
Übergangslandschaft an der Ostgrenze

Im Osten klingt ÖSTERREICH mit einer Landschaft aus, die man in einem Gebirgsland nicht erwarten würde: mit dem westlichsten Steppensee EUROPAS und dem daran anschließenden weiten Übergang zur UNGARISCHEN TIEFEBENE. Einen größeren landschaftlichen Gegensatz als den zwischen diesem Raum und dem Hochgebirge, wie es auf den Seiten 12 und 13 mit den HOHEN TAUERN dargestellt ist, kann es kaum geben. Die Gemeinsamkeit der beiden Landschaften ist, daß beide ob ihrer Besonderheit zum Nationalpark erhoben wurden.

Der bildbeherrschende NEUSIEDLER SEE ist der größte See ÖSTERREICHS. Er ist 35 Kilometer lang und 7 bis 15 Kilometer breit, seine Tiefe liegt im Durchschnitt bei 70 Zentimetern und erreicht an tiefster Stelle keine 2 Meter. Vielfältige Sportmöglichkeiten im Sommer wie im Winter (Eislauf und Eissegeln) machen das »Meer der Wiener« mit dem umliegenden Weinland auch besonders interessant. Liegen doch um das Ufer des Sees so bekannte Weinbauorte wie NEUSIEDEL AM SEE, OGGAU, RUST, MÖRBISCH und andere.

Der See ist von einem breiten Schilfgürtel umgeben, in dem über 250 verschiedene Vogelarten beobachtet werden; zudem ist er Rastplatz der Zugvögel auf ihrem Flug nach Süden. In den späten Herbsttagen fallen oft tausende von Wildgänsen und Wildenten ein, die ein besonderes Schauspiel bieten.

Touristische Anlagen ziehen ihre deutlichen Spuren durch das Schilf, Hotelanlagen am Rande des Sees, Bootshäfen, aber auch moderne Pfahlbauten am wasserseitigen Rande des Schilfgürtels sind zu beobachten.

Vergleicht man ältere Landkarten mit der Satellitenaufnahme, so zeigt sich, daß der Schilfgürtel besonders im Süden stark im Wachsen begriffen ist. Der See verlandet. Beinahe wäre ihm der Mensch mit einer gleichartigen Absicht zuvorgekommen. So entstand um 1870 der Plan – und es war nicht das erste Mal – den See trockenzulegen, um landwirtschaftliche Anbauflächen zu gewinnen. Es mangelte jedoch am Geld, und 1902 begann man umzudenken.

Der Wasserspiegel des NEUSIEDLER SEES kann stark schwanken. Sein Zufluß erfolgt nur zu einem geringen Teil durch die WULKA und einige kleinere Bäche. Überwiegend bezieht er seinen Wassernachschub aus Grundwasserquellen im See.

Große Teile des Sees, deren südlicher Teil zu UNGARN gehört, wurden 1994 von beiden Anliegern zum Nationalpark erhoben.

Eine Besonderheit findet sich östlich des Sees im SEEWINKEL mit den ZICKSEEN. Es sind flache, wassergefüllte Pfannen, die im Sommer meist verdunsten und dann weiße Salztonflächen mit Ausblühungen aus Soda und Glaubersalz zurücklassen. Klar leuchten sie im Satellitenbild hervor. Die sie umgebende ehemalige Steppenlandschaft wurde weitgehend in Ackerland umgewandelt, dessen Fruchtbarkeit durch die salzhaltigen Böden beeinträchtigt ist, wie man im Satellitenbild an Vegetationsunterschieden erkennen kann. Die Einmaligkeit der Landschaft begründet ihre Einbindung in den Nationalpark. Für mehrere Lacken kam sie zu spät, seit 1956 wurden rund 20 für die Landwirtschaft trockengelegt.

Wie Naturschätze gehen oft auch andere Kostbarkeiten verloren, wenn sie nicht rechtzeitig erkannt oder abgesichert sind. Ein typisches Beispiel dafür stellen archäologische Reste in dem zu römischer Zeit dicht besiedelten pannonischen Raum und ganz besonders um das an der Donau liegende Carnuntum dar. Entsprechende Datenbanken auf Satellitenbildbasis, welche die jeweiligen Nutzungsansprüche zeigen, könnten vielfach Schutz bieten.

Archäologische Kulturschätze in Bedrängnis – Notgrabung vor der Verbauung bei Carnuntum

Die historische Freistadt Rust am Neusiedler See ist eine mittelalterliche Dorfgründung mit einem Breitanger, der im 17. und 18. Jahrhundert verbaut wurde. Entlang des Schilfgürtels im See – Pfahlbauten unserer Zeit als Wochenendhäuser

Monumentalbauten
Burgen, Schlösser, Stifte, Kirchen – Eckpfeiler der Entwicklung

Nichts zeigt bei Fahrten durch ÖSTERREICHS Landschaft seine lange, wechselhafte Geschichte, seine reiche Kultur und Tradition besser als die zahlreichen Monumentalbauten seiner Vergangenheit. Sie entsprangen zunächst der Notwendigkeit nach Sicherheit – wobei besonders die Ostgrenzen in offenen, leicht zugänglichen Ebenen lagen.

Gesicherte Wohnsitze reichen bis in die Jungsteinzeit zurück wie zum Beispiel der Schanzboden bei FALKENSTEIN im nördlichen WEINVIERTEL, der in die Zeit um 4500 vor Christus datiert wird.

Später legten befestigte römische Militärlager und Siedlungen sowie Wachtürme, die bis an den die DONAU entlanglaufenden Limes reichten, die Grundsteine für die weitere Siedlungsentwicklung. Nach dem Sieg Karl des Großen über die Awaren am Beginn des 9. Jahrhunderts entstanden in den Karolingischen Grenzmarken neben unbefestigten Königspfalzen auch befestigte Reichshöfe. Es begann die Zeit der Gründung zahlreicher planmäßiger Märkte und Städte. Im nördlichen NIEDERÖSTERREICH errichteten die Slawen an die 50 künstlich aufgeworfene Erdwallburgen, die mit hölzernen Burgställen besetzt waren.

Im 11. Jahrhundert entstanden zur Sicherung von Straßen, Brücken und Tälern die ersten romanischen Wehrbauten aus Stein, die im 12. Jahrhundert von Großburgen auf unwegsamen Felsklippen abgelöst wurden. Sie entwickelten sich zu Mittelpunkten der weltlichen Grundherrschaft, wobei sie gleichzeitig Schutz und Schirm für die Untertanen boten. HOCHOSTERWITZ entstand um diese Zeit, seine heutige Form erhielt es jedoch erst im 16. Jahrhundert. Sie ist eine der schönsten Burgen ÖSTERREICHS und enthält alle erforderlichen burgbaulichen Elemente: den von Wehrtürmen umgebenen Wohnbau, eine Kirche und ein mehrfaches, kompliziertes Mauer- und Torsystem, das mit vielen kleinen Wehrtürmen abgesichert ist.

In der Mitte des 13. Jahrhunderts wurde der Burgenbau umgestellt. Man mußte sich gegen neue, von den Ungarn und Mongolen geführte Waffen zur Wehr setzen: sie stürmten mit Bogenwaffen, Armbrüsten und Brandpfeilen an. Die Wehrbauten entwickelten sich damit zu den mehrfach befestigten Ritterburgen.

Im Grenzbereich, besonders im NIEDERÖSTERREICHISCHEN und STEIRISCHEN Gebiet, entstanden seit dem 13. Jahrhundert zahlreiche Stadtburgen, die an einer Ecke der Stadtbefestigung angelegt waren.

Neben den Höhenburgen im Bergland errichtete man im Flachland durch Gräben abgesicherte Wasserburgen.

Um 1500, als die ersten Feuerwaffen aufkamen, mußten die Herrschaftsburgen ein weiteres Mal verstärkt werden.

Ein besonderer Ausbau dieser Schutz- und Verteidigungsanlagen wurde im 16. Jahrhundert wegen der Bedrohung durch die Osmanen erforderlich.

Allein in NIEDERÖSTERREICH finden sich über 500 Burgen und Burgruinen. Insgesamt wurden in ÖSTERREICH an die 2.000 Herrschaftssitze errichtet, die jedoch nur noch zum Teil als Burg, Schloß oder Ruine vorhanden sind. Die ersten Ruinen entstanden im späten Mittelalter, als einerseits Burgen bei Machtkämpfen im Lande zerstört, und andererseits Verteidigungsburgen zu Herrschaftsburgen umgewandelt wurden, wobei man nicht benötigte Anlagen aufgab oder vernachlässigte. Im 16. Jahrhundert erfolgte die Umgestaltung der mittelalterlichen Burgen in Wehrschlösser, zum Teil fingen die Burgherren an, sich gesicherte Sitze in Tallagen einzurichten.

Nach der Befreiung ÖSTERREICHS 1683/1718 von der jahrhundertelangen Bedrohung aus dem Osten beziehungsweise durch die Türken, verloren Burgen ihre Bedeutung, und es begann die Zeit der barocken Prunkschlösser und Residenzen. Es wurde vor allem französischen Vorbildern nachgeeifert, und unter den Barockbaumeistern Jakob Prandtauer, Fischer von Erlach und Lukas Hildebrand entwickelte sich in ÖSTERREICH ein neuer Stil beim Bau von weltlichen und geistlichen Residenzen. In WIEN entstanden zu der Zeit unter anderem die Hofburg, die Hofbibliothek, die Hofstallungen, aber auch das Palais Schwarzenberg.

Auf geistlicher Seite waren über die Jahrhunderte Klöster und Stifte die Träger der geistigen und wirtschaftlichen Erschließung des Landes. Im 10. und 11. Jahrhundert entstanden die weltlichen Kanonikerstifte wie auch die Klöster der Benediktiner, denen die anderen Orden folgten. Im Mittelalter ausgestattet mit Grundherrschaft und zahlreichen Privilegien waren sie bis zur Reformationszeit, als Josef II. die Hälfte der Klöster aufhob und ihren Besitz einzog, ebenso politische wie kulturelle und wirtschaftliche Zentren des Landes. Nachhaltig prägten sie die Entwicklung ÖSTERREICHS und eindrucksvoll beherrschen die baulichen und kulturellen Denkmäler noch heute die Landschaft.

Weltliche und kirchliche Monumentalbauten waren lange Zeit Fixpunkte und Sicherheit in der Landschaft, aber auch wesentliche Ausgangspunkte der Landnahme. Hochosterwitz in Kärnten

Weithin sichtbar das gewaltige barocke Benediktinerstift Melk. Ursprünglich stand hier vermutlich die 976 von dem Babenberger Leopold I. errichtete Burg

Michaelskirche (12. Jahrhundert) und Karner (13. Jahrhundert) von Pulkau

Wirtschaft
Rohstoffnutzung, Energieversorgung und Verkehr im Landschaftsbild

Von jeher prägen die Art der Landnutzung, der Siedlungsverteilung und -dichte und die Wirtschaft das Bild der Landschaft. Betrachtet man die agrare Nutzung als Landschaftsgestalter in der Regel mit Wohlgefallen, wenn es sich nicht um großflächige Wirtschaft in ausgeräumten Landschaften, Bodenbelastung infolge Überdüngung oder um Massentierhaltung handelt, so steht der Betrachter einer flächenhaft erscheinenden Intensivwirtschaft im Forstwesen schon kritischer gegenüber. Sie äußert sich meist durch eine engmaschige Erschließung auch entlegenster Waldteile mit Forststraßen und eine Vielzahl größerer und kleinerer, oft eng beisammen liegender Schläge. Hier hat in den letzten Jahren ein Umdenken eingesetzt, man geht von Kahlschlägen zurück zu Saum- und Femelschlägen und setzt verstärkt auf Naturverjüngung. Dennoch zeigen sich im Satellitenbild bei der Gesamtbetrachtung immer wieder massive Eingriffe, die, und hier kann man sich täuschen, auch von der Natur durch Windbrüche verursacht worden sein können.

Technische Schönheit strahlen – aus angemessener Ferne betrachtet –, Bergbau, Großindustrien, Anlagen der Energieerzeugung und -verteilung, ja selbst landverzehrende Verkehrsbauten aus, die notwendig sind, um unser ganzes System in Verbindung und in Bewegung zu halten.

Überraschung lösen Maulwurfshaufen aus, betrachtet man sie von oben. Wie alle Strukturen haben auch sie System und passen sich so einer Ordnung an. Sie mögen damit auch Indikator für unbelastete Böden sein, in denen noch nicht alle Kleinlebewesen und Mikroorganismen durch Umwelteinflüsse zugrunde gegangen sind. Bei den vom Menschen geschaffenen Großstrukturen, die, wie ein Vergleich der Bilder zeigt, Ähnlichkeiten aufweisen, kann man gleiches wahrscheinlich nicht immer behaupten.

Wieweit durch unsere wirtschaftsbedingten Einrichtungen Nutzungskonflikte hervorgerufen werden, und wie sie gegebenenfalls zu beheben oder zu mindern sind, oder wie sich unsere planerischen Eingriffe auf den Naturhaushalt auswirken, läßt sich durch eine Gesamtschau aus einer gewissen Distanz wahrscheinlich leichter beurteilen als aus der Nähe.

Der unmittelbar in ihrem Umkreis oder Einflußbereich lebende Mensch fühlt sich oft durch sie gestört, sei es auch nur durch das zum Nachteil veränderte Landschaftsbild. Er akzeptiert aber ihre Notwendigkeit. Die Natur wird jedoch durch weitreichende Dauerbelastungen, auch wenn sie unter den zulässigen Grenzwerten liegen, mitunter so nachhaltig gestört, daß ernsthafte Schäden auftreten. Sei es durch Veränderungen im Grundwasserhaushalt, in den Abflußverhältnissen, durch Schadstoffimmissionen, Änderungen des Mikroklimas und viele andere Momente. Beim eher mobilen Menschen lassen sich eventuelle Schäden oft auch mit anderen Ursachen erklären.

Im Gegensatz zu flächenhaften Veränderungen, wie sie zum Beispiel durch Siedlungsausdehnung, Verkehrsanlagen oder mancherorts auch Schottergewinnung auftreten, handelt es sich bei Bergbau und Industrieanlagen meist um punktuelle, und im Falle ÖSTERREICHS um oft weit auseinander liegende Objekte, die auf die Gesamtfläche eines Landes bezogen akzeptabel erscheinen, abgesehen von möglichen Fernverfrachtungen eventueller Emissionen. Dennoch treten Nutzungskonflikte in der Landschaft auf, die bei Gesamtbetrachtungen, wie sie der Blick von oben ermöglicht, und mit denen die Verknüpfung von Natur- und Kulturlandschaft, die seit Jahrhunderten das Leben nachhaltig prägt, erkennbar werden. Seit geraumer Zeit wird eingesehen, daß diese Nachhaltigkeit durch Überbeanspruchung und Nutzungskonflikte in der Landschaft ins Wanken gerät. Die Probleme zu beheben oder zu mindern ist das große Ziel, und »Nachhaltigkeit« in der Nutzung unserer Ressourcen und der Qualität des Lebensraumes ist das neue Leitwort in Politik, Wissenschaft, Wirtschaft, Umweltschutz und in der alles umfassenden Ökologie.

Massiv greift die wirtschaftsnotwendige Gewinnung von Bodenschätzen in das Landschaftsbild ein. Ein Netz von Bohrungen und Wegen überspannt das Ackerland über einem Erdölfeld im Weinviertel

Autobahnkleeblatt im südlichen Wiener Becken

Keine Schiabfahrten sondern Kahlschläge im Hochgebirge

»Bergbau im Kleinen«: Maulwurfshügel zeigen die unterirdischen Gangsysteme an – hier scheint die Welt noch intakt zu sein

Energielandschaften: Umspannwerke und Hochspannungsleitungen bestimmen mancherorts das Bild – Technik hat ihren Reiz

Satellitenbilder und Karten
Vom Lesen der Bilder aus dem Weltraum

Satellitenbilder für den Allgemeingebrauch zu lesen ist einfach. Die Darstellung in naturnahen Farben läßt die verschiedenen Oberflächenbedeckungen gut erkennen, Strukturen und Formen geben die übrige Information, um die Bilder leicht zu interpretieren.

Für genaue Arbeiten können Satellitenbilder freilich nicht allein stehen. Hier ist zur richtigen Interpretation immer die Bodenbegehung bzw. die Hinzuziehung weiterer Informationen nötig, wenn nicht einschlägige Geländekenntnisse vorhanden sind.

Der Vorteil von Satellitenaufnahmen ist die Erfassung größter Räume auf einen Blick und das rasche Erkennen der vorhandenen Gegebenheiten. Man spricht bei der Arbeit mit Satellitenaufnahmen vom sogenannten »*Top-Down-Approach*«, also von einer Betrachtung von »*oben nach unten*«.

Das Satellitenbild gibt den großen Überblick und läßt trotz des mitunter kleinen Maßstabes alle wesentlichen Details erkennen. Man kann in kurzer Zeit Gebiete besonderen Interesses auswählen, innerhalb derer man dann mit den Betrachtungen ins Detail geht. Die Stellenwerte der einzelnen Phänomene in der Gesamtproblematik sind ebenso leicht abzugrenzen wie Landschaftseinheiten, gleichgültig nach welchen Kriterien man sie auswählt beziehungsweise ansetzt.

Besonders bei einem so kleinkammerigen Land wie ÖSTERREICH ist dies von Interesse. Die Landschaftseinheiten können zum Beispiel nach Oberflächenformen – in denen sich die Geologie widerspiegelt –, nach Wasserscheiden, Gewässernetzen, nach Vegetationseinheiten, Rodungsmustern, Flurformen, Siedlungsnetzen und vielen anderen Kriterien bestimmt werden.

Vom Ziel der Betrachtung hängt der nächste Schritt bei der Erhebung der Zusatzinformationen ab. Reicht der Vergleich mit vorhandenen Karten, Statistiken, allgemeiner Literatur oder mit Forschungsberichten nicht aus, ist die Bodenbegehung notwendig. Insgesamt können so beträchtliche Kosten und viel Zeit gespart werden, da sich Untersuchungen auf das Wesentliche beschränken und der Untersuchungsraum selbst stark eingeengt werden kann. Analogieschlüsse erlauben dann die Gesamtbetrachtung. Beim klassischem »*bottom-up-approach*« der Datensammlung, von »*unten nach oben*«, geht oder ging man den umgekehrten Weg.

Einer umfangreichen Faktensammlung am Boden folgte die Umsetzung in großmaßstäbige Karten, die zu kleinmaßstäbigen Überblickskarten generalisiert wurden, um auf diese Weise die großen Strukturen und Erscheinungen zu erfassen, zu erkennen und verwertbar zu machen. Eine Methode, die zeitaufwendig und kostenintensiv ist.

Satellitenbilder und Landkarten

Zur Positionsbestimmung des Standortes, aber auch zur Verknüpfung des Namensgutes mit dem Bild werden vorzugsweise topographische Karten und Atlanten herangezogen. Sind die Satellitenaufnahmen wie in diesem Buch auf einen Maßstab von 1:50.000 gebracht, empfehlen sich besonders die direkt vergleichbaren amtlichen österreichischen Topographischen

Topographische Karte im Maßstab 1:50.000 Blatt 31, Linz, ÖK 50

Satellitenbild 1:50.000 entsprechend dem Ausschnitt Linz aus der ÖK 50, Blatt 31

Bildmitte: Überlagerung einer multispektralen Landsat-TM-Aufnahme (30 m Detailerkennbarkeit, links) mit einer panchromatischen SPOT Aufnahme (10 m, rechts)

– Bildpunkte einer Landsat-TM-Aufnahme (30 x 30 m);
– Bildpunkte einer SPOT Aufnahme (10 x 10 m);
– Bildpunkte des Mischbildes – Wege, Wald, Wiese

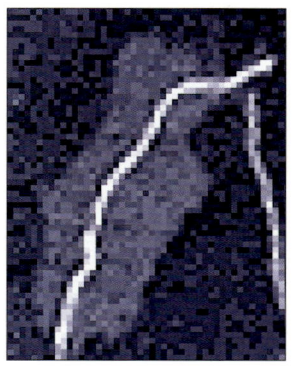

Karten des Bundesamtes für Eich- und Vermessungswesen, Wien, desselben Maßstabes. Sie sind die ideale Ergänzung des Satellitenbildes, wie umgekehrt das gleichmaßstäbige Satellitenbild eine überaus wertvolle Zusatzinformation zu den topographischen Karten darstellt.

Den Unterschied zwischen topographischer Karte und Satellitenbild zeigen die beiden Geländeausschnitte aus dem jeweiligen Kartenblatt Linz (ÖK50, BLATT 31, ÖSK50 BLATT S2). Um das Auffinden des jeweils zum Satellitenbild passenden Blattes der Österreichkarte, ÖK50, leichter zu machen, ist auf jeder Bildseite die entsprechende Blattnummer angegeben.

Die Daten verschiedener Satelliten werden kombiniert

Auf eine Detaildarstellung der Aufnahmetechniken ist in diesem Buch verzichtet. Hier sei auf Fachliteratur verwiesen. Zu erwähnen ist, daß die verwendeten Aufnahmen von zwei verschiedenen Satelliten stammen, um höchste Auflösung und Qualität zu erreichen. So stammen die Farbinformationen vom amerikanischen LANDSAT TM (Aufnahmehöhe 725 Kilometer), der in sieben Spektralbereichen die Rückstrahlung von 30 x 30 Meter großen Meßflächen am Boden liefert, von denen jeweils drei Bereiche ausgewählt und in die Farben Rot, Grün und Blau umgesetzt und gemischt werden, während die Strukturen von Aufnahmen des französischen Satelliten SPOT (Aufnahmehöhe 840 Kilometer) stammen, der eine Detailerkennbarkeit von 10 Meter im panchromatischen (schwarz/weiß) Bereich bringt. Es fallen also auf einen Bildpunkt von LANDSAT neun Bildpunkte von SPOT. Sie werden aneinander angepaßt und einander überlagert.

Der Wert der einzelnen Bildpunkte entspricht dem Mittelwert der in 256 Graustufen gemessen Rückstrahlung der verschiedenen Oberflächen innerhalb eines Bildpunktes. Läuft zum Beispiel ein sehr heller, schma-

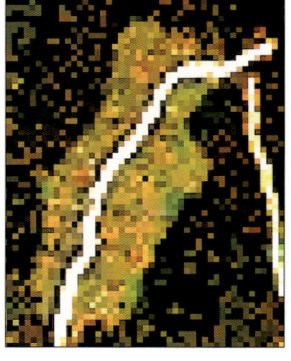

Schattiertes Relief mit Beleuchtung aus Nordwest – das Relief erscheint richtig

Schattiertes Relief mit Beleuchtung aus Südost – das Relief erscheint negativ

25

Rodungsmuster im Satellitenbild – St. Ägyd im Neuwalde, Niederösterreich, in einer der größten geschlossenen Waldflächen Österreichs

Flurformen südlich von Schwechat, Niederösterreich. Das Angerdorf liegt inmitten historischer Gewannfluren, die ihrerseits von Block- und Blockstreifenfluren umgeben sind

Landnutzungskarte des Raumes Linz, hergestellt durch rechnergestützte interaktive Interpretation eines Satellitenbildes

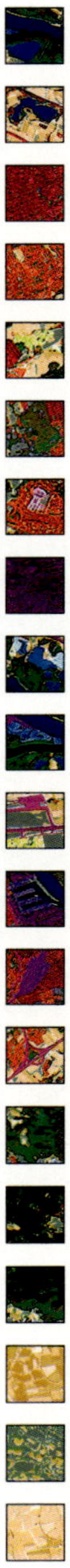

- Fließgewässer
- stehende Gewässer
- dichte Bebauung
- lockere Bebauung öffentliche Einrichtungen
- städtisches Grün Freizeit- und Sportanlagen
- Industrie und Gewerbe
- Kiesgruben, Steinbrüche, Deponien
- Abraum
- Flughafen
- Binnenhafen
- Eisenbahnanlagen
- Straßen
- Laubwald
- Nadelwald
- Mischwald
- Ackerbau
- Grünland
- Gartenbau

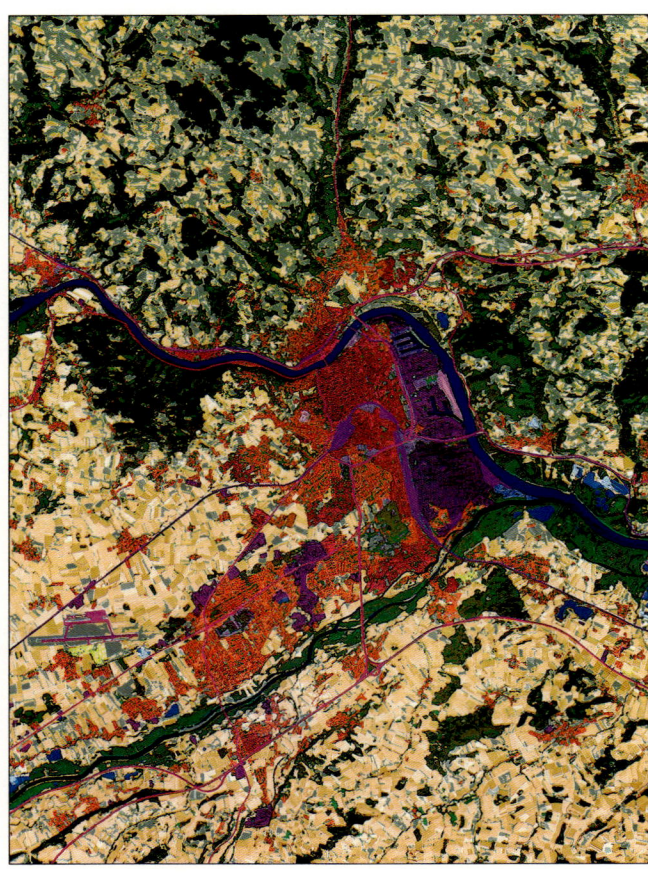

ler Feldweg von 2–3 Meter Breite durch eine dunkle Wiese, so ergibt dies einen Mischwert, der weder der einen noch der anderen Fläche wirklich entspricht. Je kleiner die Bildpunkte, um so klarer wird daher die Aussage.

Manche Bilder stehen auf dem Kopf

Üblicherweise sind Karten und Satellitenbilder nach Norden ausgerichtet. Mit dieser Gewohnheit wurde in diesem Atlas gebrochen. Es ist zu hoffen, daß Sie, verehrter Leser, nicht allzugroßen Anstoß daran nehmen, es erleichtert Ihnen das Erkennen von Berg und Tal in den Gebirgsräumen.

Bei Reliefdarstellungen in Landkarten wird zur besseren plastischen Hervorhebung desselben eine Beleuchtungsrichtung aus Nordwest verwendet. Bei diesem Licht erscheint dem Betrachter der Berg als Berg und das Tal als Tal. Unsere Satelliten umkreisen die Erde sonnensynchron in Umlaufbahnen, mit denen sie jeden Punkt der Erde um 10 Uhr 30 Minuten am Vormittag überfliegen. Die Sonne steht in unseren Breiten dann im Südosten. Kartographisch gesehen scheint sie von der falschen Seite. Dies führt zu einer optischen Täuschung, Berge in den Bildern werden plötzlich zu Tälern und Täler zu Bergen; man nennt den Effekt »*Reliefumkehr*«. Durch Übung, beziehungsweise längeres Geradeausstarren auf das Bild mit parallel gerichteten Augen kann man diesen Umkehreffekt beheben und das Bild wieder richtig sehen. Einfacher ist es, die Aufnahme um 180 Grad zu drehen, sie sozusagen nach Süden auszurichten. Das wurde in diesem Buch bei jenen Bildern gemacht, die starke Schlagschatten aufweisen. Alle übrigen Bilder sind in klassischer Weise nach Norden ausgerichtet. Mag sein, daß dies zu einiger Verwirrung führt, die auf jeder Seite angebrachte Windrose sollte sie jedoch gering halten.

Ob Karten nach Süden ausgerichtet werden dürfen oder sollen wird »seit über 100 Jahren diskutiert«. Beispielhaft ist auf Seite 25 der Umkehreffekt mit Hilfe eines digitalen Geländemodells und eines daraus errechneten »schattierten Reliefs« dargestellt, in dem einmal die klassische kartographische Beleuchtungsrichtung aus Nordwest und einmal die wirkliche Beleuchtungsrichtung während des Satellitenüberfluges, aus Südwest, gezeigt ist.

Satellitenaufnahmen bieten mehr als Bilder

Vielfältig ist der Inhalt von Satellitenaufnahmen. Zunächst sind es die großen und kleinen Formen der Landschaft, die klar zum Ausdruck kommen.

Die nebenstehenden Aufnahmen sollen nur beispielsweise zeigen, wie übersichtlich die Kulturlandschaft wird, wenn man sie aus großer Höhe betrachtet.

Satellitenaufnahmen lassen sich, wie nebenstehendes Beispiel zeigt, durch Interpretation ihres Inhaltes in vorzüglicher Weise zu thematischen Karten verarbeiten.

Es handelt sich dabei um eine Landnutzungskarte für den Raum Linz, bei der die ausgewählten Klassen an die Nomenklatur des CORINE-Projektes der Europäischen Union angepaßt sind. Im Rahmen dieses Projektes werden in ganz EUROPA Landnutzungskarten hergestellt.

Österreichische Landschaften

in Luft- und Satellitenbildern

Bregenz
Landeshauptstadt am Schnittpunkt zwischen Deutschland und der Schweiz

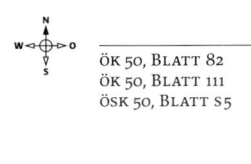
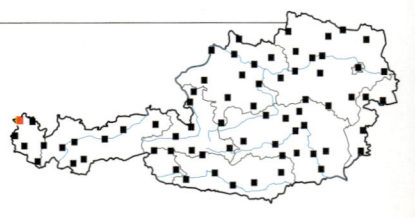

ÖK 50, Blatt 82
ÖK 50, Blatt 111
ÖSK 50, Blatt S5

Das Satellitenbild wird durch drei markante natürliche Elemente gegliedert. Im Norden die Wasserfläche des BODENSEES, in dem der aus dem Süden kommende ALPENRHEIN ein mächtiges Delta vorbaut. Im Osten bildet der Abfall des BREGENZERWALDES eine deutliche Begrenzung der breiten Schwemmlandebene des RHEINS. Die VORARLBERGER Landeshauptstadt liegt eng angeschmiegt an den Abfall des Pfänder in der Länderecke zwischen SÜDDEUTSCHLAND und der SCHWEIZ.

Die ersten Siedlungsansätze gehen auf die Römer zurück, die auf einer breiten Terrasse rund 20 Meter über dem See ihr Legionslager BRIGANTIUM errichteten. Die um 1200 gegründete mittelalterliche Stadt lag ebenfalls auf dieser Terrasse und wird heute als Oberstadt bezeichnet. Erst im Spätmittelalter wuchs die Oberstadt mit der am Seeufer gelegenen Schiffersiedlung zusammen, die heute die Unterstadt bildet. Nach dem Zweiten Weltkrieg wuchs die Stadt durch hohe Wanderungsgewinne überaus stark, was sich im Satellitenbild in der fast völligen Überbauung des Raumes zwischen dem See und der aus dem BREGENZERWALD kommenden gleichnamigen ACHE zeigt.

Im Osten der Stadt läuft das Waldbergland des VORDEREN BREGENZERWALDES mit seinen breiten Flyschrücken am BODENSEE aus. Der Hausberg von BREGENZ, der PFÄNDER, ist durch eine Seilbahn erschlossen und stellt einen wichtigen Naherholungsraum dar.

Die breite Schwemmlandebene südlich des BODENSEES, von der im Satellitenbild der Raum bis DORNBIRN abgebildet ist, ist fast völlig überbaut. Die Orte WOLFURT, mit dem großen Güterbahnhof für WESTÖSTERREICH sowie DORNBIRN, die größte und wirtschaftlich bedeutendste Stadt des Bundeslandes, bilden zwischen der Rheintalautobahn und dem Gebirgsrand des BREGENZERWALDES ein fast geschlossenes Siedlungsband, das dem Raum ein urbanes Gepräge verleiht.

Am RHEIN selbst liegt mit LUSTENAU nur eine größere Siedlung, was aus der Bedrohung der Ebene durch die Hochwässer des ALPENRHEINS zu verstehen ist. Der Lauf des RHEINS erscheint im Bild geradlinig und kanalisiert. Durch den Staatsvertrag von 1892 verpflichteten sich die SCHWEIZ und ÖSTERREICH zur »Zähmung des ALPENRHEINS« zwischen der ILLMÜNDUNG und dem BODENSEE. Wesentlichste Elemente waren die Durchstiche der Mäander bei DIPOLDSAU im Süden und bei FUSSACH, wodurch der RHEINLAUF um acht Kilometer verkürzt wurde. Der Lauf wurde mit 110 Metern Breite und jeweils 75 Metern Überschwemmungsgebiet festgelegt. Die Ablagerungen von fast drei Millionen Kubikmetern Sand und Geschiebe im Mündungsbereich brachten aber die Gefahr der Verlandung der BREGENZER BUCHT. Um dies zu verhindern wurden 1924 neue Baumaßnahmen begonnen, die zur Vorstreckung im Deltabereich führten und so die Geschiebemengen in die tieferen Seeteile lenken. Die dafür notwendigen Gesteinsmassen werden durch eine eigene Baubahn vom MÄDER BERG in den Deltabereich gebracht. Im Verlandungsbereich hat sich eine interessante Naturlandschaft ausgebildet, in die die landwirtschaftliche Nutzung nur langsam vordringt.

Westlich der neuen RHEINMÜNDUNG liegen die großen Orte FUSSACH und HÖCHST sowie auf SCHWEIZER Seite, geteilt durch den ALPENRHEIN, ST. MARGARETHEN.

Bregenz, die Landeshauptstadt Vorarlbergs, liegt auf engem Raum zwischen dem See und dem Pfänder

Die waldbedeckten Hänge des Bregenzerwaldes umrahmen im Osten die weite Bucht des Bodensees

Feldkirch
Westlichste Stadt Österreichs

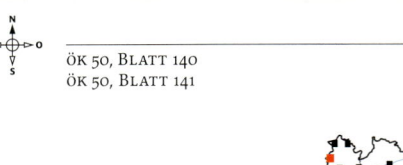

ÖK 50, Blatt 140
ÖK 50, Blatt 141

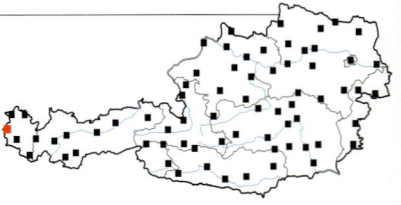

Innerhalb des westlichen EUROPAS weist die Region im RHEINTAL zwischen BODENSEE und LIECHTENSTEIN eine zentrale Lage auf, sie ist außerdem in das Netz der Hauptverbindungen zwischen den Ballungszentren EUROPAS sehr gut eingebunden. Wie die Region, so konnte bisher auch die Stadt FELDKIRCH in ihrer historischen Entwicklung auf diese Verkehrsgunst bauen. Andererseits besteht für die Stadt – unter dem Aspekt der politischen Grenzen – eine ausgeprägte Randlage. FELDKIRCH ist die westlichste Stadt ÖSTERREICHS, sie liegt am Rand des Landes VORARLBERG und ihres eigenen Verwaltungsbezirkes. Am Rand ihres Siedlungsraumes in der Talebene des RHEINS ist der überwiegende Teil der Stadtgemarkungsgrenze gleichzeitig die Staatsgrenze zum FÜRSTENTUM LIECHTENSTEIN und der SCHWEIZ.

Diese Lage an Landschaftsgrenzen kommt im Satellitenbild sehr deutlich zum Ausdruck. Eine erste Groborientierung vermitteln folgende natürliche Einheiten, die die Siedlungsentwicklung sicherlich nachhaltig beeinflußt haben. Im Westen erstreckt sich die von Süden nach Norden verlaufende RHEINEBENE, die den Hauptlebensraum von VORARLBERG bildet. Bei FELDKIRCH mündet vom Osten kommend der WALGAU ein, der in den letzten Jahrzehnten in die wirtschaftliche Entwicklung der RHEINEBENE einbezogen wurde. Parallel zum ILLTAL mündet bei RANKWEIL das LATERNSERTAL in die RHEINEBENE ein. Zwischen diesen beiden Tälern bilden die Ausläufer des BREGENZERWALDES eine deutliche Begrenzung der RHEINEBENE. Die Scholle zwischen den beiden Tälern, die sich vom HOHEN SATTEL bis an den MUTTKOPF erstreckt zeigt über weite Strecken offenes Land, das für Besiedelung und Grünlandwirtschaft genutzt wird. Deutlich ausgeprägt ist eine Terrasse am Nordrand des WALGAUS mit den rasch wachsenden Siedlungen SATTEINS und SCHLINS.

Die wichtigste Siedlung im Bild ist die Stadt FELDKIRCH, die ein Teil der ausgeprägten Siedlungsachse ist, die sich am Ostrand des RHEINTALES mit einer dichten Abfolge von Talgemeinden in Nord-Süd Richtung entwickelt hat. Im Bild erkennt man die Siedlungen von RÖTHIS, RANKWEIL und FELDKIRCH. Gleichzeitig bildet FELDKIRCH den Gelenkpunkt eines von der RHEINTALACHSE in den WALGAU abzweigenden Siedlungsbandes mit den Gemeinden FRASTANZ und NENZING.

Infolge der besonderen Verkehrsgunst – die im Bild deutlich erkennbare Rheintalautobahn ist der wichtigste Verkehrsträger – der vorteilhaften Infrastruktur und der engen sozioökonomischen Verflechtungen entlang der Verkehrsachse BREGENZ–DORNBIRN–FELDKIRCH–BLUDENZ entwickelte sich hier eine »Regionalstadt« RHEINTAL–WALGAU.

Im Bild kommen die topographischen Besonderheiten der Stadt FELDKIRCH mit ihren Hausbergen, ARDETZENBERG, BLASENBERG und SCHELLENBERG ganz klar heraus. Die mittelalterliche Stadt lag am Fuße der SCHATTENBURG, als Pforte zum WALGAU und zum ARLBERG, am Durchbruch der ILL, einst geschützt zwischen Stadtschroffen, KÄNZELE, ARDETZENBERG und BLASENBERG. Damit waren aber auch die räumlichen Grenzen für die Stadtentwicklung vorgezeichnet.

Der WALGAU hat in den letzten Jahrzehnten durch eine starke Industrialisierung einen entscheidenden sozioökonomischen Wandel durchlaufen. Die Siedlungen zeigen mit einer starken Zunahme der Bevölkerung ein rapides Wachstum, wie man an den Beispielen FRASTANZ und NENZING erkennen kann.

Seit dem 12. Jahrhundert bewacht die oberhalb Feldkirchs liegende Schattenburg das Tal

Die Stadt Feldkirch am Ausgang des Illtales zur Rheinebene ist Grenzstadt zum Fürstentum Liechtenstein und zur Schweiz

Bludenz
»Alpenstadt« im Walgau

ÖK 50, Blatt 141
ÖK 50, Blatt 142

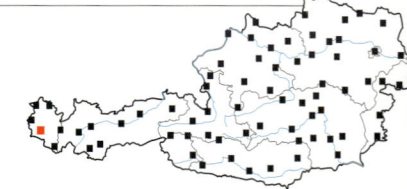

Bludenz hat eine wundervolle Lage in der Gebirgswelt des Landes Vorarlberg und trägt daher zu Recht den Namen »Alpenstadt«. Kennzeichnend für die Lage der Stadt im breiten Becken des inneren Walgaus ist das Zusammentreffen von fünf Tälern. Bestimmend ist das Tal der Ill, das von Südosten nach Nordwesten durch das Bild verläuft. Im Engtal zwischen Lorüns und Bludenz liegt die Grenze zwischen dem Montafon und dem Walgau. Vom Osten mündet das Klostertal mit dem Alfenzbach in den Walgau ein. Durch das Tal verläuft der wichtige West-Ost-Verkehrsweg zum Arlberg. Die Arlberg Schnellstraße führt in Fortsetzung der Walgauautobahn in weitem Bogen südlich an Bludenz vorbei. Vom Norden mündet mit einer deutlichen Stufe das Grosse Walsertal ein. Der Mündungsbereich der in diesem Abschnitt kanalisierten Lutz liegt im Waldstück in der rechten unteren Bildhälfte. Als fünftes Tal mündet von Süden das vom Lünersee im Herzen des Rätikon kommende Brandner Tal in den Kessel von Bludenz ein.

Eindrucksvoll ist auch die Gebirgsumrahmung von Bludenz. Im Norden werden das Klostertal und der Talkessel von Bludenz von den westlichen Lechtaler Alpen begrenzt, die mit dem Stierkopf und mit dem Madeisakopf langsam gegen das Walsertal auslaufen. Typisch für die westlichen Lechtaler Alpen ist der steile Abfall nach Süden. Daher besteht für das Klostertal und die am Nordhang verlaufende Westbahn im Winter häufig akute Lawinengefahr.

Zwischen Klostertal und Montafon schiebt sich der Stock der 1881 Meter hohen Davenna wie ein Keil ein. Die Nordflanke zum Klostertal ist unbesiedelt und von dichten Wäldern bedeckt, während nach Westen und besonders nach Süden zum Montafon der Bartholomäberg stark besiedelt ist. Der Großteil der Weiler und das Kulturland liegen auf Terrassen rund 400 Meter über dem Talboden.
Westlich des Montafon schiebt sich das Rätikon mit dem schmalen, aus Hornsteinkalk aufgebauten Zug der Zimba bis fast an den Stadtrand von Bludenz heran. Die kühne Felszinne der 2.643 Meter hohen Zimbaspitze gehört zu den bekanntesten Bergen Vorarlbergs. Der aus weichen Gesteinen aufgebaute Bürser Berg, westlich des Brandner Tales, ist in seinen unteren Hangabschnitten durch zahlreiche Murenabgänge und Schuttströme überaus stark zerfurcht.

Das untere Montafon zwischen Schruns und Lorüns gehört zu den bevorzugten Lebensräumen im südlichen Vorarlberg. Markant treten in diesem Bereich die Speicherseen der Illkraftwerke auf. Am Fuße des Golmerhanges liegt das Staubecken Latschau, das in einer weiten Mulde rund 350 Meter über dem Talboden angelegt wurde.

Die Stadt Bludenz liegt auf uraltem Siedlungsboden. Funde gehen bis in die Bronzezeit zurück, wobei vor allem das Stadtplateau aufgrund seines Steilabfalls nach Süden besiedelt wurde. Lange Zeit war der Raum in Besitz der Bischöfe von Chur, ging später dann an das Geschlecht der Werdenberger über, die im 13. Jahrhundert in Bludenz eine Burg errichteten und auch eine planmäßige Siedlung anlegten. Sie wurde gegen Ende des Jahrhunderts zur Stadt erhoben. Im Jahre 1419 traten die Habsburger die Herrschaft über die Stadt an.

In der wirtschaftlichen Entwicklung blieb Bludenz bis ins 19. Jahrhundert vor allem auf die Landwirtschaft beschränkt, abgesehen von einer Versorgungsfunktion für die Bergbauern der Umgebung. Im 19. Jahrhundert setzte dann der Aufbau der Industrie ein. Die Gründung von Textilfabriken der Familie Getzner, Mutter & Co brachten eine große Veränderung im Wirtschaftsleben der Stadt. Sehr wechselvoll gestaltete sich auch die Entwicklung der Schokoladenfabrik Suchard, die im Jahre 1890 gegründet wurde. Wichtig für die weitere Entwicklung war der Anschluß an die Eisenbahn im Jahre 1884 nach Fertigstellung der Strecke über den Arlberg.

Heute ist Bludenz mit seinen rund 13.500 Einwohnern vor allem Verwaltungsstadt, Einkaufszentrum und wichtiger Arbeitsort für die Menschen der angrenzenden Täler.

Ob der verwüstende Murenabgang (1823) am Bürser Berg durch die Schlägerung eines umstrittenen Waldstücks entstand, wird noch heute diskutiert

Am östlichen Ende des Walgaues entstand, auf uraltem, in die Bronzezeit zurückreichendem Siedlungsboden die Stadt Bludenz

Der Bregenzerwald
Grünlandwirtschaft und Tourismusraum

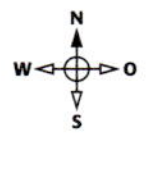

ÖK 50, Blatt 112

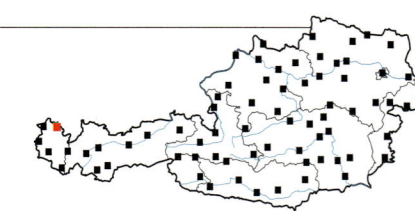

34

Zwischen mehreren von West nach Ost verlaufenden Flyschketten bahnt sich die BREGENZERACH, der Hauptfluß des Raumes, ihren Weg mit zahlreichen Windungen durch den HINTERWALD. Typisch für den Talverlauf ist der ständige Wechsel von Beckenweitungen und Engtalstrecken. Die Anlage dieses abwechslungsreichen Talnetzes wurde durch den geologischen Aufbau mit dem Wechsel von weichen und harten Gesteinsformationen begünstigt. Dieser Wechsel in der Landschaftsform ist aus den unterschiedlichen Farben im Weltraumbild erkennbar. Sind die Engtalstrecken und die steilen Talflanken meist von dichten Wäldern bedeckt, so signalisieren die hellen Farben in den Beckenlandschaften Rodungsflächen und bäuerliches Kulturland.

Die Südbegrenzung des Bildes bildet die deutlich ausgeprägte Kette der KANISFLUH, die in der HOLENKE 2.041 Meter erreicht. Der dicht bewaldete Steilabfall begrenzt das Tal der in diesem Bereich teilweise kanalisierten BREGENZERACH zwischen SCHNEPFAU und MELLAU. Zur Bannung der Hochwassergefahr wurde das Flußbett mit Kunstbauten stark verändert. Orte und Verkehrswege liegen in dieser Beckenweitung am Nordrand unmittelbar am Abfall des langen Kammes des GOPFBERGES. Bei MELLAU biegt das Tal nach Norden um. MELLAU hat sich durch eine Mineralquelle zu einem bedeutenden Sommerfrischenort entwickelt. Die früher für den Ort wichtige Textilindustrie hat in den letzten Jahrzehnten völlig an wirtschaftlicher Bedeutung verloren.

Nach einer Engtalstrecke erreicht die BREGENZERACH das Becken von BEZAU, dem Mittelpunkt des BREGENZERWALDES. BEZAU, ein bedeutender Fremdenverkehrsort, ist seit 1962 Marktgemeinde und Gerichtsbezirksort. Der breite Flyschrücken des KLAUSBERGES schließt das Becken von BEZAU gegen Norden ab. Die BREGENZERACH erreicht durch eine Talenge das weite Becken von ANDELSBUCH und EGG. Nördlich von EGG verläßt der Fluß den hier rund 600 Meter hohen Talboden und schneidet sich immer stärker in die weichen Gesteinsschichten ein, um schließlich mit einer 200 Meter tiefen Schlucht in die RHEINEBENE hinauszutreten.

EGG ist mit 3.200 Einwohnern der bevölkerungsreichste Ort des BREGENZERWALDES. Da es von allen Seiten her leicht erreichbar ist, hat es sich zum zentralen Ort des Raumes entwickelt.

Von der einstigen Waldbedeckung, die für die steilen und üblicherweise niedrigen Voralpen charakteristisch ist, ist nur mehr ein Teil erhalten geblieben. Im gesamten Bereich des VORDEREN und HINTEREN WALDES ist die Waldfläche auf 26 Prozent der Gesamtfläche zurückgegangen. Wie das Bild zeigt wurde durch die Rodungen der Bergwald stark herabgedrückt und auf Schattenhänge und Schutzwälder reduziert. Ebenso wurde der Auwald entlang der Flüsse weitgehend gerodet. Nur mehr die vielen Aunamen – SCHOPPERNAU, MELLAU, BEZAU, BIZAU, AU und andere – in den Ortsbezeichnungen weisen auf seine frühere Existenz hin. Die Rodungen schufen die wirtschaftliche Basis für die Vieh- und Milchwirtschaft, die auch heute noch neben dem Tourismus die Haupteinnahmequelle für den Raum darstellt. Die Viehwirtschaft und die Milchverarbeitung stehen auf einem sehr hohen Niveau.

Weit verbreitet ist die Almwanderung. Die Wäldergemeinden waren jedoch stets auf Zuerwerb angewiesen. Dafür hat sich schon frühzeitig die Textilverarbeitung in Form der Heimindustrie angeboten. Trotzdem war der BREGENZERWALD lange Zeit ein Abwanderungsgebiet vor allem in den Industrieraum der RHEINEBENE.

Große Entwicklungsmöglichkeiten bietet der Fremdenverkehr, da hier der Ausbau auf zwei Saisonen möglich ist. Wesentlich für den Aufstieg des Tourismus war eine verbesserte verkehrsmäßige Erschließung des Raumes und der Ausbau der technischen Aufstiegshilfen für den Wintersport.

Bezau im Bregenzerwald

Silvretta
Energiegewinnung im Hochgebirge

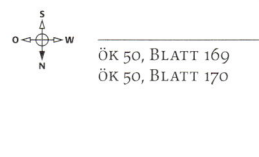

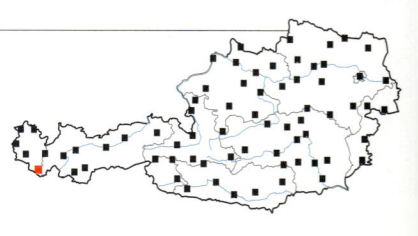

ÖK 50, Blatt 169
ÖK 50, Blatt 170

Kaum eine andere Hochgebirgslandschaft in den ÖSTERREICHISCHEN ALPEN wurde in den letzten Jahrzehnten durch die Errichtung von Energiegewinnungsanlagen so stark umgestaltet wie der Raum des MONTAFON. Die großen Gefälleunterschiede und das reichliche Wasserangebot durch die Gletscher der SILVRETTAGRUPPE führten, beginnend im Jahre 1930 mit dem Bau des Vermuntwerkes, zur Anlage der Illkraftwerke.

Die Gliederung des Weltraumbildes erfolgt durch die beiden weit ins Gebirge zurückreichenden Täler der ILL im Westen und der TRISANNA im Osten. Das MONTAFON ist mit dem PAZNAUNTAL durch die Gebirgspässe des ZEINISJOCHS im nördlichen Bereich und die BIELERHÖHE verbunden. Über diese führt die 1954 eröffnete Silvretta Hochalpenstraße. Getrennt werden die beiden Paßlandschaften durch den 2.834 Meter hohen Bergstock der VALLÜLA.

Im Norden reichen noch die Ausläufer der VERWALLGRUPPE mit dem TAFAMUNTER AUGSTENBERG und den FLUHSPITZEN ins Bild hinein. Durch das Bild verläuft somit die europäische Hauptwasserscheide.

Im Süden des Weltraumbildes liegt der mächtige, aus Kristallin aufgebaute Stock der SILVRETTA. Vom Hauptkamm, der die Grenze zur SCHWEIZ trägt, verlaufen zahlreiche Täler nach Norden ins MONTAFON beziehungsweise zum PAZNAUNTAL. Der lange Kamm zwischen dem OCHSENTAL, in das der SILVRETTA SEE hineinreicht, und dem JAMTAL kulminiert in der vergletscherten GETSCHNERSPITZE in 2.965 Metern. Westlich des KLOSTERTALES liegt der stark vergletscherte Teil des Hauptkammes, der im GROSSLITZNER eine Höhe von 3.109 Metern erreicht. Vom GROSSLITZNER führt das KROMERTAL direkt hinab zum VERMUNTSTAUSEE.

Von der Paßlandschaft der BIELERHÖHE führt das ILLTAL nach Nordwesten. Dieser typische TROGTAL ist sehr stark in das Kristallin eingetieft, da die Entfernung zur Erosionsbasis, dem RHEIN bei FELDKIRCH, relativ gering ist. Das nach Osten strömende Wasser der TRISANNA erreicht erst bei ROSENHEIM eine Seehöhe von 450 Metern.

Der VERMUNTSEE liegt auf der Alpe SCHWEIZER VERMUNT in einer Seehöhe von 1.743 Metern und weist einen Nutzinhalt von 5,3 Millionen Kubikmetern auf. Beherrschend im Bild ist der SILVRETTA Stausee, der sich in 2.030 Metern Seehöhe von der BIELERHÖHE gegen Süden in Richtung OCHSEN- beziehungsweise KLOSTERTAL erstreckt. Im Westen begrenzt der Bergstock der LOBSPITZE den See, die Steilabfälle im Osten führen zum HOHEN RAD.

Die dritte große Anlage, der Kopsspeicher, wurde im Bereich des früher stark begangenen ZEINISJOCHES errichtet. Mit einem Nutzinhalt von 43,5 Millionen Kubikmetern übertrifft er den SILVRETTA SEE deutlich. Die 780 Meter Fallhöhe bringen ein Jahresarbeitsvermögen von 392 Millionen Kilowattstunden. Im Speicherbereich ist deutlich die 400 Meter lange und 122 Meter hohe Gewölbemauer zu erkennen, die den See gegen Westen abschließt.

Zwischen dem Montafon und dem Paznauntal gelangt man über die Silvretta Hochalpenstraße zu dem 2.032 Meter hoch gelegenen Silvretta Stausee der Vorarlberger Illkraftwerke

Der Kops Stausee wurde nördlich der Bielerhöhe im Zeinisjoch angelegt

Arlberg
Paßlandschaft und Wintersportzentrum

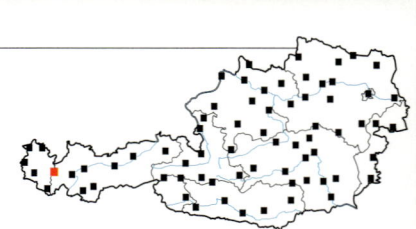

ÖK 50, Blatt 143

Im Bereich des ARLBERGPASSES grenzen zwei der großen geologischen Gebirgszonen der OSTALPEN, die NÖRDLICHEN KALKALPEN und die ZENTRALALPEN, direkt aneinander. Das Weltraumbild gibt den Gegensatz zwischen den steilen, hellen Kalk- und Dolomitfelsen der 2.809 Meter hohen VALLUGA in den LECHTALER ALPEN und den gerundeten, dunklen, mehr oder weniger sanft geformten Kristallinhängen der VERWALLGRUPPE wieder.

Die südlich der Längstalfurche gelegene VERWALLGRUPPE ordnet sich im Bildausschnitt in weitem Bogen über dem oberen Tal der ROSANNA, dem VERWALLTAL an. Über das KLOSTERTAL hebt sich mit einem über 1.300 Meter hohen Abfall der ALBONAGRAT heraus, der gegen Süden über die MAROISPITZE mit 2.548 Metern Höhe bis zum KALTENBERG mit 2.896 Metern Höhe verläuft, an dessen Nordseite der KALTENBERGGLETSCHER zu erkennen ist. Das VERWALLTAL, an dessen Nordhang die Straße zum ARLBERGPASS verläuft, tritt mit der tief eingeschnittenen ROSANNASCHLUCHT in die Talweitung von ST. ANTON aus.

Durch die Bildmitte verläuft die Paßfurche des ARLBERGS, die vom KLOSTERTAL mit den Orten STUBEN und LANGEN über den 1.793 Meter hohen Paß ins STANZERTAL mit dem Hauptort ST. ANTON führt. Auf der höchsten Stelle liegt die europäische Hauptwasserscheide zwischen dem zur Nordsee entwässernden Einzugsgebiet des RHEINS und dem zum SCHWARZEN MEER entwässernden DONAURAUM.

Im Vergleich zu den für den Nord-Südverkehr wichtigen Alpenpässen war die Bedeutung der West- und Ost-Gebirgsübergänge wegen des schwächeren Verkehrsaufkommens schon immer geringer. Im Jahre 1782 wurde mit dem Bau der ersten Kunststraße über den Paß begonnen, die 1787 fertiggestellt wurde. Zwischen 1895 und 1897 wurde die Straße von STUBEN über den FLEXENPASS nach ZÜRS errichtet. Eine wichtige verkehrspolitische Maßnahme war der Bau des Arlbergeisenbahntunnels in den Jahren 1880 bis 1884. Der 10,3 Kilometer lange Tunnel verbindet ST. ANTON und LANGEN.

Aufgrund der ständigen Zunahme des Autoverkehrs und auch im Hinblick auf die oftmaligen Sperren im Winter wurde in der Zeit von 1974 bis 1978 der in seiner Gesamtheit 14 Kilometer lange Arlbergstraßentunnel errichtet.

Der Nordteil des Bildes wird durch die Ketten der LECHTALER ALPEN eingenommen, die östlich des 1.773 Meter hohen FLEXENPASSES beginnen. Sie schieben sich zwischen STANZERTAL–INNTAL im Süden und LECHTAL im Norden. Außer der wasserscheidenden Kette, die selbst zwischen zwei parallelen Kämmen wechselt, finden sich an der Nordseite noch zwei weitere Züge, die durch die zum LECH führenden Seitentäler des ALMAJURBACHES und des KRABACHES getrennt werden.

Die wirtschaftliche Situation des Raumes hat sich seit dem Entstehen des Tourismus grundlegend geändert. Vor allem der Ausbau für die Wintersaison war eine richtungsweisende Markierung am Aufstieg zu einer Wintersportregion von Weltrang. Heute zählt die ARLBERGREGION mit den Hauptorten LECH, ZÜRS und ST. ANTON mit rund 270 Kilometern Pisten zwischen 1.300 Metern und 2.800 Metern Seehöhe, mit 86 Liften und Seilbahnen bei meist optimalen Schneeverhältnissen zu den am besten erschlossenen Räumen der OSTALPEN.

Am Ende des oberen Stanzertales entwickelte sich im Arlbergbereich der beliebte internationale Wintersportort St. Anton

Der 1.793 Meter hohe Arlbergpaß trennt Vorarlberg von Tirol. Am Fuße der Paßstraße, die durch einen Autobahntunnel umgangen werden kann, der Ort Stuben

Zahlreiche Bergbahnen erschließen die Schigebiete um den Arlberg

Innsbruck
Landeshauptstadt im Gebirge

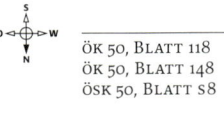

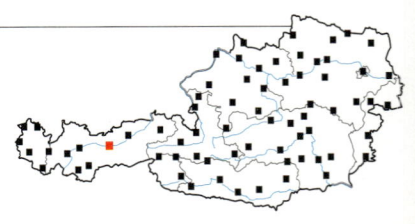

ÖK 50, Blatt 118
ÖK 50, Blatt 148
ÖSK 50, Blatt S8

Die Tiroler Landeshauptstadt, bereits zweimal, 1964 und 1976, Austragungsort der Olympischen Winterspiele, entwickelte sich als Verkehrsknotenpunkt an der Brennerlinie. In seiner Lage und Funktion kann INNSBRUCK am ehesten mit GRENOBLE verglichen werden. Hier kreuzen sich der von Westen nach Osten verlaufende Verkehrsweg durch das INNTAL mit der aus dem WIPPTAL kommenden Brennerroute. Der BRENNER ist der niedrigste Übergang über die Zentralzone der ALPEN und hat daher schon im Mittelalter eine zentralisierende Wirkung auf den Fernverkehr ausgeübt. Die im Bild deutlich sichtbare Autobahn verläuft von INNSBRUCK nach Süden und quert das WIPPTAL auf der berühmten Europabrücke.

Im Satellitenbild kann man gut drei große natürliche Räume unterscheiden, die dem Raum seine landschaftliche Schönheit geben.

Im Norden liegen die Ketten des zu den NÖRDLICHEN KALKALPEN gehörenden KARWENDELS. Sehr klar ausgebildet ist dessen südlichste Kette, die Nordkette, die sich rund 1.800 Meter über das INNTAL erhebt. Sie wird von INNSBRUCK aus über die Seegrube mit einer Seilbahn auf das HAFELEKAR erschlossen.

Im Südosten liegen die Ausläufer der TUXER ALPEN, die geologisch zur GRAUWACKENZONE gehören. Den westlichsten Eckpfeiler bildet der PATSCHERKOFEL mit 2.246 Metern, der im Zuge der Olympischen Spiele für den Schilauf erschlossen wurde. Der Gesteinsunterschied zu den NORDALPEN ist an den weicheren Oberflächenformen und den ausgedehnten Waldgebieten zu erkennen.

Westlich des WIPPTALES liegen die »INNSBRUCKER KALKKÖGEL«, die aus Gesteinen des BRENNERMESOZOIKUMS aufgebaut sind und wieder eine andere Landschaftsform bewirken. Am südlichen Fuße der KALKKÖGEL, die eine Höhe von zirka 2.550 Metern erreichen, erstreckt sich vom WIPPTAL das STUBAITAL gegen Südwesten.

Am Nordabfall der TUXER ALPEN und der KALKKÖGEL dehnt sich eine breite, vom Eis überformte Terrasse aus, die rund 300 Meter über dem Talboden des INNTALES liegt. Sie trägt die Bezeichnung INNSBRUCKER MITTELGEBIRGE und gehört heute auch auf Grund der klimatischen Gunst mit wenigen Nebeltagen und hoher Sonnenscheindauer zu den bevorzugten Siedlungsräumen der Tiroler Landeshauptstadt. Aus den ehemaligen Bauerndörfern haben sich seit dem Zweiten Weltkrieg rasch wachsende Pendlervororte ausgebildet. Im Bild erkennt man westlich des WIPPTALES AXAMS, GÖTZENS, NATTERS und MUTTERS und im Osten liegen PATSCH, IGLS sowie ALDRANS und SISTRANS.

Der von Westen nach Osten verlaufende INN wird im Bereich von INNSBRUCK durch den mächtigen Schwemmkegel der SILL bis an den Rand der Nordkette abgedrängt. Die Stadt entwickelte sich seit der Kelten- und Römerzeit – die Römer errichteten im heutigen Stadtteil WILTEN das Lager VELDIDENA.

Seit dem Mittelalter ist eine Siedlungskontinuität nachgewiesen, wobei sich vor allem die Brücken- und Handelssiedlung südlich des INN am Schwemmfächer der SILL ständig ausweitete. Die Habsburger setzten zahlreiche städtebauliche Akzente durch die Errichtung der Universität, der Residenz sowie der Altstadt mit den bekannten Laubengängen. Dieser Altstadtbereich wird durch ein unregelmäßiges Straßennetz gekennzeichnet. Die Neustadt wuchs entlang der Maria-Theresienstraße nach Süden. Nach dem Bahnbau setzte durch Zuwanderung ein kräftiges Wachstum ein – INNSBRUCK nahm zwischen 1869 und 1910 von 26.000 auf 65.200 Einwohner zu. In dieser gründerzeitlichen Stadterweiterung entstanden große Wohnviertel beiderseits der Bahn. Die jüngere Stadterweiterung geht vor allem in Richtung Osten, wo in der REICHENAU besonders für das Olympische Dorf zahlreiche Hochbauten errichtet wurden.

Innsbrucks Wahrzeichen, das »Goldene Dachl«

Die Brücke über den Inn verbindet die linksufrig gelegenen Stadtteile mit der Altstadt

Der etwas andere Blick auf die Nordkette, nämlich von Norden

Landeck
Zwischen Lechtaler Alpen und Samnaun

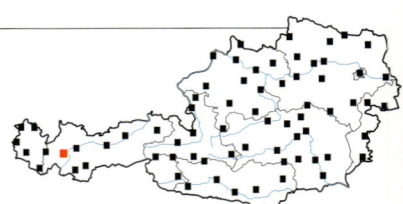

ÖK 50, Blatt 144
ÖK 50, Blatt 145

Im Raum von LANDECK stoßen drei geologische Einheiten der OSTALPEN zusammen und werden durch das Talgeflecht von INN und SANNA klar gegliedert. Im Norden liegen die LECHTALER ALPEN, die am FLEXENPASS einsetzen und sich zwischen INN- und LECHTAL schieben. Die Kämme des Gebirges bestehen durchwegs aus geschichtetem Dolomit, dessen weitgehende Zerklüftung die wilden Grate in der Höhe, die rasche Furchung der Hänge und die riesigen Schutthalden in den Talschluchten bewirkten. In den wilden Tobeln, mit denen die Seitentäler münden, vernichten Hochwässer alljährlich die Wege. Auch den Bau der Inntalautobahn von IMST Richtung LANDECK stellten die mächtigen Schutthalden vor große Probleme und zwangen zur Errichtung aufwendiger Kunstbauten und langer Tunnelstrecken.

Im Bild setzen die LECHTALER ALPEN unmittelbar östlich der höchsten Erhebung der PARSEIERSPITZE mit 3.036 Metern ein und laufen mit einem schmalen Kamm am RAUHEN KOPF mit 2.811 Metern Höhe unmittelbar nördlich von LANDECK aus. In den Hauptkamm greift das STARKENBACHTAL weit zurück und trennt den schmalen Grat des SENFTENBERGES ab, der im Osten am LARSENNBACHTAL endet. Am Südabfall der LECHTALER ALPEN westlich von LANDECK erstreckt sich ungefähr 300 Meter über dem Talboden eine Terrasse, die die Orte STANZ und GRINS trägt.

Im Südwesten läuft die kristalline SAMNAUNGRUPPE mit einem durch das URGTAL getrennten Doppelgrat am INNTAL aus. Die zwischen INN und PAZNAUNTAL gelegene Gruppe erreicht nur eine Höhe von 2.700 bis 3.100 Metern und ist heute unvergletschert. Es finden sich aber große Kare, in deren Böden schöne Karseen ausgebildet sind. Der Ostabfall des Gebirges gegen den INNDURCHBRUCH zwischen der PONTLATZBRÜCKE und LANDECK ist dicht bewaldet und zeigt im Vergleich mit dem nach Südwesten schauenden Gegenhang des VENET den typischen Gegensatz zwischen Schatten- und Sonnenhang. Am Südabfall oberhalb von PRUTZ setzt bei LADIS eine etwa 300 Meter über dem Tal gelegene Terrasse an, die sich gegen Süden leicht ansteigend über FISS bis SERFAUS hinzieht. Der Südabfall des VENET wird durch die 1.559 Meter hohe PILLERHÖHE begrenzt. Diese Tiefenlinie, die von PRUTZ nach ROPPEN führt, ist der Rest eines alten INNLAUFES.

Bis zum Becken von PRUTZ, in das von Osten her mit einem Schwemmfächer die FAGGE mündet, verläuft der INN in den weichen BÜNDNER SCHIEFERN, schwenkt dann nach Nordwesten und durchbricht die harten Gesteine des SAMNAUNZUGS in einem Engtal. Ab LANDECK bildet der INN dann einen Teil der nördlichen LÄNGSTALFURCHE.

Die wichtigste Siedlung in diesem Raum ist der Bezirkshauptort LANDECK, der sich in einer Höhe von 813 Metern vom Mündungsbereich der SANNA innabwärts zieht. Erst nach der Fertigstellung der Arlbergstrecke 1884 hat sich an der Gabelung der Westbahnstrecke und des INNTALES LANDECK als Gemeinde aus drei Ortschaften gebildet und im Jahre 1923 das Stadtrecht erhalten. Zusammen mit dem innabwärts gelegenen ZAMS entstand eine bandartige, stadtähnliche Agglomeration im OBERINNTAL, in deren unfertigem Erscheinungsbild die junge Entwicklung deutlich nachwirkt.

Die Landecker Burg wurde nach 1200 errichtet. Sie wurde mehrfach um- und ausgebaut

An der Weggabelung der Straßen zum Arlberg, ins Paznauntal, zum Reschenpaß und weiter ins schweizerische Engadin liegt das bereits 1254 urkundlich erwähnte Landeck

Tschirgant
Bergsturzlandschaft im Oberinntal

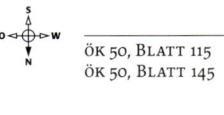

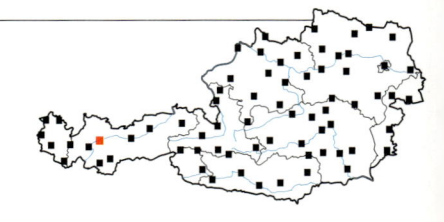

ÖK 50, Blatt 115
ÖK 50, Blatt 145

An der Mündung des bedeutendsten OBERINNTALER Seitentales erwartet man größere Siedlungen und geschlossene Fluren. Das Gegenteil ist, wie das Bild sehr deutlich zeigt, der Fall. Hier breitet sich quer über das INNTAL und bis weit ins ÖTZTAL eine karge Waldlandschaft aus, die von Siedlungen und Verkehrswegen bis vor wenigen Jahrzehnten gemieden wurde – das HAIMINGER FORCHET im Osten und das SAUTNER FORCHET (FÖHRENWALD) westlich der ÖTZTALMÜNDUNG. Der Hauptgrund für die Ausbildung dieser kargen Waldgebiete sind kalkalpine Bergsturzmassen, die vom TSCHIRGANT im Norden des INNTALES niederbrachen und das gesamte unmittelbare Mündungsgebiet verschütteten. Gleich oberhalb der ÖTZTALMÜNDUNG wechselt der Charakter des OBERINNTALES. Zum erstenmal auf TIROLER Gebiet zwängt sich der INN, flußaufwärts gesehen, durch eine enge Felsschlucht. Sie zerschneidet den bekannten Riegel von KARRES, auch ROPPEN genannt. Hier zeigt der Talboden ein gegenläufiges Gefälle, da sich westlich davon der eiszeitliche INNGLETSCHER verzweigte und ein Teil durch das GURGLBACHTAL Richtung FERNPASS strömte. Westlich der Talenge von ROPPEN mündet vom Süden her das PITZTAL mit einer Stufe in das INNTAL. Das untere PITZTAL ist Teil eines alten INNLAUFES, der vor der Eiszeit von PRUTZ über die PILLERHÖHE Richtung ROPPEN ging. Am Westabfall des TSCHIRGANT liegt im Becken an der Einmündung des GURGLTALES der Bezirkshauptort IMST. Er zieht sich am Abfall der LECHTALER ALPEN entlang.

Das INNTAL trennt im Bereich der ÖTZTALMÜNDUNG die kristallinen ZENTRALALPEN von den Nördlichen KALKALPEN. Westlich vom ÖTZTAL läuft der kristalline GEIGENKAMM mit unansehnlichen Zweitausendern gegen das INNTAL aus. Östlich der ÖTZTALER ACHE erhebt sich der niedrige Torwächter des ÖTZTALES, der nur 1.590 Meter hohe AMBERG. Im Norden schließt der TSCHIRGANT als teilweise bewaldete Dolomitmauer den Blick aus dem ÖTZTAL ab. Von LANDECK kommend sieht man den TSCHIRGANT als schöne Pyramide aufragen. Er steht völlig für sich mitten in einer merkwürdigen Vergitterung des INNTAL-Systems. Wie ein Schiffsbug spaltet er den Längstalzug in das heutige INNTAL und in den ehemals auch vom INN benützten Talzug GURGLTAL–HOLZLEITENSATTEL–MIEMINGER PLATEAU.

Der TSCHIRGANT ist ein enggepreßtes Triasgewölbe, das vom INNTAL nordostwärts schräg abgeschnitten wird. Der TSCHIRGANTGIPFEL mit 2.370 Metern Höhe und der größte Teil seiner Südostflanke bestehen aus Wettersteindolomit. Im Osten schließen sich die breiten Altflächen des SIMMERING an, die als die westlichsten Ausläufer der KARSTHOCHLANDSCHAFTEN gelten.

Die Gestaltung der Naturlandschaft im Bereich der ÖTZTALMÜNDUNG ist durch ein Zusammenwirken von Gletschervorstößen und -ablagerungen mit dem großen TSCHIRGANTBERGSTURZ erfolgt. Im Bereich der WEISSEN WAND an der Südflanke des Berges sind um 8.000 vor Christus gewaltige Bergsturzmassen abgebrochen und stürzten auf die Eismassen des bis an den TSCHIRGANT reichenden ÖTZTALGLETSCHERS.

Die Südgrenze der geschlossenen Bergsturztrümmermassen ist durch die im Bild erkennbaren Waldränder nördlich von SAUTENS und EBENE hervorgehoben. Nach dem Verschwinden des ÖTZTALGLETSCHERS schnitten sich INN und ÖTZTALER ACHE in die Bergsturzmoränenmassen ein, wobei dieser Vorgang noch nicht abgeschlossen ist.

Vor dem Bau der Arlbergeisenbahnlinie im Jahre 1884 war das FORCHET im Bereich der ÖTZTALMÜNDUNG ein siedlungsleerer Raum. Die Orte HAIMING, ROPPEN, SAUTENS und ÖTZ reichten bis hart an den Rand des Bergsturzgebietes heran. Der INN ist in diesem Bereich ganz an den Abfall des TSCHIRGANT herangedrängt. Nördlich davon bleibt nur Raum für eine schmale Terrasse, die heute von der Inntalautobahn genutzt wird.

Quer über das Inntal reicht der vom Tschirgant vor 10.000 Jahren abgegangene Bergsturz

Tschirgant, Stubaier- und Ötztaler Alpen bieten rund um Imst eine gewaltige Gebirgskulisse

Kaunergrat · Gepatschspeicher
Landschaftswandel in einem abgelegenen Tal

ÖK 50, Blatt 172
ÖK 50, Blatt 173

*D*ie ÖTZTALER ALPEN sind ein Musterbeispiel für die stockförmige Entwicklung und radiale Entwässerung. Vom Hauptkamm, der die Grenze zu ITALIEN trägt, zweigen lange Kämme zum INN ab, die durch ÖTZTAL, PITZTAL und KAUNERTAL gegliedert werden.

Die zentrale Achse im Bild bildet der KAUNERGRAT, der von der stark vergletscherten HOCHVERNAGTSPITZE mit 3.585 Metern Höhe nach Norden zieht und im deutlich erkennbaren ÖLGRUBENJOCH, dem vielbegangenen Übergang vom TASCHACHTAL ins KAUNERTAL, als scharfkantiger Grat ausgebildet ist. Er ist der mittlere und gleichzeitig mächtigste der drei großen ÖTZTALER Nordkämme. Das Dörfchen KAUNS, auf der sonnigen Hangstufe des KAUNSER BERGES gelegen, stiftete den Namen für den Bergkamm, der sich von der HOHEN AIFNERSPITZE mit 2.779 Metern Höhe bis zur HINTEREN ÖLGRUBENSPITZE, dem Gletscherberg im Talschluß des TASCHACHTALES, über 30 Kilometer hinzieht. Kein anderer Seitenkamm der ZENTRALALPEN vermag mit der Wildheit seiner Felsformationen, mit der dichten Staffel der steilen Berge und mit den Gipfelhöhen zu konkurrieren. Der Hauptgipfel, die 3.532 Meter hohe WAZESPITZE, ragt im Mittelabschnitt des Kammes auf. Im Westen führt das KAUNERTAL, das von der FAGGE durchflossen wird, von PRUTZ bis zum Talschluß am GEPATSCHFERNER, dessen mächtige Gletscherzunge im Südteil des Bildes erkennbar ist. Das KAUNERTAL gehört zu den bevölkerungsmäßig und wirtschaftlich benachteiligten Tälern TIROLS. Es ist dünn besiedelt, der einzige Kirchort ist FEICHTEN im mittleren Talabschnitt. Im weiten Talboden südlich von Feichten wurde 1961 durch die Tiroler Kraftwerke mit dem Bau einer großen Speicherkraftwerksanlage begonnen. Das innere KAUNERTAL, das von der mächtigen, stark vergletscherten WEISSSEESPITZE und dem GEPATSCHFERNER überragt wird, bot günstige natürliche Voraussetzungen für den Bau eines Jahresspeichers. Im Jahre 1965 war der 600 Meter lange und 153 Meter hohe Damm fertiggestellt, der einen See mit dem Nutzinhalt von 140 Millionen Kubikmetern Wasser aufstaut. Der etwa sechs Kilometer lange See zieht sich fast bis zum im Talschluß gelegenen GEPATSCHHAUS. Das natürliche Einzugsgebiet des Speichers umfaßt 107 Quadratkilometer.

Vom Wiesenboden der GEPATSCH ALPE führt die Kaunertaler Gletscherstraße in 25 Kehren den RIFFLERBACH entlang bis auf eine Höhe von 2.750 Metern, wo das Ganzjahresschigebiet am WEISSSEEFERNER erschlossen wird, das in der südöstlichen Bildecke noch sichtbar ist.

Der Osten des Bildes wird durch das TASCHACHTAL und den mächtigen Stock der HOCHVERNAGTSPITZE eingenommen. Drei mächtige Gletscher wurzeln in den Karen der HOCHVERNAGTSPITZE und der HOCHVERNAGTWAND.

Das TASCHACHTAL mündet bei MITTELBERG in das PITZTAL. Auf einer weiten Hangterrasse westlich des TASCHACHTALES liegt in einer Höhe von 2.232 Metern der eiszeitlich entstandene RIFFLSEE.

Der von der Weißseespitze ausgehende Gepatschferner ist der zweitgrößte Gletscher der Ostalpen

Schmelzwasser der Gletscher und die sommerlichen Niederschläge füllen den sechs Kilometer langen Gepatschstausee

Ausgedehnte Gletscher bedecken den Hauptkamm der Ötztaler Alpen

47

Sölden
Umwertung eines Raumes durch den Fremdenverkehr

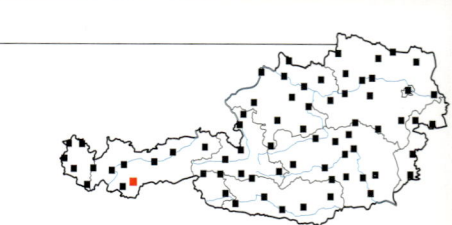

ÖK 50, Blatt 173

Die zentrale Achse im Bild bildet das innere ÖTZTAL. Der Bildausschnitt reicht vom Becken von LÄNGENFELD im Norden bis zum Becken von ZWIESELSTEIN im Süden, wo sich das Tal in das VENTER- und das GURGLER TAL spaltet. Die östliche Begrenzung des Tales bildet der Abfall der STUBAIER ALPEN, die sich vom PLATTER BERG oberhalb von HUBEN über das mächtige ATTERKAR bis zum NEBELKOGEL östlich von SÖLDEN erstrecken. Schmale steile Täler ziehen über die Ostflanke. Nur bei SÖLDEN ermöglicht das trogförmig gebaute WINDACHTAL einen Zugang in die zentralen STUBAIER ALPEN.

Die westliche Begrenzung bildet der GEIGENKAMM, der am PITZTALER JÖCHL im südwestlichen Bildbereich beginnt und sich über 28 Kilometer zwischen PITZTAL und ÖTZTAL bis zum INNTAL erstreckt. Zahlreiche Gipfel ragen über 3.000 Meter hoch auf, die höchste Erhebung ist die HOHE GEIGE, deren vergletscherten 3.393 Meter hohen Stock man am westlichen Bildrand findet. Im Gegensatz zu den übrigen Seitenkämmen der ÖTZTALER ALPEN weist der GEIGENKAMM infolge der breiteren Ausformung auf der Ostseite dort eine wesentlich größere Vergletscherung auf. Im Bild erscheinen die beiden PIRCHLKARFERNER, deren Schmelzwässer in das einsame, von HUBEN bis zum PITZTALER JÖCHL zurückreichende POLLESTAL, strömen. Zwischen dem POLLESTAL und dem durch die Gletscherstraße erschlossenen RETTENBACHTAL, das von SÖLDEN gegen Westen verläuft, hat sich ein schmaler Seitenkamm ausgebildet, dessen flachere Ostabdachung viel Platz für die Anlage von zahlreichen Wintersporteinrichtungen im Bereich von HOCHSÖLDEN boten.

Zwischen dem RETTENBACHTAL und dem ÖTZTAL springt der WEISSKAMM mit der ÄUSSEREN SCHWARZEN SCHNEID und dem durch eine Seilbahn erschlossenen 3.056 Meter hohen GEISLACHKOGEL bis nahe an das Becken von SÖLDEN vor. Der bewaldete Rücken des HOHEN NACHTBERGES trennt auf einer hohen Stufe die Becken von SÖLDEN und ZWIESELSTEIN.

Typisch für den Bau des ÖTZTALES ist die Abfolge von Becken, die immer wieder durch Talengen und Stufen voneinander abgegrenzt werden. Dieser Bau ist ein Ergebnis des Zusammenwirkens von unterschiedlichen Gesteinsverhältnissen mit der Arbeit der eiszeitlichen Gletscher. Im Norden des Bildes liegt das langgestreckte Becken von LÄNGENFELD, das im Norden durch den MAURACHBERGSTURZ abgeschlossen wird. Vom Osten mündet das aus den STUBAIER ALPEN kommende SULZTAL in das Becken; es wurde nach der Eiszeit durch die Schottermassen der ÖTZTALER ACHE zugeschüttet. Im Süden liegt der Ort HUBEN, der in den letzten Jahren zunehmend vom Tourismus erfaßt wurde. Zwischen HUBEN und KAISERS verengt sich das ÖTZTAL wieder und steigt steiler gegen das Becken von SÖLDEN an, das von mächtigen Schwemmkegeln der Seitenbäche erfüllt ist. Das Becken von SÖLDEN und die westlich davon gelegenen Gebiete auf den Trogschultern weisen die größten Veränderungen durch den modernen Tourismus auf. Die Eingriffe in die Landschaft, sei es durch den Straßenbau, den Bau von Aufstiegshilfen, die Anlage von Schipisten oder die Siedlungsausweitung sind aus dem Bild leicht nachvollziehbar.

Der überwiegende Teil des Bildes wird vom Gemeindegebiet von SÖLDEN eingenommen, das mit 486 Quadratkilometern die größte Gemeinde ÖSTERREICHS ist. Davon sind 146 Quadratkilometer von Gletschern bedeckt und 321 Quadratkilometer entfallen auf alpines Gebiet, Gipfelregionen und Wälder. Nur etwa ein Quadratkilometer ist verbautes Gebiet. Das Gemeindegebiet von SÖLDEN umfaßt die Orte SÖLDEN im ÖTZTAL, HOCHSÖLDEN, ZWIESELSTEIN und VENT sowie HOCH- und OBERGURGL.

Das innere ÖTZTAL, bis zu Beginn des 20. Jahrhunderts ein armes Bergbauerngebiet mit starker Höhenflucht, bietet auf Grund seiner großartigen Naturausstattung einen optimalen Raum für die Erschließung zur hochrangigen Tourismusregion. Dazu tragen auch die klimatischen Vorzüge wesentlich bei.

In bald 2.000 Metern Höhe finden sich, hoch über dem Tal, die letzten Bergbauernhöfe

Schmale, enge Täler, wie das Venter Tal, gliedern die Ötztaler Alpen. Sie bieten nur wenig Raum für eine Besiedelung

Bis an den Rand des Rettenbachferners in 2.800 Metern Höhe führt die Ausflugsstraße für Schifahrer

Achensee · Jenbach
Vom Inntal zu Tirols größtem See

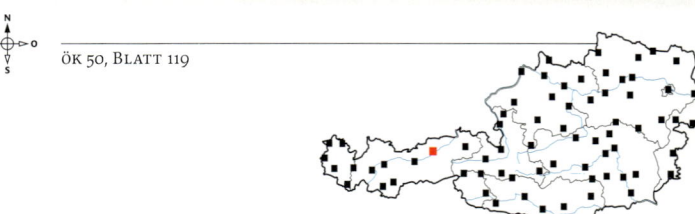

ÖK 50, Blatt 119

Drei natürliche Landschaften bestimmen das Satellitenbild. Im Norden liegen die KALKALPEN, die durch den ACHENSEE in zwei Gruppen gespalten werden. Der Hauptlebensraum TIROLS, das UNTERINNTAL, mit den beiden größeren Siedlungen SCHWAZ und JENBACH im Bild, erstreckt sich von Südwesten nach Nordosten. Darüber erheben sich die stark bewaldeten nördlichen Teile der TUXER ALPEN, die am ZILLERTAL einsetzen und im Westen bis zum WIPPTAL reichen.

Westlich des ACHENSEES enden die Ketten des KARWENDELS mit dem 2.102 Meter hohen STANSER JOCH, an dessen Südfuß das STALLENTAL ins Gebirge reicht. Auf dem Schwemmkegel am Ausgang der WOLFSKLAMM befindet sich der Ort STANS.

Der ACHENSEE mit 7,19 Quadratkilometern Fläche und einer maximalen Tiefe von 135 Metern liegt rund 400 Meter über der Talsohle des INNTALES und wird von diesem durch den SATTEL VON EBEN getrennt. Er erreicht eine Länge von neun Kilometern und entwässerte bis zur letzten Eiszeit zum INN; dann wurde sein Abfluß durch mächtige Moränen verbaut und er suchte sich seinen Weg nach Norden.

Obwohl der ACHENSEE nicht als Badesee geeignet ist (Julimittel 13,3 Grad), hat sich in dem Hochtal, das von den bayerischen Klöstern TEGERNSEE und GEORGENBERG besiedelt wurde, nach dem Straßenbau ein sehr lebhafter Fremdenverkehr entwickelt. Die wichtigsten Siedlungen sind PERTISAU im Mündungsbereich der PLETZACH sowie MAURACH am Südufer des Sees. Vom INNTAL aus führen die Straße mit der markanten Kehre bei der KANZEL sowie eine Schmalspurbahn von JENBACH aus an den See.

Der Bereich östlich des Sees gehört der ROFAN- oder SONNWENDGRUPPE an, die sich vom ACHENSEE bis zum INNDURCHBRUCH bei KUFSTEIN erstreckt und den niedrigsten Teil der NORDTIROLER KALKALPEN bildet. Diese Gruppe ist im Formenschatz ganz abweichend von den übrigen Gruppen TIROLS. Ein weites, gegen Süden und Südosten geneigtes Plateau und Almreichtum zeichnet sie aus. Die höchsten Teile liegen im HOCHRISS (2.299 Meter) und in der ROFANSPITZE (2.259 Meter), die sich steil über den ACHENSEE herausheben.

JENBACH, unmittelbar unter der Steilstufe des ACHENSEES gelegen, gehört zu den bedeutenden Industrieorten im UNTERINNTAL.

Das INNTAL ist Träger von drei wichtigen Verkehrswegen. Neben der alten Bundesstraße, an der sich die Orte aufreihen, führen die Westbahn und vor allem die Inntal-Brenner-Autobahn durch das Tal, wodurch die Umweltbelastung ständig steigt. Der Talboden wird in diesem Bereich vorzugsweise für die Grünlandwirtschaft genutzt. Sie ist die Basis für die Viehhaltung. Der Bezirkshauptort SCHWAZ mit derzeit rund 12.000 Einwohnern war im 15. und 16. Jahrhundert einer der bedeutendsten Bergbauorte im deutschen Sprachraum.

Im südlichen Bildteil liegen die nördlichen Ausläufer der TUXER SCHIEFERALPEN. Typisch für das Landschaftsbild der Schieferzone ist der Wechsel von ausgedehnten Waldgebieten mit größeren Grünlandflächen wie im Raum GALLZEIN.

Blick über die nördlichen Ausläufer des Karwendelgebirges auf den Achensee

Mittelalterliche Bergbauhalden östlich von Schwaz

Schwaz hatte seine Blütezeit im 15. und 16. Jahrhundert

Kitzbühel · St. Johann
Fremdenverkehrsraum in der Schieferzone

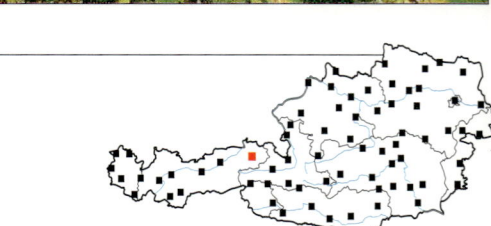

Das Bild zeigt einen Ausschnitt aus den zur GRAUWACKENZONE gehörenden KITZBÜHELER ALPEN, die durch das Tal der GROSSEN ACHE geteilt werden. Im Raum KITZBÜHEL zweigt nach Westen das BRIXENTAL ab, das über KIRCHBERG gegen Westen nach WÖRGL verläuft und dort in den Längstalzug des INNTALES mündet. Diese Tiefenlinie wird von der Westbahn benutzt. Nördlich von KITZBÜHEL liegt im Tal der GROSSEN ACHE ST. JOHANN in TIROL, das vom wichtigen West-Ost-Weg über den PASS STRUB zur ELLMAUER HÖHE gequert wird. Im Norden reicht noch der Südabfall des KAISERGEBIRGES in das Bild.

Im mannigfaltigen Reigen der Landschaften von NORDTIROL nimmt der Raum von KITZBÜHEL durch seine Lage in der Schieferzone eine Sonderstellung ein. Nicht zu große Höhenunterschiede und sanfte Hänge sind typisch für die KITZBÜHELER ALPEN. Im Norden werden die Gipfelfluren von den Erhebungen der KALKALPEN überragt. Typisch für das Tal der GROSSEN ACHE im Raum KITZBÜHEL ist eine ausgeprägte Asymmetrie der Hänge. Der SCHATTBERG im Südwesten der Stadt am Abfall des bekannten Schiberges, des HAHNENKAMMS, ist sehr steil, meist bewaldet und eher siedlungsfeindlich. Ganz im Gegensatz dazu steht der offene und gut durchsiedelte SONNBERG im Nordosten, der sich auf die Hänge des BRUNNERKOGELS hinaufzieht. An diesen nach Süden schauenden Hängen geht die bäuerliche Besiedelung weit hinauf.

Das Tal der GROSSEN ACHE ist eine wichtige Nord-Süd Verbindung, die die Straße zum PASS THURN und weiter ins SALZACHTAL führt. Von großer Bedeutung für die relativ frühe Besiedelung des Raumes ist der offene Landschaftscharakter, der im Weltraumbild recht deutlich zum Ausdruck kommt. Das von Norden nach Süden verlaufende ACHTAL, dem die Besiedelung zunächst folgte, wird von drei West-Ost-Furchen geschnitten, die ausgezeichnete Verbindungen in die benachbarten Talschaften schufen. Dieses ausgeprägte Talnetz, jeweils durch niedrige Sättel miteinander in Verbindung stehend, erhielt seine Ausformung im Eiszeitalter.

In diesem verkehrsmäßig günstigen Raum entwickelten sich drei größere Orte, ST. JOHANN im Norden, KITZBÜHEL und im BRIXENTAL KIRCHBERG in TIROL.

ST. JOHANN, am Kreuzungspunkt der Felbertauernstraße mit der von West nach Ost verlaufenden Bundesstraße 1 gelegen, hat neben seiner Verkehrsbedeutung auch zahlreiche Industrie- und Gewerbebetriebe und gilt als wichtiger Arbeitsort. Daneben spielt der Tourismus eine bedeutende Rolle. Eine Bergstraße erschließt das Schigebiet am KITZBÜHELER HORN.

KITZBÜHEL zählt heute zu den bekanntesten internationalen Wintersportorten ÖSTERREICHS. Typisch für KITZBÜHEL ist aber eine große Ausgeglichenheit zwischen Sommer- und Wintersaison, wovon der Sommertourismus am nahen SCHWARZSEE im Nordwesten der Stadt profitiert.

Als dritte bedeutende Siedlung soll KIRCHBERG erwähnt werden, das in der breiten Mulde des BRIXENTALES an der Einmündung des SPERTENTALES liegt. Durch die günstigen Voraussetzungen für den Wintersport und ausgezeichnete Wandermöglichkeiten im Sommer konnte sich KIRCHBERG seit 1960 zu einem bedeutenden Fremdenverkehrszentrum entwickeln.

Kitzbühel zählt zu den bekanntesten Wintersportorten Österreichs

Im Norden von Kitzbühel begrenzt der Kalkstock des Wilden Kaisers den Blick

Lienz
Hauptort von Osttirol

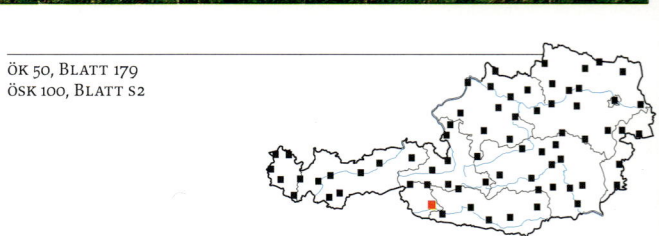

ÖK 50, Blatt 179
ÖSK 100, Blatt S2

Umrahmt von den südlichen Vorlagen der HOHEN TAUERN im Norden, der SCHOBERGRUPPE im Osten, dem Ostteil des DEFEREGGENGEBIRGES im Westen und dem Kalkgebirge der LIENZER DOLOMITEN liegt in einem weiten Talbecken am Zusammenfluß von DRAU und ISEL der Hauptort von OSTTIROL, LIENZ. Der Talkessel von LIENZ ist alter Siedlungsboden. Nur wenige Kilometer östlich von LIENZ liegen die Reste der ehemaligen Römerstadt AGUNTUM. Das heutige LIENZ wurde im 11. Jahrhundert gegründet, als die Grafen des LURNGAUES die Rodung in die Talniederungen zwischen DRAU und ISEL vorantrieben. Unter den Grafen von Goerz war LIENZ Residenzstadt und blieb für Jahrhunderte politisches Zentrum. Mit Marktrecht, Warenniederlage und landesfürstlicher Münzstätte war es wirtschaftlicher Mittelpunkt für das PUSTERTAL und OBERKÄRNTEN.

Die mittelalterliche Stadtanlage ist deutlich zu erkennen: der Hauptplatz mit seiner Schildform und der westlich davor liegende JOHANNESPLATZ, von dem seit alters her die Straßen nach allen Richtung gehen. Eine neue Entwicklungsphase begann Ende des 19. Jahrhunderts mit dem Bahnbau. Nach dem Zweiten Weltkrieg verzeichnet LIENZ durch den Zuzug von Südtirolern und volksdeutschen Flüchtlingen ein starkes Wachstum. Heute ist es vor allem Verwaltungsmittelpunkt, Einkaufszentrum und Schulstadt. Von großer Bedeutung ist LIENZ als Verkehrsknoten, da hier die aus dem Norden kommende Felbertauernstraße in die südliche Längstalfurche einmündet. Nach Westen führt die Straße ins PUSTERTAL, nach Osten ins DRAUTAL, wo sie bei OBERDRAUBURG nach Süden zum PLÖCKENPASS umschwenkt. Östlich der Stadt liegt die Paßfurche des ISELSBERGES, über den man in das MÖLLTAL bei WINKLERN gelangt. Er ist ein alter Talrest, da die Urmöll, wie an Hangterrassen festgestellt werden kann, früher über den Sattel ins LIENZER BECKEN entwässerte. Später wurde der ISELSBERG durch den MÖLL- und DRAUGLETSCHER stark glazial überformt. Heute ist er ein Fremdenverkehrsgebiet.

Der Talkessel von LIENZ zeigt in seinen Talhängen den für die Alpen typischen Gegensatz zwischen Sonnen- und Schattenhang. Der Steilabfall der LIENZER DOLOMITEN ist durchwegs bewaldet – es finden sich keine Siedlungen. Gegen das Becken ist ihnen der HEIMWÄLDER RÜCKEN vorgelagert, der den TRISTACHER SEE vom DRAUTAL abschneidet. Ein völlig anderes Bild vermittelt der nach Süden schauende Hang, der bis hoch hinauf bäuerliche Streusiedlung trägt. In der Landnutzung stehen hier die Grünland- und Heuwirtschaft als Basis für die Viehhaltung im Vordergrund. Die einzelnen Kirchweiler steigen bis auf 1.300 Meter an. Darüber dehnt sich ein breiter Bannwaldstreifen aus.

In den von der SCHOBERGRUPPE nach Süden vorspringenden Kamm, dessen höchste Erhebung im Bild der SCHLEINITZ mit 2.904 Metern ist, ist im Süden ein mächtiges Kar eingelagert, dessen Karböden zahlreiche Almen tragen. Gegen Osten schließt sich das ZETTERSFELD an, das durch eine Seilbahn erschlossen wurde. Im Osten greift das stille Tal des DEBANTBACHES weit in die südliche SCHOBERGRUPPE zurück. Das zweite touristisch erschlossene Gebiet im Großraum LIENZ hat sich im Westen der Stadt am HOCHSTEIN entwickelt, der durch eine Seilbahn erreicht werden kann. Die Schneise für die Schiabfahrt kommt im Bild sehr deutlich zum Ausdruck.

Zwischen HOCHSTEIN und dem Steilabfall der LIENZER DOLOMITEN liegt die Talenge der LIENZER KLAUSE, die das PUSTERTAL begrenzt.

2.700 Meter hoch reichen die im Volksmund »Unholde« genannten Felsgipfel der Lienzer Dolomiten

Am Zusammenfluß von Drau und Isel liegt der Hauptort Osttirols: Lienz

Salzburg
Festspielstadt und Touristenzentrum

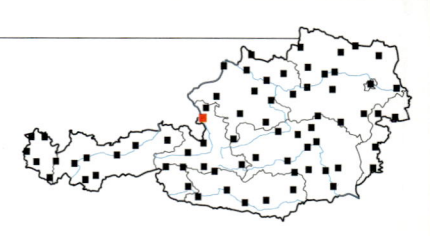

ÖK 50, Blatt 63
ÖSK 50, Blatt S3

Der Geograph Alexander von Humboldt hat SALZBURG eine der schönsten Städte der Erde genannt. SALZBURG ist eine typische Gebirgsrandstadt. Die SALZACH verläßt hier zwischen dem UNTERSBERG im Westen und dem GAISBERG im Osten die NÖRDLICHEN KALKALPEN und tritt in das ALPENVORLAND ein, das in diesem Raum entscheidend durch die Arbeit der eiszeitlichen Gletscher ausgestaltet wurde. Aus den späteiszeitlichen Schottern des weiten SALZBURGER BECKENS, das heute schon fast zur Gänze vom Siedlungsraum der rasch wachsenden Stadt eingenommen wird, ragen einige Inselberge über 200 Meter aus der Talsohle auf. Im Süden ist es der HELLBRUNNER BERG, der als weites Waldgebiet erscheint. Weiter nördlich sind es der aus Konglomerat bestehende MÖNCHSBERG links der SALZACH mit der Festung Hohensalzburg und der aus Dolomit aufgebaute KAPUZINERBERG, der als Waldstück innerhalb des geschlossen verbauten Gebietes ein auffälliges Element bildet.

Weitere klare Gliederungen im Bild sind die Verkehrswege, die die Bedeutung von SALZBURG als Verkehrsknoten erkennen lassen. Der Raum östlich der SALZACH wird durch die weitläufigen Bahnanlagen geprägt. Die Westautobahn umgeht die Stadt im Norden; westlich der Stadt zweigt in einem großen Dreieck die Tauernautobahn ab. Auch der ständig an Bedeutung gewinnende Flughafen SALZBURG liegt im Westen der Stadt.

Im westlichen Bildteil strebt die SAALACH, von einem breiten Augürtel begleitet, der SALZACH zu. Das linke Ufer der SAALACH bildet die Staatsgrenze zu DEUTSCHLAND. Der Osten SALZBURGS wird vom Abfall des GAISBERGES eingenommen.

Die Landeshauptstadt SALZBURG zählte 1991 zirka 144.000 Einwohner und ist somit die viertgrößte Stadt ÖSTERREICHS. Ihre Lage im Großraum ist durch den Kreuzungspunkt wesentlicher West-Ost-Verkehrswege mit der durch den Salztransport wichtigen Nord-Süd-Linie definiert.

Etwas erhöht auf einer Schotterterrasse schmiegt sich der Kern der alten Siedlung in den Bogen zwischen MÖNCHSBERG und FESTUNGSBERG. Die Entwicklung der Stadt begann um 700 nach Christus mit der Gründung des Klosters St. Peter. Im 12. Jahrhundert war die Bürgerstadt bereits voll ausgebildet und hatte den Bereich der Griesgasse erreicht. Aus dem 13. Jahrhundert stammt die erste Befestigungsanlage, die noch heute für manche Straßenverläufe verantwortlich ist. Im 15. Jahrhundert wurde die Brückenkopfsiedlung, die am rechten SALZACHUFER entstanden war, in die Ummauerung einbezogen.

Zwischen dem 13. und 17. Jahrhundert wuchs die Stadt mit der Nonnberg Siedlung und der Müllner Vorstadt über den von den Stadtbergen umrahmten Bereich hinaus. Die Altstadt war damals bereits ganz klar in zwei funktionelle Bereiche, in die Fürsten- und die Bürgerstadt geteilt. Gleichzeitig wurde auch das Umland der Stadt durch die Errichtung von großen Schloßanlagen wesentlich umgestaltet. Im Bereich der Neustadt wurde das Schloß Mirabell mit großen Gartenanlagen erbaut, in die weiten ebenen Flächen im Süden der Stadt wurden mit den Schlössern Leopoldskron und Hellbrunn wichtige städtebauliche Akzente gesetzt.

Einen ersten Anstoß für die weitere Stadtentwicklung stellte die Eröffnung der Eisenbahnlinie WIEN-SALZBURG-MÜNCHEN im Jahre 1860 dar. Es erfolgte die Verbauung der RIEDENBURG sowie von GISELA- und RUDOLFSKAI. Im übrigen griff die Bautätigkeit im Zuge der Stadterweiterung auch bereits auf die damaligen Nachbargemeinden, besonders im Bereich von ITZLING und MAXGLAN, über, die 1935, gemeinsam mit Teilen von AIGEN, MORZG und LEOPOLDSKRON, eingemeindet wurden. In der Zeit nach dem Zweiten Weltkrieg setzte entlang der Alpenstraße ein starkes Wachstum nach Süden ein, da sich hier neben der Wohnfunktion Gewerbe- und Verwaltungsfunktionen etablierten.

Die Altstadt Salzburgs entwickelte sich seit dem 7. Jahrhundert im Schutz von Mönchsberg und Festungsberg am Ufer der Salzach

Die Festung Hohensalzburg zählt zu den mächtigsten Burgen Europas. Um 1600 mußten Teile der mittelalterlichen Altstadt dem großzügig geplanten Domviertel weichen

Das ehemals erzbischöfliche Lustschloß Hellbrunn am Südrand von Salzburg

Trumer Seen
Seenlandschaft im Salzburger Flachgau

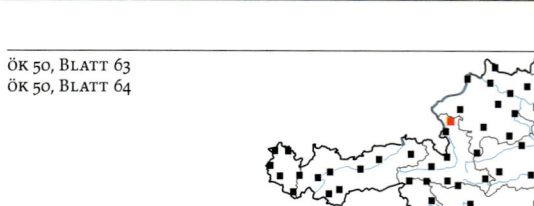

ÖK 50, Blatt 63
ÖK 50, Blatt 64

Der nördliche Teil des Bundeslandes SALZBURG, der FLACHGAU ist eine durch die eiszeitlichen Gletscher geprägte Moränenlandschaft. Sanfte Kuppen wechseln mit weiten, teils sumpfigen Mulden ab, die teilweise von Seen erfüllt sind. Der eiszeitliche SALZACHGLETSCHER reichte mit seinen speichenförmig angeordneten Zweigbecken in das Alpenvorland hinaus. Sie breiteten sich dort in große Lappen aus, die dann schnell an Mächtigkeit verloren. Sie formten dabei die großen Zungenbecken, die sich in mehrere kleine Becken verzweigten, sobald der Eisstrom auf Hindernisse stieß. So teilte der im Bild sichtbare, 801 Meter hohe, aus Flysch bestehende BUCHBERG, der sich nach Nordosten in den stark bewaldeten Rücken des TANNBERGES fortsetzt, den SALZACHGLETSCHER in zwei Zweigbecken.

Der westlich gelegene Raum ist von drei flachen Seen, dem OBERTRUMER SEE, dem MATTSEE und dem GRABENSEE erfüllt. Zwischen den Seen liegen schmale DRUMLINS, die heute von den Verkehrswegen genutzt werden. Nach Norden führt das MATTIGTAL, das im flachen GRABENSEE seinen Ursprung hat. Dieses Gebiet, im unmittelbaren Einzugsgebiet der Landeshauptstadt SALZBURG, hat in den letzten Jahrzehnten einen starken kulturlandschaftlichen Wandel durchlaufen.

Neben dem fremdenverkehrsbedingten Ausbau der Beherbergungsbetriebe und touristischer Einrichtungen sind die Orte durch die Stadt-Land-Wanderung sehr stark gewachsen. Dies zeigt sich deutlich an der Ausdehnung von OBERTRUM am Südufer des gleichnamigen Sees, dessen Einwohnerzahl sich in den letzten 40 Jahren mehr als verdoppelt hat. Hauptort ist MATTSEE, dessen Kloster bereits 777 nach Christus vom Bayernherzog Tassilo gegründet wurde. Es dehnt sich an der schmalen Brücke zwischen dem MATTSEE und dem OBERTRUMER SEE aus und steigt dann auf die Abhänge von TANNBERG und BUCHBERG hinauf.

Im südlichen Bereich des BUCHBERGES liegt der etwas größere WALLERSEE, der eine Tiefe von 23 Metern erreicht. Der See wird im Süden von der Flyschzone des KOLOMANNSBERGES begrenzt. Die Furche des WALLERSEES wird von wichtigen West-Ost-Verkehrswegen genutzt. Am Nordufer verläuft die Westbahn, die Terrassen auf der Südseite tragen die Trasse der Bundesstraße 1, dem früher wichtigsten Verkehrsweg zwischen LINZ und SALZBURG. Besonders stark gewachsen ist SEEKIRCHEN am Westende des Sees, dessen Bevölkerung in den letzten Jahren von 4.500 auf über 8.200 angestiegen ist. Auch die übrigen Orte im Seebereich, wie HENNDORF und NEUMARKT, zeigen eine sehr große Ausweitung der Siedlungsfläche.

Der Raum des FLACHGAUES hat relativ hohe Niederschläge – bis 1.200 Millimeter im Jahr – mit dem Maximum im Sommer. Durch die guten Böden auf Moränenmaterial und die ausreichenden Niederschläge sind hier gute Voraussetzungen für die Gras- und Heuproduktion gegeben.

Eine relativ große Fläche nimmt im FLACHGAU mit etwa 22 Prozent der Wald ein, der damit den Anteil der Ackerflächen übertrifft.

Neben seiner Bedeutung als Grünlandgebiet und als Suburbanisationsraum für SALZBURG erfüllt der Seenbereich des FLACHGAUES noch eine dritte, sehr wesentliche Funktion. Nicht nur, daß die Seegemeinden einen bedeutenden Tourismus entwickeln konnten (MATTSEE hatte 1992 über 100.000 Nächtigungen), sondern auch dadurch, daß dieser Raum zu einem wichtigen Naherholungsraum von SALZBURG wurde. Durch diese Funktion hat sich in den Gemeinden des FLACHGAUES die Zahl der Zweitwohnsitze rasch erhöht, was die Zersiedelung verstärkt hat.

Eng beisammen liegen, nur durch kleine Landbrücken getrennt, der Obertrumer See, der Graben- und der Mattsee

Am Ufer des Wallersees finden sich ausgedehnte Schilfflächen

Nördlich von Salzburg dehnt sich die weite Seenlandschaft des Flachgaues aus

Steinernes Meer · Hochkönig
Kalkplateaus der Salzburger Kalkhochalpen

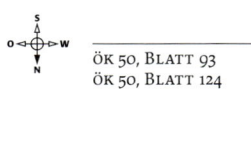

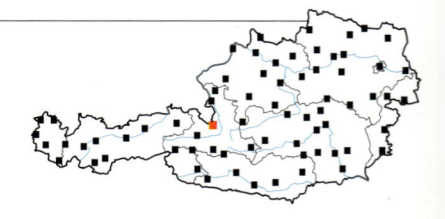

ÖK 50, Blatt 93
ÖK 50, Blatt 124

Das BLÜHNBACHTAL, das vom TENNECK im SALZACHTAL nach Westen führt, wird allseitig von mächtigen Kalkplateaus umrahmt. Im Norden des Satellitenbildes dehnt sich die weite Karsthochfläche des HAGENGEBIRGES aus, das gegen Westen am BLÜHNBACHTÖRL in das STEINERNE MEER übergeht. Der südliche Bildteil wird vom mächtigen Kalkstock des 2.941 Meter hohen HOCHKÖNIGS eingenommen, dessen höchste Teile vom Plateaugletscher der ÜBERGOSSENEN ALM bedeckt werden. Die Grenze gegen das STEINERNE MEER bildet die im Bild gut erkennbare Tiefenlinie vom BLÜHNBACHTAL über die NIEDERE TORSCHARTE zum HINTERTHAL, das in das Becken von MARIA ALM führt. Die steile Südflanke des HOCHKÖNIGS hebt sich rund 1.800 Meter aus dem Grauwackenbereich von MÜHLBACH und DIENTEN heraus. Die hellgrünen Almflächen dieser Zone bilden einen deutlich sichtbaren Gegensatz zu den schroffen Kalkflächen.

Nördlich des BLÜHNBACHTALES dehnt sich die weite Karsthochfläche des HAGENGEBIRGES aus, das im Westen vom Tal des RÖTBACHES begrenzt wird, das aus dem Gebirge zum KÖNIGSSEE führt. Die weiten Hochflächen, von Karrinnen und Dolinen gegliedert, liegen in einer Höhe von rund 2.000 Metern. Die höchsten Erhebungen, das TEUFELSHORN mit 2.363 Metern, im schmalen Grat am Übergang zum STEINERNEN MEER, RAUCHEGG mit 2.216 Metern und KLOBNER KOPF mit 2.228 Metern, liegen ganz im Süden und brechen mit einem Steilabfall zum BLÜHNBACHTAL ab.

Das BLÜHNBACHTAL ist nicht besiedelt – es finden sich nur einige, heute durch eine bis in den Talschluß führende Straße erschlossene Jagdhäuser sowie das im Bild deutlich erkennbare, am Rand einer weiten offenen Weidefläche gelegene Jagdschloß BLÜHNBACH.

Kleiner, aber wesentlich höher als die Hochfläche des HAGENGEBIRGES ist das südlich gelegene Plateau der ÜBERGOSSENEN ALM oder das EWIGSCHNEEGEBIRGE. Die wellige Kuppenlandschaft, deren Steilränder erst durch junge Erosionsformen geschaffen wurden, nachdem das SALZACHTAL schon 1.200 Meter eingetieft war, stellt eine alte Landoberfläche dar, wie sie in den östlichen Kalkalpen oft zu finden sind. Die auffallend rasche Höhenzunahme nach Süden, die wesentlich stärker ist als im westlich angrenzenden STEINERNEN MEER, deutet wohl auf eine kräftige Aufbiegung hin, die mit der starken Hebung im östlichen Teil des SALZACHLÄNGSTALES in Beziehung stehen dürfte.

Während alle anderen Plateaus im Raum der SALZBURGER KALKHOCHALPEN nur kleinere Schneeflecken oder kleine Eisfelder in tiefen Karrinnen bergen, erstreckt sich über den südlichen Teil des Plateaus ein Gletscher, die ÜBERGOSSENE ALM, deren Fläche von 1925 bis 1969 von 5,5 Quadratkilometern auf 0,98 Quadratkilometer zurückgegangen ist. Mit einer Länge von 1,1 Kilometer erreicht er bei 2.540 Metern seinen tiefsten Punkt. Er wird von drei Seiten von Felsen eingefaßt und endet breit in mehreren schwach ausgeprägten Zungen über kurzen zum BLÜHNBACHTAL hinabführenden Sacktälern. Abflüsse hat der Gletscher nicht, da die Schmelzwässer sofort im verkarsteten Boden verschwinden. Das sanftgewellte Firnfeld weist wenig Klüfte auf und wurde wiederholt mit den Plateaugletschern Norwegens verglichen, von denen es sich aber dadurch deutlich unterscheidet, daß die Zungen nur in eine Richtung verlaufen. Der starke Rückgang in den letzten Jahrzehnten hat den abgeschliffenen Kalkuntergrund freigegeben, in dem sich schon nach wenigen Jahren wieder Karrinnen gebildet haben. Die höchste Erhebung der Gruppe ist der HOCHKÖNIG mit 2.941 Metern, auf dessen Spitze das Matrashaus errichtet wurde. Mit mächtigen Kartreppen zwischen scharfen Graten gehen der Nord- und der Ostabfall zu Tal, während sich im Süden eine geschlossene Wand über das Schieferbergland heraushebt, das in der Vegetation einen krassen Gegensatz zu den öden Kalkplateaus bildet. Schroffe Formen fehlen in diesem Bereich. Das Bergland wird vor allem von Wiesen und Wäldern bedeckt. Im MITTERBERGTAL, im südöstlichen Bildteil, wurde seit der Frühzeit Kupfererz abgebaut, das 1827 durch Zufall wiederentdeckt wurde. Der Bergbau, der in Spitzenjahren bis zu 57.000 Tonnen Kupfererz lieferte, wurde in den siebziger Jahren eingestellt.

Im westlichen Bildteil ist die mächtige Kalkfläche des STEINERNEN MEERES zu sehen, das eine Fläche von 160 Quadratkilometern umfaßt, von der 50 Prozent über der Baumgrenze liegen. Der Raum wird durch weite Karfelder, Dolinen und Schneelöcher gegliedert. Die höchsten Erhebungen im Bildausschnitt sind das BONEGG (2.560 Meter) und das BRANDHORN (2.610 Meter), die sich steil aus dem Talschluß des HINTERTHALES herausheben.

Rund um das Blühnbachtal dehnen sich über steilen Abbrüchen die weiten Karstflächen des Hagengebirges, des Steinernen Meeres und des vergletscherten Hochkönigs aus

Senkrecht abstürzende Felswände kennzeichnen die Nördlichen Kalkalpen

Zell am See
Zentrum der Eurosportregion Kaprun-Zell am See

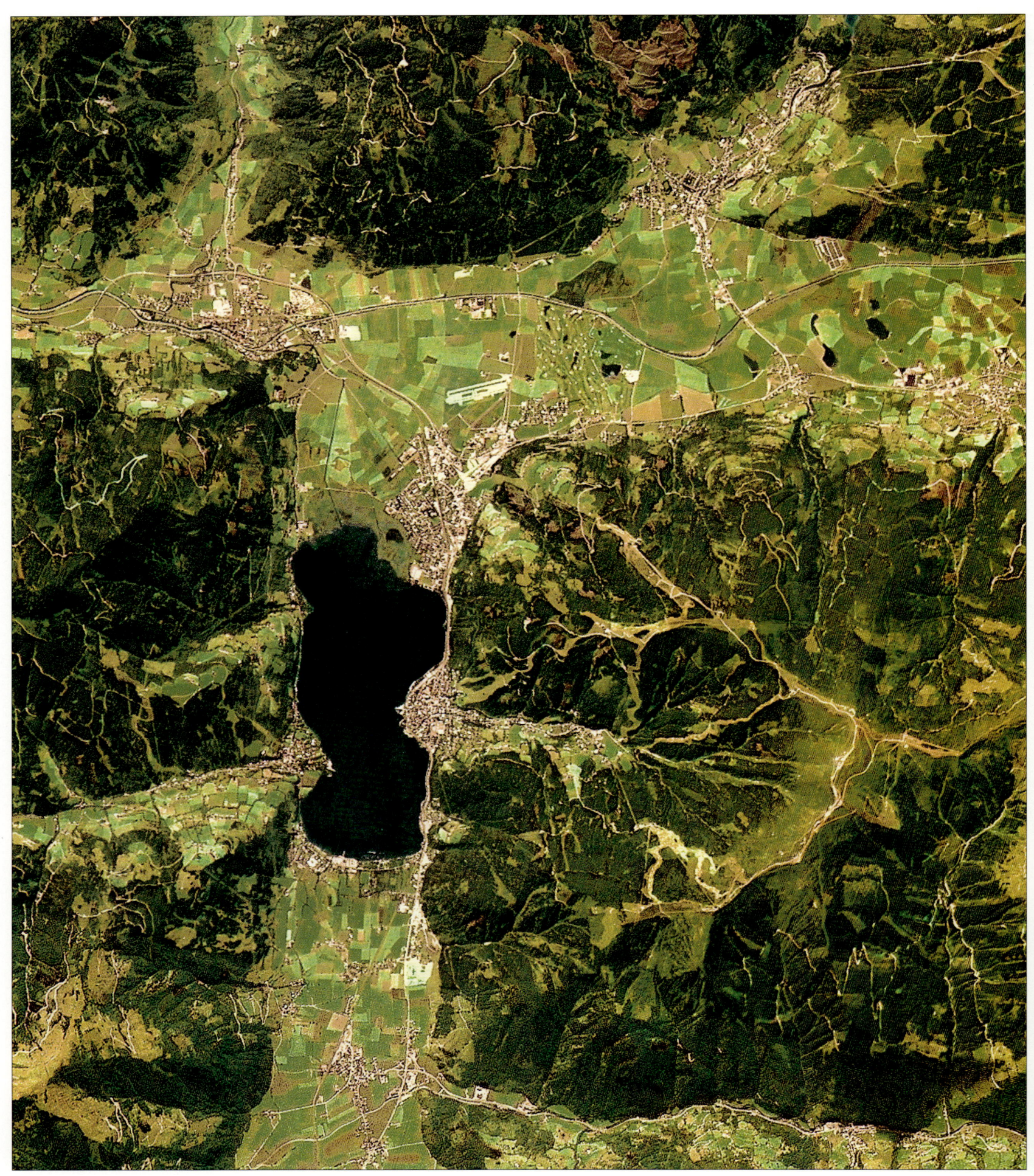

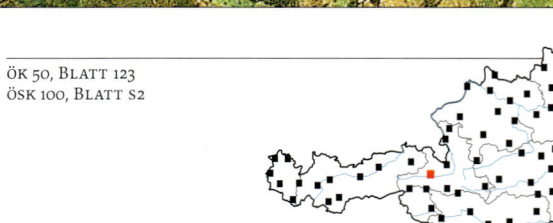

ÖK 50, Blatt 123
ÖSK 100, Blatt S2

Das tektonisch vorgezeichnete Längstal der SALZACH trennt den im unteren Teil des Weltraumbildes noch sichtbaren Nordfuß der HOHEN TAUERN zwischen dem KAPRUNER- und FUSCHERTAL von den Grasbergen der GRAUWACKENZONE. Der breite Talboden des Längstales wird in diesem Bereich durch eine Aufschüttungsebene gebildet, die nach dem Rückzug des würmeiszeitlichen SALZACHGLETSCHERS entstanden ist. Dessen letzter Rest ist heute der nördlich der SALZACH gelegene und keine größeren Zuflüsse aufweisende ZELLER SEE. Im Satellitenbild erscheinen zahlreiche »nasse Wiesen«, Moorflächen sowie geradlinig verlaufende Entwässerungsgräben.

Im ZELLERMOOS westlich von ZELL AM SEE liegen noch einige kleinere Seen, die durch den Tourismus in Badeseen umfunktioniert wurden. Die landwirtschaftliche Nutzung des Raumes ist weitgehend auf Grünlandwirtschaft ausgerichtet. Im Talboden weisen die zahlreichen verstreut liegenden Heuhütten auf diese Wirtschaftsform hin. Zwischen KAPRUN und ZELL AM SEE wurde in der weiten Ebene in den letzten Jahren ein großer Golfplatz errichtet.

Nach Norden zweigt vom Längstal die MITTELPINZGAUER SENKE ab. Sie quert mit einem auffallend geradlinigen Verlauf die Grauwackenzone und weitet sich dann bei SAALFELDEN zu einem inneralpinen Becken. Im Süden der Senke liegt der aus einem größeren spätglazialen See hervorgegangene heutige ZELLER SEE. Er weist eine Fläche von 4,6 Quadratkilometern auf und hat eine Tiefe von 68 Metern. Seine Wasseroberfläche erreicht durch das Fehlen größerer Zuflüsse im Sommer gewöhnlich eine Temperatur von 22 bis 24 Grad Celsius und friert im Winter regelmäßig zu. An seiner Westseite baut der SCHMITTENBACH einen großen Schwemmkegel in den See vor. Auf diesem entwickelte sich um das Mitte des 8. Jahrhunderts gegründete Kloster das heutige ZELL AM SEE. Seit dem Mittelalter war es ein an wichtigen Fernverkehrswegen gelegener Marktplatz. Später nahm der Ort dann mit dem Aufkommen des Fremdenverkehrs einen bedeutenden Aufschwung.

Die ersten Ansätze erfolgten bereits im 19. Jahrhundert, als 1873 durch den Alpenverein ein Reit- und Fahrweg auf die westlich der Stadt gelegene SCHMITTENHÖHE gebaut wurde. Dieser im Osten der KITZBÜHELER ALPEN gelegene Aussichtsberg erhielt bereits Ende des vorigen Jahrhunderts ein komfortables Hotel. Mit dem Bahnbau kamen dann immer mehr Fremde in diese Gegend. Waren es zunächst vor allem Sommerurlauber, so setzte nach 1927 mit der Errichtung der Seilbahn auf die SCHMITTENHÖHE der Winterfremdenverkehr ein. Bereits ein Jahr danach begannen umfangreiche Schlägerungen, um eine Schiabfahrt bis ins Tal zu ermöglichen. Die Erschließung wurde nach dem Zweiten Weltkrieg rasant fortgesetzt – heute gibt es 26 Aufstiegshilfen. Für die Schaffung von Schipisten wurden rund 95 Hektar Wald gerodet. Das Weltraumbild zeigt auf der gesamten Ostabdachung die schweren Eingriffe des Menschen in die Hochgebirgslandschaft.

Heute ist das 1928 zur Stadt erhobene ZELL AM SEE Zentrum der Eurosportregion KAPRUN–ZELL AM SEE.

Nun ist der Platz am Schwemmkegel bereits zu klein geworden. Die Siedlungsausweitung geht heute vor allem in den Süden, wo im Bereich von SCHÜTTDORF der bis in die Zwischenkriegszeit unverbaute Raum zersiedelt wird.

Im Norden liegt zwischen dem See-Ende und MAISHOFEN die niedrige Talwasserscheide zur SAALACH. Die flache Aufschüttungsebene wird von der Trasse der Westbahn gequert. Bei MAISHOFEN mündet von Westen das GLEMMTAL in die MITTERPINZGAUER SENKE.

Im Süden des SALZACHTALES liegen mit BRUCK und KAPRUN noch zwei weitere wichtige Fremdenverkehrsorte. BRUCK, an der Mündung des FUSCHERTALES gelegen, ist Ausgangspunkt der bekannten Grossglockner Hochalpenstraße. KAPRUN gehört zu den bedeutenden Fremdenverkehrszentren des Landes SALZBURG. Der Ort hat eine stärkere Wintersaison. Einzelne natürliche Gunstfaktoren trugen in KAPRUN dazu bei, daß aus einer fast ausschließlich agrarisch strukturierten kleinen Gemeinde – im Jahre 1869 hatte der Ort 500 Einwohner – ein beliebter und stark frequentierter Tourismusort wurde. Ausgangspunkt dieser Entwicklung war die Erschließung des Sommerschigebietes am KITZSTEINHORN. Andererseits gab der Stufenbau des KAPRUNER TALES mit den starken Gefälleunterschieden ideale Voraussetzungen für die Anlage von Speicherkraftwerken.

Majestätisch erheben sich die Berge der Glockner Gruppe über das Salzachtal. Im Vordergrund der Ferienort Zell am See

Die Schmittenhöhe oberhalb von Zell am See ist eines der ältesten Salzburger Schigebiete

Großvenediger
Das Gletscherdach der Hohen Tauern

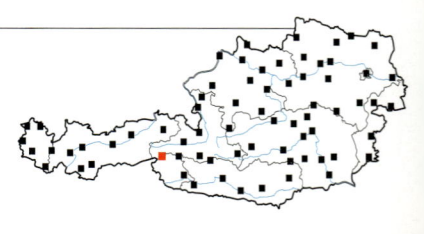

ÖK 50, Blatt 151
ÖK 50, Blatt 152
ÖSK 100, Blatt S2

*E*ine klare große Architektur zeigt uns das Satellitenbild der zentralen VENEDIGER GRUPPE. Vier weit ausladende Riesengrate, zwischen denen Gletscherbecken hoch hinaufsteigen, tragen die Eiskrone des Gipfels. Ein Berg, dessen ausgewogene Formen und machtvolle Größe bestechen. Darüber hinaus ist er mit 3.674 Metern der höchste Gipfel der westlichen HOHEN TAUERN und auch ohne technische Schwierigkeiten ersteigbar. Vom Gipfel des GROSSVENEDIGERS hat man einen großartigen Rundblick bis an die JULISCHEN ALPEN und die DOLOMITEN.

Das Satellitenbild wird in der Mitte vom Hauptkamm der HOHEN TAUERN gequert, der hier mit dem GROSSEN GEIGER (3.360 Meter) einsetzt und über den GROSSVENEDIGER (3.666 Meter) zur HOHEN FÜRLEG (3.243 Meter) und weiter zum KRATZENBERG (3.022 Meter) verläuft. Im Bild kommt auch der unterschiedliche Bau zwischen der Nord- und der Südseite der HOHEN TAUERN sehr gut zum Ausdruck. Vom Hauptkamm verlaufen geradlinige Täler, die durch die Gletscher zu markanten Trogtälern umgeformt wurden, zur SALZACH und verleihen dem Gebirge einen fiederförmigen Bau. Getrennt werden die Täler durch lange Grate, die in den innersten Bereichen an den Ostflanken noch zahlreiche Hängegletscher tragen. Im westlichen Bildteil erscheint das OBERSULZBACHTAL, in das das OBERSULZBACHKEES eine lange Gletscherzunge entsendet. Eines der am deutlichsten ausgeprägten Gletschertäler ist das UNTERSULZBACHTAL, in das das UNTERSULZBACHKEES vom mächtigen Firnbecken am Nordabfall des VENEDIGERMASSIVS eine lange Gletscherzunge vorschiebt.

Weit über dem Tal hängt an der Ostseite des Keeskogels das breite KÄFERFELDKEES, das in seinem Ablationsbereich weite glazial überformte Feldbereiche hinterlassen hat. Das HABACHTAL, bekannt durch seine Smaragdfunde, hat seine Wurzeln im mächtigen Kar des HABACHKEES, das sich an der Nordseite zwischen HOHER FÜRLEG und KRATZENBERG ausdehnt. Gerade am Beispiel des HABACHKEES erkennt man ganz deutlich den starken Rückgang der Gletscher in den letzten Jahrzehnten. Dem Eisfeld ist eine breite braune Zone des Grundmoränenfeldes vorgelagert, das von scharfen Seitenmoränen begrenzt wird. Die hohe Schuttanlieferung durch die Gletscher führt entlang der Bäche zur Ausbildung von breiten Schotterbänken, die im Bild als weiße Bänder erscheinen. Ein ganz anderes Bild bietet die mächtige Südflanke der VENEDIGER GRUPPE. Hier zeigt sich eine radiale Entwässerung, wobei die Täler ebenfalls bis nah an den Hauptkamm heranreichen. Besonders eindrucksvoll sind die weiten vergletscherten Hochflächen im Osten des GROSSVENEDIGERS, wo vom oberen Keesboden das mächtige, teils wild zerrissene SCHLATENKEES ins TAUERNTAL abfließt. Im Bereich der Gletscherzunge des SCHLATENKEES sind die glazialen Formen modellhaft ausgebildet – hier wurde der Innergschlösser Gletscherweg angelegt.

Überragt wird der Gletscher im Süden von der dunklen KRISTALLWAND, die sich nach Westen in die SCHWARZE WAND und zum RAINERHORN (3.551 Meter) fortsetzt. Die westliche Begrenzung des mächtigen SCHLATENKEES bildet die weit nach Osten vorspringende KESSELWAND.

Vom Süden her greift noch das DORFERTAL, ein Nebental des VIRGENTALES, bis an den Hauptkamm zurück. Die Gletscher der Südseite, wie das DORFER KEES, das RAINER KEES und das MULLWITZKEES zeigen wesentlich stärkere Ablationsvorgänge als die der Nordseite. Alle genannten Gletscher haben keine Zungen mehr ausgebildet, sie enden weit oben und hinterlassen ausgedehnte, vom Eis abgeschliffene Felslandschaften, in die langsam die Vegetation mit Pionierpflanzen eindringt.

Die VENEDIGER GRUPPE gehört über weite Strecken zur Kernzone des NATIONALPARKS HOHE TAUERN, wodurch eine touristische Erschließung für den Sommerschilauf von der Südseite her sowie die Errichtung einer Speicherkraftwerksgruppe nicht mehr realisiert werden können. So wird die wundervolle Gletscherwelt in ihrer Naturbelassenheit erhalten.

Mächtig thront der Großvenediger mit weit hinabreichenden Gletscherzungen über den Hohen Tauern

Großglockner
Höchster Berg Österreichs im Nationalpark Hohe Tauern

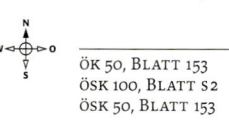

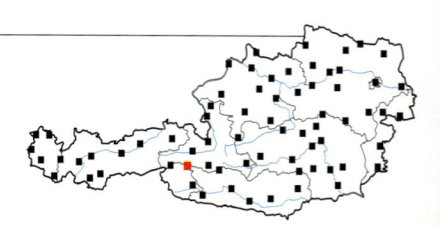

ÖK 50, Blatt 153
ÖSK 100, Blatt S2
ÖSK 50, Blatt 153

Das Bild zeigt den zentralen Teil der HOHEN TAUERN mit der GLOCKNER GRUPPE. Vom Hauptkamm gehen in der GLOCKNER GRUPPE mächtige Seitenkämme sowohl nach Norden als auch nach Süden. Der nach Norden beim EISKÖGELE ansetzende Kamm wird durch das KAPRUNER TAL mit seinen beiden großen Speicherseen in zwei Äste aufgespalten. Der schmale westliche Teil hat mit dem KITZSTEINHORN einen markanten Gipfel. Breiter ausgebildet ist der östliche Kamm, der vom mächtigen Firnfeld des PASTERZENBODENS über die BÄRENKÖPFE bis zum WIESBACHHORN verläuft. Im Süden erhebt sich der GROSSGLOCKNER, mit 3.798 Metern Höhe der höchste Berg Österreichs.

Besonders eindrucksvoll kommen im Bild die zahlreichen Glazialformen wie Kare, Karseen, Trogtäler und Moränenflächen zum Ausdruck. Die PASTERZE ist etwa neun Kilometer lang und ein Musterbeispiel für einen alpinen Talgletscher, der vom 4,5 Quadratkilometer großen Firnfeld um den JOHANNISBERG bis zur FRANZ-JOSEFS-HÖHE reicht. Mit einer Fläche von zirka 20 Quadratkilometern ist sie der flächenmäßig größte Gletscher der Ostalpen, der in den letzten 140 Jahren etwa sieben Quadratkilometer an Fläche und im Bereich der FRANZ-JOSEFS-HÖHE rund 100 Meter an Mächtigkeit verloren hat. Die zahlreichen Hängegletscher vom GLOCKNERKAMM, die noch vor 50 Jahren die PASTERZE gespeist haben, erreichen sie heute nicht mehr. Diese eindrucksvolle Hochgebirgslandschaft geriet in den letzten Jahrzehnten zunehmend in den Interessensgegensatz zwischen Ökologie und Ökonomie. Der GROSSGLOCKNER, im Jahre 1800 erstmals bestiegen, hatte für Alpinisten schon bald eine große Anziehungskraft. Der entscheidende Impuls für die touristische Erschließung der GLOCKNER GRUPPE ging von der Errichtung der Grossglockner Hochalpenstraße aus, die in den Jahren 1930 bis 1935 gebaut wurde. Die Straße verbindet das SALZACHTAL im Norden mit dem MÖLLTAL im Süden. In der Kernzone des Nationalparks liegen zwei Sonderschutzgebiete: die GROSSGLOCKNER-PASTERZE und die GAMSGRUBE, wo jeder Eingriff sowie das Betreten untersagt sind. Einen zweiten touristischen Schwerpunkt innerhalb der GLOCKNER GRUPPE bildet das KITZSTEINHORN mit seinem Gletscherschigebiet am SCHMIEDINGER KEES.

Eine besondere Stellung nimmt die Energiewirtschaft in der GLOCKNER GRUPPE ein, deren Stauanlagen im Bild deutlich hervortreten. Westlich des GROSSGLOCKNERS im obersten STUBACHTAL liegt die TAUERNMOOSSPERRE. 1953 wurde der WEISS-SEE als Speicher in 2.500 Metern Höhe am KALSER TAUERN angelegt. In der nördlichen GLOCKNER GRUPPE liegen zwei große Speicherseen, der MOOSERBODENSPEICHER und der darunter liegende Stausee WASSERFALLBODEN. In den TAUERNTÄLERN fand die Energiewirtschaft aufgrund der großen Höhenunterschiede optimale Bedingungen vor. Dazu kommen noch die hohen Niederschläge im Luv der TAUERN sowie die reichlichen Schmelzwässer. Ein drittes Projekt – ein Großspeicher im obersten KALSERTAL (DORFERTAL) wurde nach massiven Protesten der Naturschützer aufgegeben.

Der Blick auf den Glockner wurde unter Verwendung eines digitalen Geländemodelles aus dem Satellitenbild errechnet

Das Ende der Großglockner Hochalpenstraße mit der Franz-Josefs-Höhe am Rande der Pasterze

Der Großglockner ist mit 3.797 Metern Österreichs höchster Berg. Davor die im Rückzug begriffene neun Kilometer lange Pasterze – Prunkstück des Nationalparks Hohe Tauern

Bad Gastein
Kurort und Wintersportzentrum

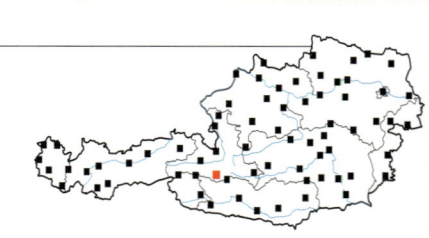

ÖK 50, Blatt 155
ÖSK 100, Blatt S2

Das Bild zeigt das innere GASTEINERTAL von BAD HOFGASTEIN im Norden bis zu den sich verästelnden Talanfängen an der Nordflanke der HOHEN TAUERN. Südlich von HOFGASTEIN führt das ANGERTAL gegen Südwesten und trennt die beiden bedeutenden Schigebiete der SCHLOSSALM und des STUBNER KOGELS. Nach Osten hin verläuft das KÖTSCHACHTAL, das in der nördlichen ANKOGELGRUPPE seinen Ursprung hat. Beide Täler sind typische, vom Gletscher überformte Trogtäler. Bei BÖCKSTEIN spaltet sich das GASTEINERTAL in seine beiden Quelläste. Nach Westen zieht das NASSFELDER TAL nach SPORTGASTEIN, ein in 1.558 Metern Höhe gelegener Wintersportort, von dem der KREUZKOGEL (2.686 Meter) erschlossen wird. Der Plan, von SPORTGASTEIN eine Seilbahn auf das südwestlich gelegene SCHARECK in der GOLDBERGGRUPPE zu errichten, wurde aufgegeben. Von SPORTGASTEIN aus führt ein Weg zum NIEDEREN TAUERN und weiter nach MALLNITZ, der für den Saumverkehr über das Gebirge von großer Bedeutung war. Nach Osten verläuft das nahezu unbesiedelte ANLAUFTAL, das im mächtigen Grubenkar an der Westflanke des ANKOGELS seinen Ursprung hat.

Das GASTEINERTAL ist das größte TAUERNTAL und erstreckt sich 30 Kilometer in Nord-Süd-Richtung zwischen LEND am Talausgang in das SALZACHTAL und dem TAUERNHAUPTKAMM im Süden. Gegen Osten und Westen ist das Tal durch bis zu 2.500 Meter hohe Bergrücken der Schieferhülle der HOHEN TAUERN begrenzt. Das östliche Paralleltal ist das GROSSARLER TAL, das westliche das RAURIS TAL. Der größte Teil des Tales liegt zwischen 860 Metern, beginnend zwei Kilometer nördlich von BAD GASTEIN und 800 Metern am Talausgang beim Klammpaß. BAD GASTEIN selbst entstand im steilen, felsigen Teil des Tales zwischen 860 und 1.060 Metern Höhe im Bereich einer für die Seitentäler typischen Stufe, die durch das Zusammenfließen von Gletscherästen gebildet wurde.

Das innere GASTEINERTAL gehört zu den wichtigsten Fremdenverkehrsräumen in ÖSTERREICH. Die Entwicklung ist mit der Nutzung des natürlichen Heilvorkommens in Form von Radonthermalwasser ursächlich verbunden. 18 Thermen unterschiedlicher Temperatur und Inhaltsstoffe entspringen am Fuß des GRAUKOGELS in BAD GASTEIN, das bis 1905 den Namen »WILDBAD GASTEIN« trug. Die Nutzung dieser Quellen geht schon bis in das 14. Jahrhundert zurück.

Ab Mitte der fünfziger Jahre begann die moderne Fremdenverkehrsentwicklung mit einer sehr großen Intensität. Heute ist das GASTEINERTAL mit rund 2,7 Millionen Nächtigungen und 17.000 Gästebetten eines der intensivst genutzten touristischen Erholungsgebiete ÖSTERREICHS. Es haben sich aber einige interessante Wandlungen ergeben. Heute nimmt HOFGASTEIN die dominante Stellung ein. In den letzten 30 Jahren hat sich das Verhältnis Sommer–Winter deutlich zugunsten der Wintersaison verschoben.

Der Kurbetrieb nutzt die Heilquellen, die am Tag rund fünf Millionen Liter Schüttung mit einer Mischwassertemperatur von 42,9 Grad Celsius erbringen.

Die Anfänge des Wintersports im GASTEINERTAL, dem zweiten Standbein, gehen schon in die zwanziger Jahre zurück. Die Austragung der alpinen Schiweltmeisterschaften 1958 in BAD GASTEIN verstärkten jedoch die gemeinsamen Bestrebungen, ein leistungsfähiges Wintersportangebot zu erstellen. Das moderne Schigebiet gliedert sich in drei Bereiche: Erstens das Gebiet der SCHLOSSALM und zweitens das des STUBNER KOGELS an der westlichen Talseite zwischen 850 und 2.300 Metern Höhe. In beiden Bereichen sind die großen Eingriffe in das alpine Ökosystem deutlich zu erkennen, da neben Aufstiegshilfen und Pisten auch zahlreiche Güterwege als Versorgungsstraßen angelegt wurden. Östlich von BAD GASTEIN liegt am GRAUKOGEL das dritte Schigebiet, an dessen Westflanke die Abfahrten als helle Streifen durch den Wald führen.

Repräsentative Hotelbauten umrahmen den eindrucksvollen Wasserfall der Gasteiner Ache

Ausflugswege von Bad Gastein führen um den Graukogel in das Kötschachtal

Das Gasteinertal ist seit dem 14. Jahrhundert dank Bäderbetrieb und Goldbergbau das dichtest besiedelte Tal der Hohen Tauern

69

Tamsweg
Zentrum des Lungaus

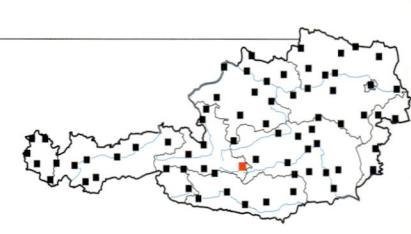

ÖK 50, Blatt 157
ÖK 50, Blatt 158

Umrahmt von den NIEDEREN TAUERN im Norden, den HOHEN TAUERN im Westen und den GURKTALER ALPEN im Süden liegt das inneralpine Becken des LUNGAUES. Es liegt am Westrand der NORISCHEN SENKE in einer Höhe von über 1.000 Metern. Die MUR und ihre Nebenflüsse strömen speichenförmig dem Becken zu. Aus dem hügeligen Gelände ragen zwischen den Talzügen der TAURACH und der MUR Berge auf, deren höchster im Bereich des SCHWARZENBERGES eine Höhe von 1.779 Metern erreicht und von der MUR in einem großen Bogen umkreist wird. Das Becken ist nach allen Seiten hin gut abgeschlossen. Im Osten liegt in der Talenge von PREDLITZ die Landesgrenze zur STEIERMARK, im Norden führt der RADSTÄDTER TAUERNPASS zur ENNS, im Süden der KATSCHBERG zur LIESER. Als Rastplätze am Tauernweg entwickelten sich die Märkte MAUTERNDORF und ST. MICHAEL, während das in einer fruchtbaren Weitung gelegene TAMSWEG den Weg in den Osten beherrschte. Bedingt durch die Beckenlage kommt es vor allem im Winterhalbjahr zur Ausbildung von Temperaturinversionen, was dem LUNGAU den Namen »KÄLTEPOL ÖSTERREICHS« eingetragen hat. So weist etwa TAMSWEG ein Jännermittel von minus 6,9 Grad Celsius auf. Die Kontinentalität des Klimas spiegelt sich in der Zusammensetzung der Wälder wider, wobei neben der Fichte vor allem die Lärche eine dominierende Stellung einnimmt.

Der LUNGAU hat deutliche Züge eines Passivraumes, wobei die Abwanderungsrate sowohl durch die Landflucht als auch durch die Höhenflucht zu erklären ist. Die Höhe des Dauersiedlungsraumes liegt im LUNGAU bei etwa 1.400 Metern. Wichtigster Wirtschaftszweig ist noch immer die Land- und Forstwirtschaft. Die landwirtschaftlichen Betriebe, die meist auf Grünland- und Milchwirtschaft ausgerichtet sind, sind überwiegend von kleiner bis mittlerer Größe. Typisch für den LUNGAU ist das häufige Auftreten der Egartwirtschaft. Der Fremdenverkehr hätte im LUNGAU aufgrund des Naturraumpotentials gute Entwicklungsmöglichkeiten, doch die Entwicklung zeigt in den letzten Jahren eine deutlich rückläufige Tendenz.

Der Nordteil des Bildes wird von der Südabdachung der SCHLADMINGER TAUERN eingenommen, die hier durch zahlreiche Nord-Süd verlaufende Täler gegliedert wird. Das WEISSPRIACHTAL bricht in einem breiten Kastental nördlich von MARIAPFARR in das Becken durch. Im WEISSPRIACHTAL prägen zahlreiche, vornehmlich auf Schwemmkegeln liegende Weiler, das Siedlungsbild.

MARIAPFARR entstand auf einer breiten Mittelgebirgsterrasse am Nordrand des Beckens etwa 100 Meter über dem Talboden der TAURACH.

Weiter im Osten greifen die Täler des GÖRIACHBACHES und des LESSACHBACHES weit in das Gebirge zurück. Typisch für diese Täler ist, daß nur die beckenartigen Weitungen am Unterlauf besiedelt sind, während die Tröge durchwegs siedlungsleer sind. Die Rücken zwischen den einzelnen Tälern sind durch zahlreiche Forststraßen erschlossen. Östlich des LESSACHTALES ist die Landschaft niedriger – hier setzt die parallel zum MURTAL verlaufende Beckenreihe an. In die weiten Waldgebiete nördlich des SEETALER BACHES ist der PREBERSEE eingelagert.

Die beiden West-Ost verlaufenden Täler von TAURACH und MUR werden durch den bewaldeten Höhenzug des MITTERBERGES getrennt. Das MURTAL zeigt im Bereich des LUNGAUES eine deutliche Trogform mit einem breiten und versumpften Talboden. Die Siedlungen liegen auf den Schwemmkegeln der Seitenbäche.

Am Zusammenfluß von TAURACH und MUR entwickelte sich TAMSWEG als wirtschaftliches und administratives Zentrum des LUNGAUES. Der Ortskern ist zweigeteilt und läßt sich in eine ältere Kirchensiedlung und in eine jüngere spätmittelalterliche Erweiterung mit einem regelmäßigen viereckigen Marktplatz unterteilen.

Die Wallfahrtskirche St. Leonhard oberhalb von Tamsweg

Tamsweg ist das wirtschaftliche und administrative Zentrum des Lungaus

Linz
Landeshauptstadt von Oberösterreich und ihr Umland

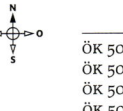

ÖK 50, Blatt 32
ÖK 50, Blatt 33
ÖK 50, Blatt 50
ÖK 50, Blatt 51
ÖSK 50, Blatt S2

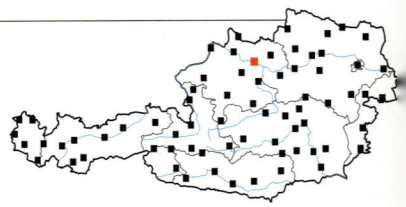

Der Raum der oberösterreichischen Landeshauptstadt LINZ und ihr unmittelbares Umland werden durch das Zusammentreffen von drei unterschiedlichen Landschaftselementen geprägt. Im Norden reichen noch die Ausläufer des Granithochlandes mit dem PÖSTLINGBERG und dem PFENNINGBERG in das Bild herein. Sie fallen mit einer deutlich sichtbaren Steilstufe von rund 300 Metern zur LINZER BUCHT hin ab. Die Senke von TREFFLING, die von der Mühlkreisautobahn durchquert wird, bildet einen leichten Zugang zum Becken von GALLNEUKIRCHEN. Das Granithochland greift im Bildausschnitt im Bereich der LINZER PFORTE mit dem KÜRNBERGER WALD über die DONAU nach Süden aus. Der Siedlungskörper der Landeshauptstadt dehnt sich beiderseits der DONAU weit in die LINZER BUCHT aus. Im Süden wird das Stadtgebiet durch die breite Niederterrasse der TRAUN mit einem deutlich sichtbaren Auwaldgürtel begrenzt. Als dritte Landschaftseinheit beginnt südlich der TRAUNTERRASSE das Hügel- und Terrassenland der TRAUN-ENNS-PLATTE, deren Grenze in etwa durch den Verlauf der Westautobahn nachvollzogen werden kann. Gut sichtbar tritt der stark bewaldete 319 Meter hohe SCHILTENBERG hervor.

Das Weltraumbild zeichnet die siedlungsmäßige Gliederung der Landeshauptstadt deutlich nach. Die eng verbaute Altstadt entwickelte sich im Süden der DONAU, ausgehend von der innerstädtischen Nord-Süd-Achse Nibelungenbrücke - Hauptplatz - Landstraße. Dagegen liegen im Westen auf den Randhöhen des KÜRNBERGES, im Südwesten und in letzter Zeit besonders im Norden der Stadt große Wohngebiete, deren unterschiedliche Strukturen aus dem Bild entnommen werden können. Dominieren im Bereich des FREINBERGES und der GUGEL von Grünanlagen durchsetzte Villenviertel, so werden die Bereiche nördlich der DONAU und im Südwesten durch große Wohnanlagen geprägt. Besonders stark wurde nach 1945 der Westen der Stadt zwischen der Salzburgerstraße und der TRAUN verändert, wo in den Stadtteilen NEUE HEIMAT und WEGSCHEID große Wohngebiete, teils in Mischfunktion mit Gewerbe und Industrie entstanden sind. Ohne deutlich sichtbare Grenze geht das Stadtgebiet in die Nachbargemeinden TRAUN, LEONDING und PASCHING über. Die jüngste Stadtentwicklung greift über die TRAUN nach Süden in den Ortsteil EBELSBERG aus. Angelehnt an den Waldrücken des SCHILTENBERGES entstehen hier viele neue Wohngebiete. Die große Grünfläche im Südteil der Stadt zeigt deutlich die Ausdehnung des innerstädtischen Wasserschutzgebietes. Der Kernbereich von Industrie und Gewerbe liegt im Osten der Stadt. Er wird durch die Westbahn und die Mühlkreisautobahn vom dicht verbauten Gebiet abgegrenzt.

Die historisch gewachsene Verkehrslage von LINZ, die Transportwege des Salzes nach Norden und des Bernsteins nach Süden, queren hier die DONAU. Den modernen Verkehrserfordernissen entsprechend queren heute zwei Eisenbahn- und drei Straßenbrücken, davon eine Autobahnbrücke die DONAU im Stadtbereich. Die Mühlkreisautobahn wird aufgrund ihrer Führung durch das Stadtgebiet durch den innerstädtischen Verkehr stark belastet. Das Zusammentreffen der Nord-Süd-Verbindung mit der innerösterreichischen Hauptverkehrsachse West-Ost und der Donauachse WIEN-PASSAU betont die Verkehrsbedeutung der Stadt.

In der Entwicklung von LINZ sind zwei Ereignisse maßgeblich: die 1503 erfolgte Übernahme der Hauptstadtfunktion und die Industriepolitik des Dritten Reiches. Die 1938 erfolgte Gründung der VOEST-Alpine und der CL-AG, der späteren Stickstoffwerke, deren große Werksanlagen den Osten zwischen Westbahn und der DONAU prägen, hat die Entwicklung zur Groß- und Industriestadt wesentlich beeinflußt. Dies führte nicht nur zu einer sprunghaften Erhöhung der Einwohnerzahl – 1934 waren es 108.970 und 1951 schon 184.685 – sondern auch zu einer enormen Erweiterung der Siedlungsfläche. Im Anschluß an die Großbetriebe, die in den letzten Jahren mehrmals umstrukturiert wurden, hat sich nördlich davon, zwischen dem Hafen der VOEST und dem Stadthafen, eine intensive Gewerbe- und Großhandelszone entwickelt, in der heute rund 11.000 Arbeitsplätze angeboten werden.

Die mittelalterliche Burg von Linz überragt die im 13. und 14. Jahrhundert angelegte Altstadt mit dem großzügigen Hauptplatz

Südöstlich der Stadt entstand in den vergangenen Jahrzehnten entlang der Donau eine ausgedehnte Industrielandschaft

Die Erzaufbereitungsanlage der VOEST-Alpine

Ausgedehnte Bahnanlagen kennzeichnen den Verkehrsknotenpunkt Linz

Aigen · Moldau
Der Böhmerwald

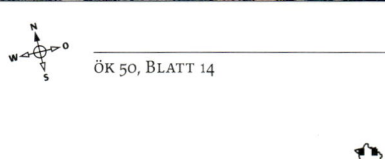

ÖK 50, Blatt 14

$\mathcal{D}$ie zentralen Teile des BÖHMERWALDES bilden den Mittelpunkt des Bildes, der hier auf seiner Kammlinie die Grenze zwischen ÖSTERREICH und TSCHECHIEN trägt. Der geographische Raum des BÖHMERWALDES war kaum einmal eine politische Einheit. Als BÖHMEN noch bei ÖSTERREICH war, ging die trennende Grenze jedoch nicht so spürbar durch Land und Leute wie nach dem Ersten und vielmehr noch nach dem Zweiten Weltkrieg. Als der Eiserne Vorhang 1947 niederrasselte, die Grenztore mit hartem Knall zugeworfen wurden, geriet das MÜHLVIERTEL an eine tote Grenze, die besonders hier in der Nordwestecke spürbar wurde.

Das MÜHLVIERTEL, ein Mittelgebirge aus dem Erdaltertum, steigt von der DONAU in mehreren Stufen gegen Norden an und erreicht im Kamm des BÖHMERWALDES, der von Nordwesten nach Südosten verläuft, eine Höhe von über 1.300 Metern. Sanftgeformte Rücken und Kuppen, meist von einem dichten Waldkleid überzogen, geben dieser Landschaft ihr typisches Gesicht. Es ist der Rumpf eines alten Faltengebirges der variskischen Gebirgsbildung, das weitgehend abgetragen wurde. Schon im Erdmittelalter war es zu einer Rumpffläche umgestaltet worden. Im Tertiär wölbte sich das Massiv in mehreren Hebungsphasen neuerlich auf, wodurch die oben beschriebene Rumpfflächentreppe entstand.

Das Bild zeigt die Landschaft im Nordwesten des MÜHLVIERTELS, wo im BÖHMERWALD die größten Höhen erreicht werden. Er zählt zu den größten und unberührtesten Waldgebieten Europas. Der auf das MÜHLVIERTEL entfallende Anteil ist der Nordwald, sein höchster Berg der BÄRENSTEIN, der sich östlich der deutlich erkennbaren Einsattelung von SCHÖNEBEN aufbaut. Westlich dieser Tiefenlinie erheben sich der HOCHFICHT mit 1.338 Metern und der PLÖCKENSTEIN mit 1.379 Metern, die höchsten Punkte ÖSTERREICHS im BÖHMERWALD. Der Kamm setzt sich gegen Nordwesten im BAYERISCHEN WALD fort. Er trägt die europäische Hauptwasserscheide: nach Norden strömt das Wasser zur MOLDAU und zur NORDSEE, nach Süden zur DONAU.

Die MÜHLSENKE am Fuße des Nordwaldes ist bis heute vorwiegend Agrarraum geblieben. Die vorherrschenden Betriebstypen sind Acker- und Grünlandwirtschaften und Grünland- und Waldwirtschaften, wobei der Ackerbau ständig zurückgeht. In den letzten Jahren konnte sich im Raum des oberen MÜHLVIERTELS der Fremdenverkehr ausweiten, wodurch das Gebiet eine weitere wirtschaftliche Basis erhalten hat. Die schneereichen Winter ermöglichten am HOCHFICHT den Aufbau eines gut ausgelasteten Wintersportgebietes. Eine Straße von ULRICHSBERG führt zu den Liftanlagen im Bereich von HOLZSCHLAG. Im Sommer setzt der Raum vor allem auf den sanften Tourismus.

Nördlich des BÖHMERWALDES, im Gebiet der TSCHECHISCHEN REPUBLIK, beherrscht der große Stausee an der oberen MOLDAU das Bild. Er wurde im Zuge des Ausbaues der MOLDAU in den sechziger Jahren errichtet.

Jenseits des Böhmerwaldes lag Stifters »Waldheimat« mit Oberplan. Sie ist im Moldaustausee untergegangen

Schlögener Schlinge
Donaumäander im Passauer Tal

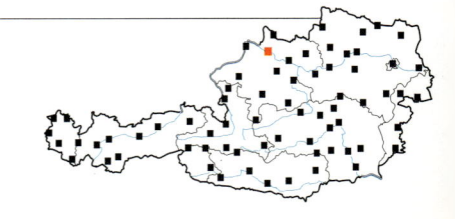

ÖK 50, Blatt 31

*D*as Satellitenbild zeigt den Lauf der DONAU im Bereich der SCHLÖGENER SCHLINGE im PASSAUER TAL, einer Engtalstrecke, die den aus kristallinen Gesteinen aufgebauten SAUWALD vom nördlich der DONAU gelegenen Granitplateau des MÜHLVIERTELS abtrennt. Neben der reizvollen Landschaft am Fluß zeigt das Bild zwei völlig unterschiedliche Naturräume OBERÖSTERREICHS.

Der nördliche Teil wird vom Südabfall des Granithochlandes des BÖHMISCHEN MASSIVS und der untersten Verebnungsfläche eingenommen, die sich südlich der DONAU in den Plateauflächen des SAUWALDES fortsetzt. Der südliche Teil des Bildes leitet in das oberösterreichische Alpenvorland über. Die Grenze zwischen den beiden völlig andersgearteten Naturräumen ist an der landwirtschaftlichen Nutzung leicht erfaßbar. Dominieren im SAUWALD auf Grund der höheren Lage und der schlechteren podsoligen Braunerden Wald und Grünlandnutzung, so wird das ALPENVORLAND, im Bereich des Schwemmlandes an der DONAU, dem EFERDINGER BECKEN, intensiv ackerbaulich genutzt.

Die DONAU weist auf ihrer 351 Kilometer langen Strecke durch ÖSTERREICH einen überaus abwechslungsreichen Verlauf auf. An zahlreichen Stellen hat sie sich in epigenetischen Durchbruchstälern in den Rand des Kristallinmassivs eingeschnitten, teilweise verläuft sie in den breiten Schwemmlandebenen des ALPENVORLANDES.

Die DONAU hat sich zwischen PASSAU und SCHLÖGEN in einer alten Störungslinie eingetieft und im Bereich des unteren PASSAUER TALES eine markante Mäanderschlinge gebildet. Ganz deutlich tritt im Satellitenbild die Fortsetzung des Tales im Schollenabbruch zwischen dem SAUWALD und der HAIBACHER PLATTE hervor. Diese Störungslinie wird heute von den Verkehrswegen benutzt, die das Engtal der DONAU in diesem Bereich meiden.

Die HAIBACHER PLATTE wird von der DONAU in einer imposanten Schlinge, die rund 260 Meter eingetieft ist, umzogen. Die Entstehung dieses Mäanders geht in das OLIGOZÄN zurück, wo der Südrand des Massivs in Schollen zerbrochen ist und vom Süden her in das MOLASSEMEER eindrang. Durch die jungtertiäre Hebung des gesamten Raumes wurden Massiv und ALPENVORLAND allmählich zu Land. Gleichzeitig brachten die Flüsse aus den in die Höhe steigenden ALPEN gewaltige Schuttmassen mit, die bis an das Granitmassiv heranreichten und dieses bis etwa 500 Meter Höhe zudeckten. Der Fluß begann sich langsam in den Untergrund einzuschneiden, wobei die weicheren Schottermassen leichter ausgeräumt werden konnten. An manchen Stellen sägte sich der Fluß nach Ausräumung der Sedimente in das harte Gestein ein, ein Durchbruchstal war entstanden.

Der gesamte Raum gehört zu den Altsiedelräumen ÖSTERREICHS, die schon von den Römern mit Kastellen gesichert worden waren. Bedeutend war die bayerische Kolonisationswelle im Frühmittelalter, in der das heutige Bild der Kulturlandschaft mit Block- und Streifenfluren geprägt wurde.

Der südöstliche Teil des Bildes zeigt das EFERDINGER BECKEN, einen der Kernräume der oberösterreichischen Landwirtschaft. Heute spielt in diesem nahe am Zentralraum gelegenen Gebiet der Feldgemüseanbau, verbunden mit Sonderkulturen von Beeren eine bedeutende Rolle.

Der Verlauf der Donau ist am Südrand des Mühlviertler Granitplateaus durch mächtige Störungslinien vorgegeben. Die Engtäler machen Donaufahrten besonders reizvoll

Das untere Mühlviertel
Becken- und Schollenland im Einzugsbereich von Aist und Naarn

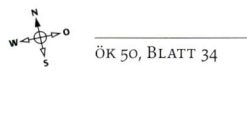

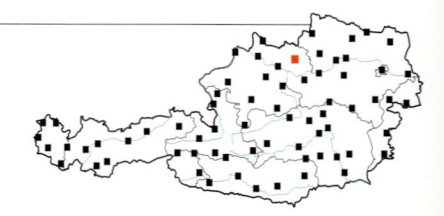

ÖK 50, Blatt 34

Das Kristallinmassiv nördlich der DONAU bildet die älteste Landschaftseinheit ÖSTERREICHS. Die Aufnahme aus dem MÜHLVIERTEL zeigt das Becken- und Schollenland im unteren Flußgebiet von AIST und NAARN etwa zehn Kilometer nördlich von SCHWERTBERG und PERG. Über harten Graniten dehnt sich weithin ein flachwelliges, kuppiges Bergland aus. Am Beispiel der Flußläufe von WALDAIST und NAARN kann man den Verlauf der großen Verwerfungen, die im Zuge des Heraushebens entstanden sind, verfolgen, da sich die Flüsse die Schwächezonen ausgesucht haben. Daraus ist der stark gewundene Verlauf der WALDAIST zu erklären.

Gegen Süden dacht sich das MÜHLVIERTEL in großen Stufen zum DONAURAUM hin ab. Von der DONAU her schnitten sich die Mühlviertler Flüsse in diese Rumpftreppe zurück und lösten sie in ein eher unruhiges Kuppenland auf. In schmalen, wildromantischen Waldkerbtälern streben die braunen Wasser, eingeengt zwischen grobes Blockwerk, dem MACHLAND zu. In unserem Bild erkennt man ganz deutlich die tief eingeschnittenen Täler der unteren AIST, das JOSEFSTAL nördlich von SCHWERTBERG und das untere NAARNTAL. Die steilen Hänge der Kerbtäler sind von dichten Fichtenwäldern bedeckt und fallen als dunkelgrüne Streifen im Bild auf. Diese Engtäler sind weitgehend siedlungsleer geblieben.

Zwischen den beiden Flußtälern von AIST und NAARN dehnt sich das weite Kuppenland in einer Höhe zwischen 500 und 600 Metern aus. In unserem Bild erscheint vor allem der Siedlungsraum zwischen TRAGWEIN im Westen und SCHÖNAU im Osten mit BAD ZELL im Zentrum. Vorwiegend finden sich Einzelhöfe inmitten einer unregelmäßigen Einödblockflur wie im Bereich nordöstlich von BAD ZELL. Über weite Strecken erkennt man Weiler und Haufendörfer, umgeben von Block- oder Streifenfluren. In den tieferen, wirtschaftlich günstigeren Lagen stehen stattliche Vierkant- und Vierseithöfe, in höheren Lagen Dreiseithöfe. Zwischen den Siedlungen und Feldern finden sich immer wieder steile Kuppen, die nur steinige und wenig tiefgründige Böden aufweisen. Diese Gebiete tragen wieder Wälder. Der Dreiklang Felder–Wiesen–Wälder ist typisch für das untere MÜHLVIERTEL und wird auch durch die Farbgebung des Bildes ausgezeichnet wiedergegeben.

Im Süden des Bildes verläuft die KETTENBACHSENKE, die tektonisch angelegt wurde und später vom Meer erfüllt war. Der weiße Fleck südlich von TRAGWEIN lokalisiert den Kaolinbergbau von KRIECHBAUM. Kaolin, auch Porzellanerde genannt, ist ein wertvoller weißer Ton, der durch die Verwitterung des Granits unter tropischen Bedingungen entsteht.

Das MÜHLVIERTEL ist bis heute ein Agrarraum geblieben, auch wenn viele kleine Landwirtschaften aufgegeben wurden und die aus der Landwirtschaft abwandernde Bevölkerung zu Pendlern wurde. Durch das kühle und feuchte Klima in der Mittelzone – zwischen 500 und 800 Metern Höhe – und relativ ergiebigen Niederschlägen sind die Bedingungen für die Landwirtschaft nicht besonders günstig. Besser geht es hier der Viehwirtschaft, die zunehmend an Bedeutung gewinnt.

Die Besiedelung des MÜHLVIERTELS vollzog sich in mehreren Etappen und geht bis auf die Jungsteinzeit zurück. Das heutige Siedlungs- und Flurbild ist eine Folge der verstärkten bayerischen Kolonisation, die in zwei großen Wellen auf den Raum wirkte.

St. Thomas am Blasenstein ist ein beliebter Ausflugsort im Mühlviertel

Rauhes Klima und karge Böden erschweren die Landwirtschaft

Tief schneiden sich die Flüsse Aist und Naarn in das flachwellige Kristallinmassiv des Mühlviertels ein

Schärding
Im Norden des Schlierhügellandes

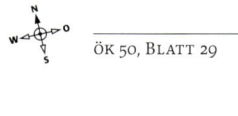

ÖK 50, Blatt 29

Der Flußlauf des INNS, der in diesem Bereich die Grenze zwischen ÖSTERREICH und DEUTSCHLAND bildet, stellt die zentrale Achse im Bild dar, mit deren Hilfe eine erste Groborientierung möglich ist. In der linken Bildhälfte läuft das SCHLIERHÜGELLAND des INNVIERTELS am PRAMTAL aus, das von Südosten dem INN zustrebt. Der Lauf der PRAM ist von ALLERDING bis zur Mündung im Stadtgebiet von SCHÄRDING durchgehend verbaut, die früher breite Flußlandschaft wurde vollständig verändert. Nördlich davon heben sich mit einer etwa 100 Meter hohen Stufe die Ausläufer des SAUWALDES heraus. Westlich des INNS liegt die breite Schotterfläche der POCKINGER HEIDE, die den INN von MALCHING bis NEUHAUS begleitet und in der sich das Mündungsgebiet der ROTT ausdehnt. Die Landschaft zwischen NEUHAUS und der Autobahn, die bei SUBEN den INN quert, zeigt deutlichen amphibischen Charakter mit zahlreichen Wasserarmen. Nördlich der ROTT steigt das Land langsam gegen das SAILERECK und den NEUBURGER WALD an, die als Teil des Granithochlandes über die DONAU nach Süden reichen. Die Reste des Granitplateaus sind von dichten Wäldern bedeckt.

Der INN ist der wasserreichste Zufluß der DONAU und hat eine Länge von 517 Kilometern. Ab BRAUNAU bildet er die Staatsgrenze zu DEUTSCHLAND. Dieser Bereich, der das SCHLIERHÜGELLAND durchschneidet, ist durch eine Kraftwerkskette vollständig ausgebaut. Im Bild erkennt man den Stauraum des Kraftwerkes SCHÄRDING-ST. FLORIAN. In der oberen Hälfte reicht noch der Stausee von PASSAU in den Bildausschnitt hinein. Zwischen VORNBACH und PASSAU durchbricht der INN in einem epigenetischen Engtal den NEUBURGER WALD, einem Südausläufer des Grundgebirges des BAYERISCHEN WALDES.

Das SCHLIERHÜGELLAND des INNVIERTELS läuft südlich von SCHÄRDING in einer Höhe von 330 Metern spitz gegen den INN aus. Durch seine niedrigen Riedel und Terrassen und sein sanftes Formenbild unterscheidet es sich deutlich vom nördlichen anschließenden SAUWALD, in dem teilweise Mittelgebirgscharakter vorherrscht. Der Großteil des Niederschlages fließt oberflächlich ab, wodurch im SCHLIERHÜGELLAND eine Vielzahl von kleinen Bächen und Gerinnen die Landschaft prägen. Das SCHLIERHÜGELLAND bietet durch seine guten Böden günstige Voraussetzungen für die Landwirtschaft.

Die Ausläufer des SAUWALDES nördlich der PRAM zeigen eine andere Kulturlandschaft. Der Wald tritt mehr in den Vordergrund, die Landnutzung zeigt einen deutlichen Schwerpunkt auf der Grünlandwirtschaft als Basis für die Tierhaltung. Die Ränder des kristallinen Plateaus sind durch die zahlreichen der PRAM beziehungsweise dem INN zuströmenden Bäche zerlegt. Einzelhöfe oder Weiler liegen in der unregelmäßigen Blockflur.

Einige Kilometer oberhalb der Mündung des INNS in die DONAU liegt an der Grenze zu BAYERN die Bezirkshauptstadt SCHÄRDING mit 5.446 Einwohnern.

SCHÄRDING, das im Jahre 804 erstmals urkundlich erwähnt wird, liegt auf Granitsporn über dem INN, der der Stadt eine Schutzfunktion verleiht. Die Lage ist ferner durch das Flußkreuz von INN, PRAM und ROTT, dem seit alters her wichtige Straßen folgen, vorgezeichnet. Einen dieser wichtigen Handelswege nutzt heute die Autobahn NÜRNBERG–WELS–LINZ, die westlich der Stadt über den INN führt. SCHÄRDING wurde 1316 mit Privilegien zur Stadt erhoben. Der starke Güteraustausch mit Waren aus der LOMBARDEI über den BRENNER, mit Salz und Erzen aus TIROL innabwärts und Getreide und Rindern innaufwärts machten die Stadt reich.

Dieser Reichtum ermöglichte im Spätmittelalter die Anlage der Stadt als typische INN-SALZACHSTADT. Typisch sind für SCHÄRDING der ausgeprägte Burgbezirk, der die Bildmitte beherrscht sowie der OBERE und UNTERE STADTPLATZ. Zusammen mit dem Straßennetz, das auf den zentralen Platz ausgerichtet ist, entstand ein Ortsbild voll Rhythmus und Eigenart.

Einen großen Einschnitt in die wirtschaftliche Entwicklung Schärdings brachte die Abtretung des INNVIERTELS von BAYERN an ÖSTERREICH im Jahre 1779, da nun eine scharf bewachte Zollgrenze mitten durch den Fluß verlief. Die Verwüstungen in den NAPOLEONISCHEN KRIEGEN verstärkten die wirtschaftlichen Probleme. Auch die Einstellung der INNSCHIFFAHRT im Jahre 1861 wirkte sich negativ aus, zumal das enge Stadtareal keine Ansiedlung von Industrie ermöglichte.

Heute ist SCHÄRDING vor allem Verwaltungs- und Schulstadt. Der Tourismus basiert einerseits auf der gut erhaltenen Altstadt und der ausgezeichneten Gastronomie sowie auf der Kneipp'schen Kaltwasserkuranstalt.

Die mittelalterliche Marktstadt Schärding am Grenzübergang nach Bayern ist ein städtebauliches Juwel

Mattigtal · Kobernaußer Wald
Eiszeitlandschaft im Alpenvorland

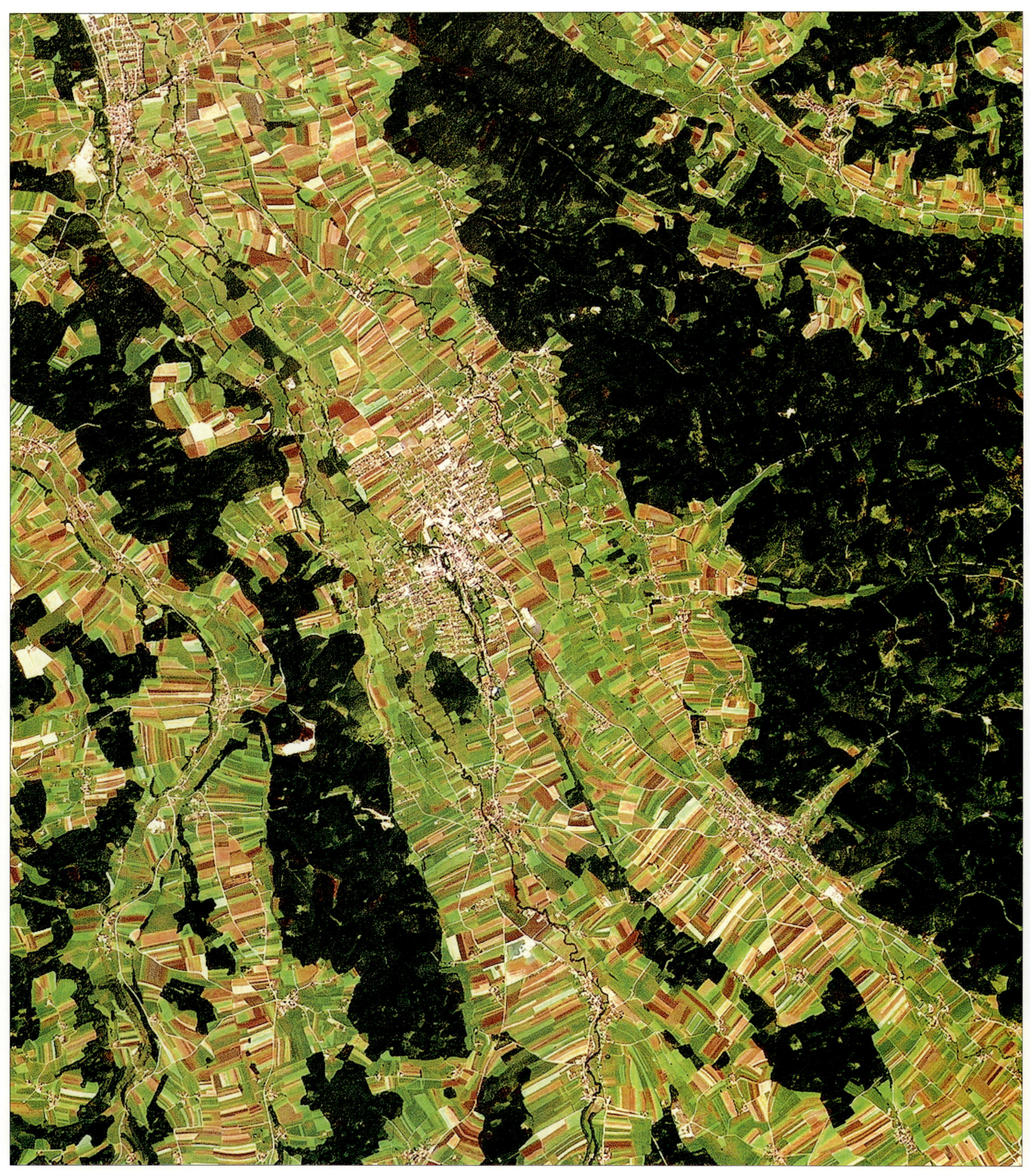

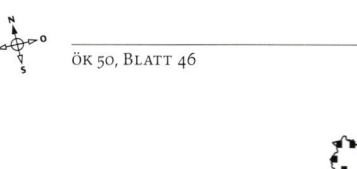

ÖK 50, Blatt 46

$\mathcal{D}$er im Satellitenbild dargestellte Raum zeigt den Übergang zu den Sotterplatten des Kobernaußer Waldes der durch den eiszeitlichen SALZACHGLETSCHER geformten Landschaft. Im Bild erscheinen drei unterschiedliche Landschaftstypen, die durch verschiedene Vegetation und Nutzungsformen klar zu unterscheiden sind. Im Westen dehnt sich die Altmoränenlandschaft aus der Günzzeit aus, die durch den bewaldeten Zug des SIEDELBERGES gekennzeichnet ist. Diese ältesten Ablagerungen wurden vom SALZACHGLETSCHER weit ins ALPENVORLAND verfrachtet und erreichen eine Mächtigkeit von 25 bis 100 Meter. Da sie von den jüngeren Vorstößen nicht mehr erreicht wurden, bilden sie heute die höchsten Erhebungen. Der Wall des SIEDELBERGES ragt rund 100 Meter zwischen dem ENGELBACH- und dem MATTIGTAL heraus. Die meist sehr stark vergleyten Böden sind weitgehend von Wald bedeckt. Östlich schließt sich das breite MATTIGTAL an, dessen Aussehen von Niederterrassen geprägt wird, die eine fast geschlossene landschaftliche Einheit darstellen. Bei Hochwasser werden die weiten, ebenen Talböden rasch überschwemmt, daher ist der größte Teil der Böden nur für die Grünlandwirtschaft geeignet. Im Süden, im Raum von LOCHEN und LENGAU, gibt es dagegen auch fruchtbares Ackerland. Im Osten des MATTIGTALES finden sich zahlreiche Schuttkegel, die an den Talausgängen der Täler des KOBERNAUSSER WALDES gebildet wurden. Nordöstlich von MATTIGHOFEN dehnt sich auf einem Schuttkegel der Ort SCHALCHEN aus. In den KOBERNAUSSER WALD ist das Tal des MOOSBACHES eingesenkt, dessen Talboden gegen Norden immer breiter wird.

Die dritte Landschaftseinheit bildet der KOBERNAUSSER WALD, der im Bild keilförmig zwischen MATTIG und MOOSBACH ausläuft. Seine Entstehung geht auf das PLIOZÄN zurück, als mächtige Quarzschotterplatten über die Ablagerungen des MOLASSEMEERES geschüttet wurden. Über den fluvialen Landschottern, die teilweise Kohleflöze führen, liegen die Deckenschotter des KOBERNAUSSER WALDES mit einer Mächtigkeit bis zu 200 Metern. Auf den nährstoffarmen Böden hat sich großteils Wald erhalten, jedoch kam es infolge zunehmender Podsolierung der Böden, verstärkt durch die Streunutzung, zu einem Überhandnehmen der ertragsärmeren Weißkiefer an Stelle des ursprünglichen Mischwaldes.

Die höchste Erhebung des KOBERNAUSSER WALDES ist der STEIGLBERG. Er ist 767 Meter hoch. Die Oberfläche ist in zahlreiche Höhenrücken gegliedert, die strahlenförmig von der höchstgelegenen Siedlung auseinanderlaufen. Die Höhenrücken, die einen ebenen bis welligen Verlauf nehmen, sind wieder in zahlreiche fiederförmig gegliederte Nebenrücken aufgeteilt.

Die größte Siedlung in diesem Bereich ist MATTIGHOFEN, dessen Anfänge in das Frühmittelalter zurückreichen. MATTIGHOFEN ist heute ein wichtiger Arbeitsort im westlichen OBERÖSTERREICH. Es weist zahlreiche Industriebetriebe auf, wie den Fahrzeughersteller KTM, die Lederfabrik Vogel sowie Betriebe der Elektronik und Kunststoffverarbeitung. MATTIGHOFEN ist durch eine kleinstädtisch-industrielle Siedlungsstruktur gekennzeichnet, deren Kern auf der hochwasserfreien Hochterrasse liegt. Die neue Siedlungsausdehnung geht nach Süden auf der oben erwähnten Hochterrasse. Ein kompakter und geschlossener Ortsrand findet sich nur im Osten entlang des regulierten Schwemmbaches.

Der Mattiggraben südlich von Mattighofen ist Standort eines alten Hammerwerkes

Unvermittelt steigt der aus mächtigen Schottern aufgebaute Kobernaußerwald aus dem Mattigtal auf

Wels
Messestadt an der Traun

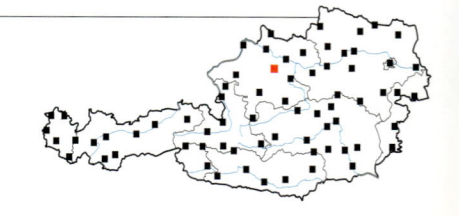

ÖK 50, Blatt 49

Der Raum der Stadt WELS wird durch drei verschiedene Naturräume gekennzeichnet. Im Norden liegen die Ausläufer des Tertiären Schlierhügellandes, das entlang der Linie PUCHBERG–OBERTHAN–FALLSBERG mit einer deutlichen Kante zu den jüngeren Terrassenfluren abfällt. Kennzeichnend für die Gegend ist das Nebeneinander von Resten der tertiären Altflächen, wie sie im großen Waldgebiet des LINET zu finden sind und den dazwischen eingesenkten Mulden und Gräben. Dieses Gebiet wird überwiegend landwirtschaftlich genutzt und zieht sich von der Gemeinde KRENGELBACH bis BUCHKIRCHEN. Den Südteil des Bildes nimmt die TRAUN-ENNS-PLATTE ein, die im Bildausschnitt durch von Nord nach Süd verlaufende Täler gegliedert wird. Die tief eingeschnittenen Täler treten, weil baumbestanden, im Bild als grüne Linien klar heraus. Der Raum der TRAUN-ENNS-PLATTE ist ein typisches Altsiedelland mit Einzelhöfen und Weilern, die über die Blockflur verteilt sind. Durch die guten Böden, meist Braunerden und Parabraunerden, ist eine ertragreiche Landwirtschaft möglich. Reste der früheren Waldbedeckung sind auf die höchsten Teile der älteren Deckenschotter beschränkt. Sie enden entlang der Linie FISCHLHAM–THALHEIM–WEISSENKIRCHEN mit einem rund 70 Meter hohen Abfall zur TRAUN.

Das Tal der TRAUN stellt die zentrale Achse im Bild dar und erreicht eine Breite von 4 bis 5 Kilometern. Das Terrassenland besteht aus drei natürlichen Zonen. Die Hochterrasse zerfällt in zwei Abschnitte, jenen nördlich von GUNSKIRCHEN und jenen im Osten, der bei PUCHBERG wieder einsetzt. Diese Terrassenfläche gehört zu den bevorzugten Agrarräumen im Bereich von WELS. Die Niederterrasse nimmt den Großteil der TRAUNEBENE ein. Sie wurde als übereinandergelagerter Schwemmfächer ausgebildet und zieht von GUNSKIRCHEN nördlich an WELS vorbei. In diesem trockenen Raum mit kargen Rendzinaböden breitet sich zwischen OBERTHAN und UNTERHART die WELSER HEIDE aus. Die spät- und postglazialen Fluren, auf denen sich heute der Großteil des Stadtgebietes von WELS ausdehnt, wurden durch die Verlagerung der aktiven Mäander der Urtraun gebildet.

Aus dem Satellitenbild kann man die drei Hauptprobleme des Großraumes WELS sehr deutlich analysieren. Zunächst ist WELS einer der wichtigsten Verkehrsknoten im zentralen Alpenvorland. Von Ost nach West verläuft die LINZER Autobahn, die beim großen Knoten nördlich der Stadt in die Innkreisautobahn, einem nach der Ostöffnung ständig an Bedeutung gewinnenden Transitweg übergeht. Der nach Westen führende Ast der Autobahn endet an der Terrassenkante der TRAUN, da die Weiterführung der Strecke durch das AITERBACHTAL mit dem Anschluß an die Westautobahn und die PYHRNROUTE am Voralpenkreuz bei SATTLEDT seit Jahren am Widerstand der Umweltschützer scheitert. WELS ist auch ein wichtiger Bahnknoten, da hier die Bahnlinie nach PASSAU und NÜRNBERG von der Westbahn abzweigt. Außerdem ist es auch Standort eines großen Güterterminals, dessen Anlagen man im Kreuzungsbereich der Westbahn mit der Autobahn lokalisieren kann. Der zweite Problemkreis ist das starke Wachstum der Stadt, die sich immer weiter nach Osten und Westen vorschiebt. Der dritte Problemkreis wird durch die ausgedehnten weißen Flächen im Bild vermittelt – sie weisen auf den großflächigen Landschaftsverbrauch durch Schottergruben hin, die sich vor allem im Westen der Stadt bis nach GUNSKIRCHEN ausdehnen und die wertvollen Kalkschotter der Niederterrasse ausbeuten. Es gibt nur geringe Ansätze für eine sinnvolle Nachnutzung der stillgelegten Schotterabbaue als Naherholungsflächen.

WELS ist heute mit rund 53.000 Einwohnern die zweitgrößte Stadt von OBERÖSTERREICH. Die Geschichte reicht bis in die Römerzeit zurück. Damals war die Kolonialstadt OVILAVA lange Zeit Hauptstadt der Provinz UFERNORICUM. Ende des 8. Jahrhunderts entstanden die Burg und eine Brückensiedlung an der TRAUN, die nach weiteren Ausbauten im Jahre 1222 von den Babenbergern das Stadtrecht erhielt. Neben seiner Verkehrsgunst profitierte WELS vor allem als Handelsmittelpunkt für die agrarischen Erzeugnisse des reichen bäuerlichen Umlandes. Schon im Mittelalter war WELS zum wirtschaftlichen Zentrum des Landes ob der ENNS herangewachsen und wurde erst im 15. Jahrhundert von LINZ überflügelt. Auf dem lokalen Handwerk aufbauend entstand in WELS eine äußerst vielseitige, auf die Bedürfnisse des agraren Umlandes ausgerichtete Industrie. Seine Funktion als landwirtschaftliches Zentrum konnte WELS im Eisenbahnzeitalter ausbauen, und die Landwirtschaftsmesse erlangte internationalen Rang.

Die Stadt sprengte schon im 19. Jahrhundert ihren mittelalterlichen Mauerring und breitete sich in weitläufigen Einzelhaussiedlungen auf der WELSER HEIDE aus. Die gegenwärtige Wachstumsachse verläuft in west-östlicher Richtung mit starker Zersiedelungstendenz. Zunehmend wird WELS auch als Sitz internationaler Handelsgruppen attraktiv.

Wels ist der städtische Mittelpunkt des reichen Bauernlandes im oberösterreichischen Zentralraum

Stimmungsvolle Wolkenbilder beleben den Himmel im Alpenvorland

Steyr
Stadt an der Landschaftsgrenze zwischen Voralpen und Alpenvorland

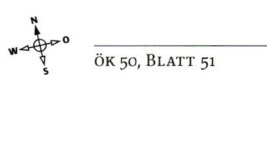

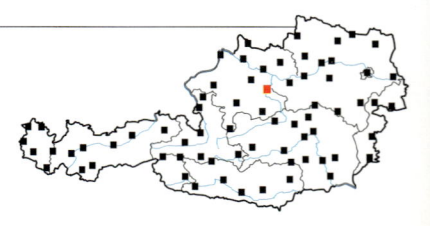

ÖK 50, Blatt 51

*D*as Weltraumbild wird durch drei große natürliche Landschaftseinheiten geprägt. Ganz im Süden liegen die KALKVORALPEN zwischen den Tälern von STEYR und ENNS mit dem HERNDLECK und dem KRUCKENBRETTL, die im Westen mit dem HOCHBUCHBERG am STEYRTAL auslaufen. Wesentlich breiter ausgebildet ist die Flyschzone, die nördlich der Linie TERNBERG–STEINBACH an der STEYR bis zum Tal des GARSTENER BACHES reicht. Sie setzt sich östlich der ENNS mit den breiten Rücken von OBERDAMBACH und dem DAMBERG fort, die durch steile Kerbtäler, das MÜHLBACHTAL und das DAMBACHTAL, gegliedert werden. In der Landnutzung sind zwischen diesen beiden natürlichen Einheiten deutliche Unterschiede festzustellen, die im Bild durch die unterschiedliche Farbgebung zum Ausdruck kommen. Die KALKVORALPEN sind meist von dichten Wäldern – Buchen und Fichten – bedeckt. Dagegen zeigt die Flyschzone eine stark differenzierte Kulturlandschaft. Die tief eingeschnittenen Täler werden von dichten Wäldern gesäumt, die im Bild als dunkle Streifen erschienen. Die Höhenrücken und Terrassenflächen tragen weite Wiesen und Weiden, die die Grundlage für die in diesem Raum dominante Milchwirtschaft darstellen.

Nördlich des GARSTENER BACHES – DER HÖLLE – geht das Flyschbergland ohne deutlich sichtbare Grenze in die Molassezone des ALPENVORLANDES über.

Die Raumgliederung erfolgt durch die beiden aus den Kalkalpen nach Norden strömenden Flüsse ENNS und STEYR. Das STEYRTAL tritt nördlich von GRÜNBURG in das Alpenvorland hinaus, biegt östlich von SIERNING nach Osten um und mündet in STEYR in die ENNS. Der West-Ost verlaufende Unterlauf der Steyr ist relativ jung. Das große Knie der STEYR zeigt den deutlichen Unterschied zwischen einem breiten Gleithang mit einer weiten Schotterfläche und einem klar ausgeprägten Prallhang im Norden, der durch die Waldbedeckung als dunkler Streifen erscheint.

Das ENNSTAL ist zwischen TERNBERG und GARSTEN als Muldental in die Flyschzone eingeschnitten. Der Talboden wird in diesem Bereich intensiv landwirtschaftlich genutzt. Der Lauf der ENNS ist im Bildbereich durch eine rasche Abfolge von Staustufen stark verändert worden.

Nördlich der STEYR dehnt sich die breite Terrassenlandschaft der TRAUN-ENNS-PLATTE aus, die im Bildausschnitt im Westen weiter nach Süden reicht. Vor uns erscheint das typische Altsiedelland mit weiten Blockfluren und Weilern sowie Haufendörfern, deren Struktur sich in den letzten Jahren durch die rege Bautätigkeit stark verändert hat. Die höheren Terrassenflächen, meist der Mindeleiszeit zuzurechnende ältere Deckenschotter mit stark vergleyten Böden, tragen Wirtschaftswälder, deren größte westlich von SIERNING und zwischen STEYR und WALLERN liegen. Das Flurbild der TRAUN-ENNS-PLATTE zeigt die vorherrschende Ackernutzung, die sich in den letzten Jahren immer mehr zu einer Vierfelderfolge entwickelt hat.

Als deutliche Zeichen des Landschaftsverbrauches in Form von Schotterabbau erkennt man die großen weißen Flächen im Raum SIERNING und nördlich von STEYR.

STEYR bildet den südlichen Eckpunkt des oberösterreichischen Städteviereckes LINZ-WELS-ENNS-STEYR, ein Raum, der zu den wirtschaftlich am stärksten wachsenden Gebieten ÖSTERREICHS zählt. Durch die Lage an der Landschaftsgrenze zwischen DONAU- und ALPENRAUM bildet es seit dem Mittelalter den Vorposten für den Wirtschaftsraum EISENWURZEN. Dieser Lage verdankt die Stadt ihre Bedeutung in Geschichte und Gegenwart.

Zwei Faktoren zeichnen die geographische Lage von STEYR aus: einerseits bildet der Feldsporn zwischen STEYR- und ENNSMÜNDUNG einen guten Ansatzpunkt für eine Burganlage, andererseits stellen die Hochterrassen sowie die drei Stufen der eiszeitlichen Niederterrasse einen guten Gliederungsansatz für die Marktsiedlung und die Verkehrswege dar. Der Kern von STEYR ist im Grundriß eine typische INN-SALZACH-STADT mit einem sich ellipsenförmig verbreiternden Platz. Durch den Ausbau der Industrie im 19. Jahrhundert durch die Werndl-Dynastie kam es zu einer regen Bautätigkeit – Wehrgraben und Steyrdorf wurden stark erweitert. Die ENNSLEITE im Osten der Stadt wurde zur Werkssiedlung der Waffenfabrik. Nach 1938 wurde im Norden der Stadtteil MÜNICHHOLZ angelegt, der durch eine starke Durchgrünung gekennzeichnet ist. Die jüngste Siedlungsentwicklung spielt sich im Norden entlang der Ausfallsstraße nach LINZ sowie im Bereich der ENNSLEITE ab. Intensiv ist die Siedlungstätigkeit an den Stadträndern, wo große Einzelhaussiedlungen entstanden sind.

Die Eisenhandelsstadt Steyr war einst Sitz der Markgrafen des Herzogtums Stiria

Berühmt ist das historische Ortsbild von Steyr

Sengsengebirge
Im Nationalpark Kalkalpen

ÖK 50, Blatt 68
ÖK 50, Blatt 69
ÖK 50, Blatt 98
ÖK 50, Blatt 99

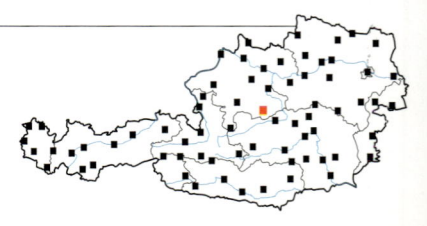

Im Süden OBERÖSTERREICHS gibt es für österreichische Verhältnisse noch zahlreiche unberührte Landschaften. Sie reichen von den KALKVORALPEN an der ENNS bis in die KALKHOCHALPEN an der Landesgrenze zur STEIERMARK. In diesem, über weite Strecken nur dünn besiedelten Gebiet finden wir das Nebeneinander verschiedenster Lebensräume. Hier soll der NATIONALPARK KALKALPEN entstehen, der in seinem Endausbau Teile der HALLER MAUERN, des TOTEN GEBIRGES, aber vor allem das SENGSENGEBIRGE und das weite Wald- und Schluchtengebiet des REICHRAMINGER HINTERGEBIRGES umfassen soll.

Unser Satellitenbild zeigt einen Ausschnitt aus dem geplanten Nationalparkgebiet. Es erstreckt sich von der SONNTAGSMAUER im Süden des HINTERGEBIRGES über den breiten Kamm des SENGSENGEBIRGES mit seinem stark gegliederten Südabfall bis zum WINDISCHGARSTENER BECKEN. Im Süden bilden die Steilabstürze der HALLER MAUERN und des WARSCHENECKS die Grenze des eiszeitlich stark überformten Beckens.

Das REICHRAMINGER HINTERGEBIRGE, das sich vom SENGSENGEBIRGE im Süden bis an die ENNS und STEYR ausdehnt, gehört zu den vom Menschen am wenigsten erschlossenen Gebieten der Ostalpen. Der vorwiegend aus Hauptdolomit aufgebaute Raum ist weitgehend von Buchen- und Fichtenwäldern bedeckt, deren Nutzung seit alters her den wichtigsten Wirtschaftszweig darstellt.

Im Weltraumbild erscheint noch der südlichste Teil in der rechten Bildhälfte endet der BODINGGRABEN, durch den die KRUMME STEYRLING dem Becken von MOLLN zustrebt. Darüber erhebt sich gegen Westen die SONNTAGSMAUER. Zwischen diesem schmalen Kamm und dem Nordabfall des SENGSENGEBIRGES liegt in einer Zone aus wasserstauenden Lunzer Schichten das Almgebiet der FEICHTAU in 1.360 Metern Höhe. Aus den grünen Almmatten erhebt sich der rund 600 Meter hohe Steilabfall des SENGSENGEBIRGES, das im HOHEN NOCK in 1.963 Metern seine höchste Erhebung hat. Große Kare gliedern den Nordabfall; im großen FEICHTAUKAR liegen an der tiefsten Stelle die malerischen FEICHTAUSEEN, die sich nach den postglazialen Gletschervorstößen ausgebildet haben.

Ganz im Gegensatz zum abweisenden Nordabfall steht der sanfte von Latschen bedeckte und von Karen gegliederte Hang gegenüber, der zum Becken von WINDISCHGARSTEN abfällt.

Das von der TEICHL durchflossene Becken ist eine für die östlichen Kalkalpen typische GOSAUBUCHT. Die weichen Flyschgesteine wurden beim Nordschub der Alpen überfahren und treten nun im Inneren an die Oberfläche. Einer der typischen Flyschberge, der WURBAUER KOGEL liegt nördlich von WINDISCHGARSTEN. Die weichen Gesteine des Beckens wurden durch den eiszeitlichen TEICHLGLETSCHER, der durch den über den PYHRNPASS fließenden ENNSGLETSCHER verstärkt wurde, stark ausgeräumt, so daß eine weite offene Landschaft entstand. Typisch für den Raum sind Drumlines und Rundhöcker, die meist Wälder tragen, sowie Moränenablagerungen.

Gegen Westen öffnet sich die Senke von VORDERSTODER und schafft einen Zugang in das STODERTAL, während nach Osten dem EDLBACH folgend die Straße über ROSENAU zum HENGSTPASS führt, wodurch ein landschaftlich reizvoller Übergang ins ENNSTAL geschaffen wird.

WINDISCHGARSTEN, ein alter Handelsort an der PYHRNROUTE, wandelt sich in den letzten Jahren immer mehr zum Fremdenverkehrsort. Neben einem schönen Wandergebiet steht der am Abfall des WARSCHENECKS in einem tiefen Kar gelegene GLEINKER SEE als Badesee zur Verfügung.

Durch das Becken von WINDISCHGARSTEN verläuft die Pyhrnautobahn, die im Westen angelegt wurde und viel zur Verkehrsentlastung der Ortschaften beigetragen hat.

Die Hohe Nock im Sengsengebirge (1.963 Meter) ist Teil des geplanten »Nationalparkes Kalkalpen«

600 Meter hoch ist der Steilabfall des Sengsengebirges zum Windischgarstener Becken

Traunsee
Seenlandschaft im östlichen Salzkammergut

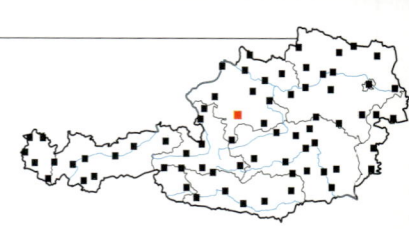

ÖK 50, Blatt 66

$\mathcal{E}$ingebettet in die KALKVORALPEN erstreckt sich der Traunsee bis nahe an das ALPENVORLAND. Er ist mit einer Größe von rund 25 Quadratkilometern nach dem ATTERSEE der zweitgrößte und mit einer Tiefe von 191 Metern der tiefste See des ganzen SALZKAMMERGUTES. Seine Länge beträgt rund 12 Kilometer, seine größte Breite nicht ganz drei. Das mächtige Seebecken wurde vom eiszeitlichen TRAUNGLETSCHER ausgeschürft, dessen Endmoränen aus der Würmeiszeit im Raum von GMUNDEN liegen. Der Hauptwasserzubringer des Sees ist die aus dem inneren SALZKAMMERGUT kommende TRAUN. Sie mündet im Süden mit einem Delta, das ständig weiter in den See hinauswächst, und verläßt ihn nach Norden im Stadtgebiet von GMUNDEN.

Der besondere Reiz der TRAUNSEELANDSCHAFT liegt in der Formenmannigfaltigkeit seiner Umrahmung. Wiesenüberzogene Rücken und Hügel, waldbedeckte Kuppen und Schneiden, felsige Berggestalten bewirken ein überaus abwechslungsreiches Bild. Im Westen des Bildes liegt das HÖLLENGEBIRGE, das sich mit einer Länge von 16 Kilometern vom ATTERSEE bis an den TRAUNSEE erstreckt und allseits schroff abfällt. Das über weite Strecken verkarstete Gebirge beherbergt eine weite, von Latschen bedeckte Rundhöckerlandschaft. Etwa 40 Quadratkilometer sind abflußlos. Der östliche Bereich des HÖLLENGEBIRGES, der FEUERKOGEL, wurde von EBENSEE durch eine Seilbahn erschlossen. Auf der Plateaufläche erkennt man ganz deutlich die Eingriffe in die Naturlandschaft durch die Anlage von Aufstiegshilfen und Schipisten.

Nördlich des LANGBATHTALES ist ein schmaler Kalkzug vorgelagert, der im Osten mit dem SONNSTEIN (1.037 Meter) steil in den See abfällt.

Markantester Berg im Seebereich ist der schon aus dem Alpenvorland sichtbare TRAUNSTEIN, aus Wettersteinkalk und Dolomit aufgebaut. Er wurde längs der TRAUN rund vier Kilometer durch eine Blattverschiebung nach Norden auf den Flysch des GRÜNBERGES aufgeschoben. Südlich des TRAUNSTEINS laufen zahlreiche bewaldete Kämme wie die SCHLAFENDE GRIECHIN und der EIBENBERG an der TRAUNLINIE aus.

Die beiden Seeufer vermitteln einen gegensätzlichen Eindruck. Durch die Nordverschiebung des TRAUNSTEINS ist das Ostufer steil und unzugänglich. Die Nutzung des großen Kalksteinbruchs am Ostufer kann nur über den See erfolgen. Dem steht an der Westseite nördlich von TRAUNKIRCHEN eine sanfthügelige Zone gegenüber. Ihr Flyschsockel ist zwischen KOLLMANNSBERG und dem GMUNDNER BERG größtenteils von Moränenmaterial bedeckt.

Die größte und wichtigste Siedlung am TRAUNSEE ist der Bezirkshauptort GMUNDEN mit rund 13.000 Einwohnern. Gegen Norden wächst die Stadt in das AURACHTAL in Richtung PINSDORF.

Am Südufer des Sees entwickelte sich EBENSEE als Standort der Salzsiederei, deren Versorgung über eine hölzerne Pipeline aus HALLSTATT erfolgt. Die neue 1979 errichtete Großsaline liegt 4,5 Kilometer traunaufwärts.

Ausgeprägtester Fremdenverkehrsort am TRAUNSEE ist ALTMÜNSTER, das durch das Flachufer die besten Zugänge zu Badestränden besitzt.

Am Ausgang des Traunsees liegt der mittelalterliche Salzhandelsplatz und heutige Kurort Gmunden

Traunabwärts, bei Steyrermühl, nutzen großangelegte Papierfabriken die Schätze des Hinterlandes: Holz und Wasser

Blick über den Nordrand der Kalkalpen am Traunsee mit Feuerkogel und Traunstein

Dachstein
Östlichster Gletscherberg der Ostalpen

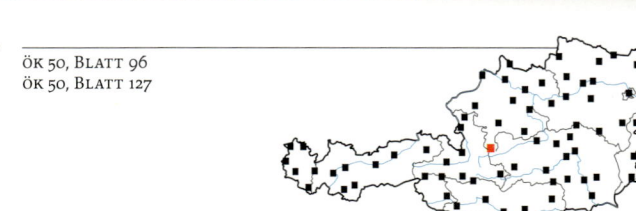

ÖK 50, Blatt 96
ÖK 50, Blatt 127

Das DACHSTEINGEBIRGE hat samt dem durch die TRAUN abgeschnittenen SARSTEIN und RADLINGBERG und dem noch dazugehörigen GRIMMING eine Länge von 45 Kilometern und erreicht eine Breite von rund 20 Kilometern. Aber auch ohne diese durch Schluchten – KOPPENTAL und PASS STEIN – abgetrennten Außenposten umfaßt das DACHSTEINPLATEAU ein Areal von 870 Quadratkilometern. In diese große Masse greift nur im Westen der Trog des GOSAUTALES tief ein.

Im Norden des Weltraumbildes erhebt sich der aus Riffkalken aufgebaute PLASSEN, an dessen Gipfel sich von drei Seiten das salzreiche HASELGEBIRGE heranschiebt. Nach Osten führt das MÜHLBACHTAL zum HALLSTÄTTER SEE, auf dessen Schwemmkegel sich HALLSTATT entwickelt hat. Im unteren SALZBERGTAL hat man Mitte des vorigen Jahrhunderts ein großes urgeschichtliches Gräberfeld gefunden und freigelegt.

Das heutige HALLSTATT, das sein historisches Ortsbild weitgehend bewahrt hat, entwickelte sich seit der »Verstaatlichung« des Salzbergbaues im Jahre 1311 an der Stelle, wo das auf dem SALZBERG gewonnene Steinsalz auf Schiffe verladen und zu Wasser über HALLSTÄTTER SEE und TRAUN abtransportiert wurde. Bis 1875 war der Ort nur mit Booten erreichbar.

Der fjordartig eingeschnittene HALLSTÄTTER SEE weist eine Größe von 8,4 Quadratkilometern auf und erreicht eine Tiefe von 125 Metern. Östlich des Sees erhebt sich der durch die KOPPENSCHLUCHT abgetrennte SARSTEIN.

Südlich von HALLSTATT führt das ECHERNTAL tief in das DACHSTEINMASSIV. Am Schwemmfächer des WALDBACHES hat sich die Siedlung LAHN entwickelt.

Über den See und das TRAUNTAL hebt sich steil der Nordabsturz des DACHSTEINPLATEAUS heraus, dessen Felswände die Bankung des aus der oberen Triaszeit stammenden Dachsteinkalkes zeigen. Wie im STEINERNEN MEER und im HOCHKÖNIG liegen die höchsten Erhebungen im Süden und Südwesten. Der HOHE DACHSTEIN kulminiert mit 2.995 Metern unmittelbar über der Südwand, die sich steil über die Mittelgebirgsterrasse der RAMSAU heraushebt. Sechs weitere Gipfel erreichen eine Höhe von über 2.800 Metern. Eine beachtliche Fläche nehmen die sechs wiederum unterirdisch entwässernden Gletscher ein, die mit Ausnahme des SCHLADMINGER GLETSCHERS in Kare und Hochtäler der Nordseite eingesenkt sind. Deutlich sind die Eisflächen des HALLSTÄTTER- und GOSAUGLETSCHERS im Bild erkennbar. An dieses obere Stockwerk schließt sich gegen Osten und Nordosten ein breites ungegliedertes Karrenrevier »AUF DEM STEIN« in durchschnittlicher Höhe von 1.900 bis 2.400 Metern an.

In den letzten Jahrzehnten wurde das DACHSTEINMASSIV zunehmend für den Fremdenverkehr erschlossen. Vom Norden führt von OBERTRAUN die DACHSTEIN-SEILBAHN in drei Teilstrecken auf den KRIPPENSTEIN und weiter auf die GJAIDALM. Parallel dazu verläuft eine Seilbahn auf das OBERFELD. Besonders für den Schilauf wurden massive Eingriffe in die Naturlandschaft unternommen. Man kann im Weltraumbild ganz deutlich den Verlauf der Schiabfahrt von der Gjaidalm bis Obertraun verfolgen.

Von der Südseite her wurde der DACHSTEIN Ende der sechziger Jahre erschlossen. Nach dem Bau einer Mautstraße bis in eine Höhe von 1.700 Metern, unmittelbar am Fuß der mächtigen SÜDWAND, wurde 1969 die Seilbahn auf den 2.687 Meter hohen HUNERKOGEL eröffnet, die das Sommerschigebiet am SCHLADMINGER GLETSCHER ermöglicht.

Senkrecht erhebt sich die Dachsteinsüdwand, ein berühmtes Kletterparadies, über der Mittelgebirgsterrasse der Ramsau; Sonntagsausflügler benützen die Seilbahn

Das Dachsteinmassiv mit dem Hallstätter Gletscher, dahinter die Niederen Tauern

Das Gipfelkreuz des Dachsteins

Wien
Die Bundeshauptstadt und ihr Umland

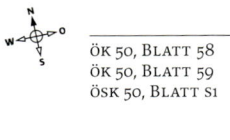

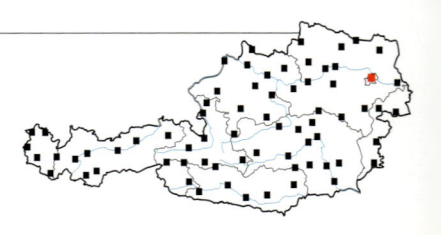

ÖK 50, Blatt 58
ÖK 50, Blatt 59
ÖSK 50, Blatt S1

Wo die DONAU zwischen den Ausläufern der ALPEN und der KLIPPENZONE in die weiten Ebenen des östlichen ÖSTERREICHS eintritt, entstand an der Kreuzung des WEST- und OSTEUROPA miteinander verbindenden Donauwegs mit der Nord-Süd-Verbindung der Bernsteinstrasse die österreichische Bundeshauptstadt WIEN.

Die DONAU, deren Lauf in den letzten hundert Jahren zweimal künstlich verändert wurde, bildet die natürliche Achse des Raumes. Durch die Regulierung erhielt der Fluß nach 1869 ein geradlinig verlaufendes Bett, wobei die Reste der einstigen Mäander als »ALTE DONAU« im Norden einen wichtigen innerstädtischen Naherholungsraum bilden. Im Zuge dieser Regulierung wurden auch der DONAUKANAL und in den siebziger Jahren die »NEUE DONAU«, parallel zum Fluß, zur Bannung der Hochwassergefahr geschaffen. Die durch diese baulichen Maßnahmen entstandene DONAUINSEL ist ein beliebter Naherholungsraum.

Die Stadt selbst liegt auf einer eiszeitlich angelegten Terrassenlandschaft, die von der Niederterrasse an der DONAU mit drei Stufen schüsselartig bis an den Rand des WIENERWALDES ansteigt.

Die Bedeutung und Lage WIENS kann nur unter dem historischen Blickwinkel verstanden werden. Der Großteil seiner baulichen Substanz und des volksmäßigen Erbes stammt aus der Zeit der DONAUMONARCHIE, als WIEN mit über zwei Millionen Einwohnern zu den großen Städten der Welt zählte.

Die älteste Anlage der Stadt geht auf die Römerzeit zurück, wo im Bereich der Innenstadt ein Kastell errichtet wurde. 1155 wird die relativ kleine Stadt Residenz der Babenberger, 1278 Sitz der Habsburger. Die städtebauliche Entwicklung ist eng mit der rund 640jährigen Geschichte der Habsburger verbunden. Das unregelmäßige Straßenmuster der gewachsenen mittelalterlichen Bürgerstadt tritt auch gegenwärtig noch deutlich hervor.

Entscheidende städtebauliche Impulse erhielt die Stadt im Barockzeitalter, als nach Wegfall der Türkengefahr eine rege Bautätigkeit einsetzte. In dieser Zeit wurden unter anderem die kaiserliche Sommerresidenz Schönbrunn und das Schloss Belvedere errichtet.

Das stärkste Wachstum erfuhr WIEN zwischen 1840 und 1910, wo die Bevölkerungszahl von 360.000 auf 2,1 Millionen anstieg. Unter Kaiser Franz Josef wurden die Befestigungsanlagen geschleift und an ihrer Stelle entstand um die Kernstadt die Ringstraße mit zahlreichen Prunkbauten und Grünanlagen, die das Satellitenbild prägen.

Erhalten blieb in dieser Phase der große innerstädtische Grüngürtel im PRATER zwischen dem DONAUKANAL und der DONAU.

Nördlich der DONAU soll im Anschluß an die im Bild deutlich erfaßte UNO-CITY die DONAU-CITY entstehen. Im südlichen Bereich liegt das zirka 70 Hektar große Gelände des NORDBAHNHOFES, auf dem bis 2015 ein neuer Stadtteil mit rund 9.000 Wohnungen und 17.000 Arbeitsplätzen entstehen soll.

Seit der Ostöffnung rückte WIEN von der Randlage wiederum in das Zentrum EUROPAS und erfuhr somit eine entscheidende Trendwende, die sich sowohl in einem starken Bevölkerungs- als auch enormen Wirtschaftsaufschwung niederschlägt.

Der Bevölkerungsstand wuchs von 1.504.000 Einwohnern 1986 auf 1.611.000 Einwohner 1991 an.

Blick über die Ringstraße und den Schwarzenbergplatz zum Belvedere

Die Entwicklungsgeschichte von Wien spiegelt sich im Grundriß der Stadt wider

Der neue Baustil an der Peripherie Wiens

St. Pölten
Neue Landeshauptstadt von Niederösterreich

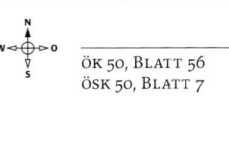

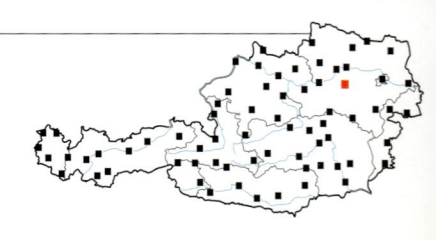

ÖK 50, Blatt 56
ÖSK 50, Blatt 7

Die Stadt ST. PÖLTEN mit rund 54.000 Einwohnern und etwa 300.000 Einwohnern im Einzugsbereich liegt beiderseits der TRAISEN im NIEDERÖSTERREICHISCHEN ALPENVORLAND. Die eiszeitliche TRAISEN hat ein Sohlental mit zwei markanten Geländekanten im Westen gegen die PIELACH-TRAISEN-PLATTE und im Osten hinterlassen. Im Flußbereich selbst wurden große Schotter- und Schuttmassen aufgeschüttet, die als STEINFELD bezeichnet werden. Diese kargen Schotterböden, für die Landwirtschaft nur beschränkt nutzbar, sind ein idealer Standort für den Ausbau der Stadt.

ST. PÖLTEN blickt auf eine lange geschichtliche Entwicklung zurück. In der Römerzeit lag im Bereich der heutigen Altstadt das Municipium »AELIUM CETIUM«, das die Stürme der Völkerwanderung nicht überstand. Im Jahre 791 wurde als wichtige Niederlassung im Niemandsland zwischen AWAREN und dem KAROLINGISCHEN REICH ein Benediktinerkloster gegründet. Im Jahre 1159 erhielten die Bürger des Marktes durch den Bischof von PASSAU das Stadtrecht.

Im 18. Jahrhundert gaben die Baumeister Jakob Prandtauer und Joseph Munggenast der Barockstadt ihr charakteristisches Aussehen.

Einen entscheidenden Impuls erhielt die Stadt durch die Eröffnung der Westbahn im Jahre 1858, denn St. Pölten wurde als Bahnknoten gewählt. Bahnen führen von hier nach TULLN und KREMS sowie nach Süden ins TRAISENTAL und über den GERICHTSBERG in das südliche WIENER BECKEN. Die großen Bahnhofsanlagen im Norden sind ein auffälliges Gliederungselement im Stadtbild. Mit dem Verkehrsträger Bahn war auch ein großzügiger Ausbau der Industrie verbunden. Es entstanden Großbetriebe der Metallverarbeitung, die J.M. Voith Maschinenfabrik, ein Glanzstoffwerk sowie der Stellung als Bahnknoten entsprechend eine große Werkstätte der Staatsbahnen.

Auf die schweren Zerstörungen des Zweiten Weltkrieges folgten bis 1955 die Phase des Wiederaufbaues, dann die Periode der Stadterweiterung und der urbanen Neugestaltung. Besonders die Altstadt wurde grundlegend verändert – bereits 1961 entstand die erste Fußgängerzone, und es wurden zahlreiche Maßnahmen zur Stadterneuerung gesetzt.

Den Höhepunkt ihrer günstigen Aufwärtsentwicklung erlebte die Stadt am 10. Juli 1986. An diesem Tag wurde sie zur Landeshauptstadt von NIEDERÖSTERREICH erhoben. Damit war eine jahrzehntelange Diskussion nach der Trennung von WIEN im Jahre 1921 beendet. In einer Volksbefragung hatte sich ST. PÖLTEN gegen die Mitbewerber BADEN, KREMS, TULLN und WIENER NEUSTADT durchgesetzt. Die Erhebung zur Hauptstadt brachte für die Stadt einen Bauboom, der natürlich nach einer effizienten Stadtplanung verlangte, die nach klaren Grundsätzen umgesetzt wurde. (Das Satellitenbild gibt die großen Leitlinien nahezu ideal wieder.)

Zunächst sollen die kargen Böden des STEINFELDES verbaut werden, wobei darauf geachtet wird, daß die einzelnen Stadtteile mit Grünflächen durchsetzt sind. Eine Ausnahme stellen nur die bereits bestehenden Siedlungen KUPFERBRUNN und EISBERG dar, die als Wohnvororte ausgebaut werden. Entlang der TRAISEN wurde ein mindestens 160 Meter breites künstliches Profil geschaffen, das einen durchgehenden Grüngürtel ermöglicht. Dieser langgestreckte Grünzug ist ökologisch von größtem Wert und weist viele Freizeit- und Erholungsflächen auf wie zum Beispiel um das Stadion oder den RATZERSDORFER SEE. Die nach Süden zunehmenden Waldflächen sollen unbedingt erhalten bleiben. Wichtig waren auch Maßnahmen, um die historisch gewachsene Altstadt mit dem neuen Regierungsviertel an der TRAISEN zusammenwachsen zu lassen. Für die wirtschaftliche Entwicklung werden Gewerbe- und Industrieparks im Norden und Süden der Stadt errichtet, die durch ihre planmäßige Anlage leicht erfaßbar sind.

Die großen Verkehrswege des Raumes sind im Bild gut erkennbar. Die Westbahn führt völlig geradlinig aus dem Osten durch die Stadt. Von der Westautobahn, die das TRAISENTAL im Süden im Bereich der Gewerbeflächen quert, zweigt im Osten der Stadt die Verbindung nach KREMS, dem zweiten Zentrum im niederösterreichischen Zentralraum, ab.

Südlich der Stadt entstand auf den Schotterflächen der Traisen ein ausgedehnter Gewerbe- und Industriepark

Der Barockbaumeister Jacob Prandtauer prägte nachhaltig das Bild des Bischofssitzes St. Pölten

Schwungvoll umfährt die Westautobahn die neue Landeshauptstadt St. Pölten

Durch die Erhebung zur Landeshauptstadt 1986 setzte in St. Pölten eine stürmische Entwicklung ein

Gmünd
Eine Gründung der Kuenringer

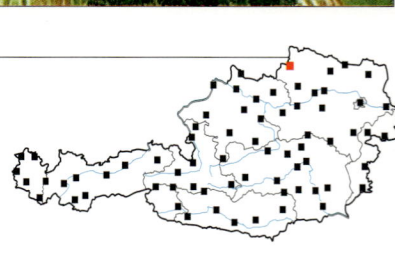

ÖK 50, Blatt 5

Das Satellitenbild zeigt einen Ausschnitt des nördlichen WALDVIERTELS im Bezirk GMÜND und vermittelt einen guten Eindruck von der landschaftlichen Entwicklung dieses peripheren Raumes. Der Bezirk GMÜND zählt wie das gesamte WALDVIERTEL zur geologischen Großeinheit der BÖHMISCHEN MASSE. Dieser Rest des variskischen Grundgebirges war schon zu Ende des Paläozoikums eingeebnet und zu einem flachen Rumpfgebirge umgeformt. Heute zeigt die BÖHMISCHE MASSE im Bereich des nördlichen WALDVIERTELS weitgehend Mittelgebirgscharakter mit Verebnungsflächen, die in einer durchschnittlichen Höhe von 500 bis 700 Metern liegen.

Bei der Abtragung des Gebirges kam es zu einer Anhäufung von Verwitterungsschutt. Mesozoische und tertiäre Sedimente sind heute auf einzelne Senken und Buchten beschränkt. Eine der großen Tertiärbuchten reicht aus TSCHECHIEN noch in den Raum von GMÜND hinein, wo aus Sedimenten der Oberkreide und des Alttertiärs die sogenannten GMÜNDNER SCHICHTEN gebildet wurden. Es sind dies bis zu 100 Meter mächtige Tone, Sande und Gerölle, die andere Böden bilden und daher im Kulturlandschaftsbild eine andere Nutzung zeigen. Im Eiszeitalter bildeten sich im Raum SCHREMS–HASLAU–BRAND ausgedehnte Moorflächen, die heute weitgehend unter Schutz gestellt sind.

Aus dem Satellitenbild ist der hohe Anteil von Wald an der Kulturfläche des Raumes deutlich festzustellen. Im Bezirk GMÜND erreicht die Waldfläche mehr als 50 Prozent, wovon mehr als 90 Prozent Fichtenforste in unterschiedlichster Qualität sind.

In diesen Naturraum drang der wirtschaftende Mensch in mühevoller Kolonisation vor und schuf innerhalb der ausgedehnten Waldgebiete einzelne Rodungsinseln, die im Bild sehr gut hervortreten. Das Gebiet von GMÜND gehört zu den Hochlagen des WALDVIERTELS, in dem die Vegetationsperiode auf fünf frostfreie Monate schrumpft. Dies macht die Bewirtschaftung in diesem bergbäuerlichen Raum sehr schwierig und hat eine starke Abwanderung aus der Landwirtschaft zur Folge. Die Betriebsflächen sind meist klein. Bessere Bedingungen herrschen in den Bereichen des GMÜNDNER BECKENS. Neben der Grünlandwirtschaft spielt die Teichwirtschaft rund um GMÜND eine bedeutende Rolle, wobei vor allem Karpfen gehalten werden. Das nordwestliche WALDVIERTEL ist einer der alten Industrieräume ÖSTERREICHS, zählt aber eindeutig zu den strukturschwachen Gebieten. Immerhin gehören im Bezirk GMÜND rund 50 Prozent der Erwerbstätigen dem Sekundärsektor an. Der Raum wurde vor allem durch zwei Industriezweige geprägt. Die Glaserzeugung baute auf den lokalen Vorkommen an Quarzsanden und dem reichlich vorhandenen Wald als Energiebasis auf. Reste der Glaserzeugung finden sich noch in ALTNAGELBERG, das sich als langgestreckter Straßenort im Tal des GAMSBACHES entlangzieht. Hauptindustriezweig war bis 1970 die Textilindustrie, in der damals ein großer Ausleseprozeß mit vielen Betriebsschließungen einsetzte, was zu einer größeren Branchendichte führte. Heute sind GMÜND und SCHREMS Industriestandorte mit einer großen Vielfalt.

Eine Hoffnung im Wirtschaftsgefüge stellt der Fremdenverkehr dar, für den es einige interessante Voraussetzungen gibt.

Wichtigster Ort ist die Bezirkshauptstadt GMÜND, die bis zur Öffnung im Jahre 1989 direkt am Eisernen Vorhang lag und daher die erheblichen Nachteile der Randlage aufwies. Die Stadt geht auf eine Gründung der Kuenringer im Hochmittelalter zurück. In der ersten Hälfte des 19. Jahrhunderts begann der Aufbau der Industrie im Bezirk. 1871 erfolgte der Anschluß der Stadt an die Franz-Josefs-Bahn, wodurch die Stadt eine Verbindung nach WIEN und PRAG erhielt. Dadurch wurde das Wirtschaftsleben des Raumes sehr befruchtet. Der Friede von ST. GERMAIN machte GMÜND zur Grenzstadt und beraubte sie ihres Hinterlandes. Sogar der große Bahnhof der Stadt fiel mit 13 Umlandgemeinden an den neuen Staat TSCHECHOSLOWAKEI. Noch stärker wurde die Stadt dann nach 1945 von der Randlage an der toten Grenze betroffen. In den letzten Jahren allerdings konnte sie sich sehr gut entwickeln und ist heute ein bedeutender Industriestandort, Fremdenverkehrsort und Einkaufszentrum.

Die Grenzstadt Gmünd enstand während der Rodung des Nordwaldes im 12. Jahrhundert

Ausgedehnte Wald- und Seenflächen bestimmen das Bild des nördlichen Waldviertels

Waldviertler Landschaft
Grenzgebiet zwischen Granit- und Gneishochland

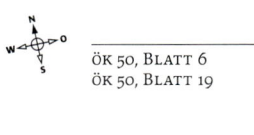

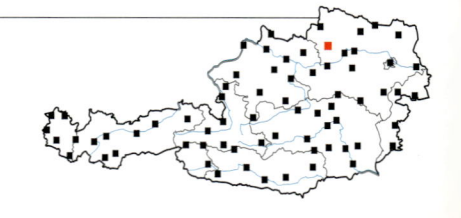

ÖK 50, Blatt 6
ÖK 50, Blatt 19

Im vorliegenden Satellitenbild grenzen zwei unterschiedliche geologische Einheiten aneinander, die sich sowohl in der Natur- als auch in der Kulturlandschaft ganz deutlich voneinander unterscheiden: einmal das GRANITGEBIET im Westen, das bis an die Linie MARTINSBERG-SPIELBERG-ZWETTL heranreicht, zum anderen das GNEISHOCHLAND im Osten. Der Verlauf dieser Linie tritt im Bild ganz deutlich an der Süd-Nord verlaufenden Rodungsachse hervor.

Der westliche Bereich gehört noch zur Aufwölbungszone des WEINSBERGER WALDES, der mit einer Breite von rund 17 Kilometern zu den geschlossensten Waldgebieten NIEDERÖSTERREICHS gehört. Der WEINSBERGER WALD stellt ein mächtiges Hochland von etwa 900 Metern Höhe dar, auf dem eine Reihe unregelmäßig angelegter Kuppen aufsitzen. Seine höchste Erhebung erreicht noch 1.041 Meter. Er stellt auch einen Knotenpunkt für das radial auseinanderströmende Gewässernetz dar. Die Lichtungen im Walde sind teils kleine Rodungsinseln, teils Waldhufendörfer aus der zweiten Kolonisationsepoche im Spätmittelalter. Schon die Ortsnamen verraten die meist sehr späten Gründungen, da der Mensch erst nach Inkulturnahme der tieferen und klimatisch günstigeren Gebiete im Süden des Massivs in die Hochlagen vorgedrungen ist.

Die Schrägluftbilder zeigen meist Einzelhöfe mit ausgedehnten Einödblockfluren. Die neu angelegten Güterwege machen den Landwirten den Antransport ihrer Erzeugnisse wesentlich leichter als in früheren Jahren. Das Klima ist relativ rauh und sehr schneereich, der Frühling zieht erheblich später ins Land als in den Randgebieten des Massivs im Süden. An den Rändern der großen Waldgebiete, wie hier in der rechten Bildmitte im großen Rodungsbereich von TRAUNSTEIN, dringen Felder ein. Hier wird Flachs angebaut; daneben spielen der Kartoffelanbau und vor allem die Grünlandwirtschaft eine wesentliche Rolle. Einen wichtigen Beitrag zum Wirtschaftsleben des Raumes leistet die Holzwirtschaft. Es gibt weite, gut erhaltene Forste, in denen die Fichten, gegen Osten hin auch die Föhren, vorherrschen. Da und dort gesellen sich Buchen in die eher monotonen Nadelwaldgebiete. Weit verbreitet sind Moore, die vor allem auf den weiten Hochflächen zu finden sind. In diesen Moorgebieten wurden einzelne Becken zu Teichen aufgestaut wie der WEYRERTEICH westlich von OTTENSCHLAG.

Einen völlig anderen Landschaftstyp finden wir östlich der meridional verlaufenden Gesteinsgrenze. Im südlichen WALDVIERTEL zieht sich die Welle höchster Erhebungen zunächst nach Südosten, wird aber teils durch Brüche, teils durch tiefe Täler in der Nachbarschaft der DONAU so stark gegliedert, daß sie fast Mittelgebirgscharakter annimmt. Gegen Norden schließt sich die Hochfläche des inneren Hochlandes an, das vom KAMP und der KREMS, die im WEYRERTEICH in der Bildmitte entspringt, entwässert wird. Die Neigung geht hier nach Osten und Ostnordosten. Das Klima ist in diesem Bereich rauh, wenn auch die Sommer wärmer sind als im WEINSBERGER WALD. Besonders in den höheren Lagen gibt es Obstbäume entlang der Straßen – es sind meist Kirschbäume. Die Felder, die auf Gneis einen besseren und fruchtbareren Boden aufweisen, werden mit Flachs, Kartoffeln und Mohn bestellt, wodurch die Agrarlandschaft ein eigenes Gepräge erhält.

Weit verbreitet sind auch trockene Heidegebiete sowie Hochmoore, die sich zwischen die Waldgebiete fügen. Die meist kleinen Orte wie SPIELBERG und GRAFENSCHLAG liegen in Talmulden. Teilweise findet man die Orte auch auf den Hügelwellen des Hochlandes, wie etwa LANGSCHLAG und BERNREITH. Ihre Ortsnamen weisen auf die Waldrodungen im Hoch- und Spätmittelalter hin. Nur eine Bahnlinie SCHWARZENAU-ZWETTL-MARTINSBERG erschließt dieses Gebiet vom Norden her.

Das Zentrum des Raumes ist das in 849 Meter Höhe gelegene OTTENSCHLAG. Das Gebiet von OTTENSCHLAG wurde im 12. und 13. Jahrhundert kolonisiert, wobei in den dichten Waldgebieten rund um die Dörfer ausgedehnte Ackerfluren angelegt wurden. Einen wichtigen Beitrag zur Urbarmachung des Raumes leistete das Stift ZWETTL, das in diesem Gebiet zu den großen Waldbesitzern gehört.

Auf dem flachwelligen Gneisplateau entstanden inmitten von Rodungsinseln Angerdörfer mit Gewannfluren

Der Weinsberger Wald ist eines der geschlossensten Waldgebiete des nördlichen Niederösterreichs

Geradlinig durchzieht die Grenze von Granit und Gneis das Waldviertel

Horn und die Horner Bucht
Fruchtbare Agrarlandschaft am Ostrand des Waldviertels

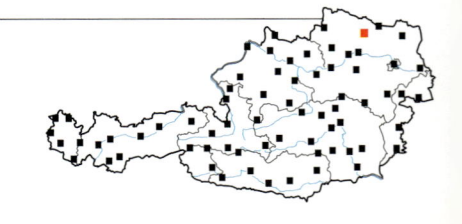

ÖK 50, Blatt 21

Drei unterschiedliche Naturräume prägen das vorliegende Weltraumbild. Im Südwesten die Ausläufer des WALDVIERTELS mit dem KAMPTAL zwischen ROSENBURG und GARS, dann die weite HORNER BUCHT, die im Osten vom MANHARTSBERG und seiner nördlichen Fortsetzung begrenzt wird.

Die HORNER BUCHT hat eine im Bild leicht nachvollziehbare sichelförmige Gestalt, in deren Mitte die Stadt HORN liegt. Sie beginnt an der Ostflanke der »WILD«, die mit einer Höhe von 600 Metern deutlich von ihr abgesetzt erscheint und erstreckt sich von hier nach Osten. Bei HORN biegt sie rechtwinkelig nach Süden um und verläuft nun rund 15 Kilometer gegen den HENGSTTOT. Die Breite der Bucht beträgt durchschnittlich fünf Kilometer, sie verschmälert sich gegen Süden auf rund drei Kilometer. Die Nordgrenze der Bucht erscheint sehr steil und abrupt – entlang der Linie POIGEN über MÖDRING und den EICHBERG hebt sich die Begrenzung fast 200 Meter heraus. Dagegen ist die Südgrenze des westlichen Teils gegen die Höhen des BUCHBERGES und der SULZ, die den KAMP begleiten, weit weniger markant.

Der Südflügel wird im Osten ganz deutlich durch den MANHARTSBERG und seine nach Norden auslaufende Hochfläche begrenzt. Am Abfall zur HORNER BUCHT trägt die Hochfläche ein dichtes Waldkleid, während der sanftere Ostabfall gegen das Tertiärhügelland nur aufgelockerte Wälder hat. Die wichtigsten Teile der MANHARTSBERGHOCHFLÄCHE sind das HOCHFELD, der GEMEINDEBERG und der EICHBERG. Im Osten des EICHBERGES dehnt sich das Tertiärhügelland aus, das durch die typische Streifenflur und langgestreckte Straßendörfer gekennzeichnet ist. Als Beispiel sei hier auf SIGMUNDSHERBERG verwiesen.

Die Westgrenze der HORNER BUCHT ist durch die Kristallinrücken des STRANITZBERGES und SCHAFBERGES gegeben. Zwischen diesen Rücken ist die Mulde zum KAMPTAL hin geöffnet.

Die ganze Bucht hat das Aussehen eines großen Flußtales. Die Hänge sind überall dicht bewaldet, während der Talboden freies Ackerland ist, wo aufgrund der guten klimatischen Verhältnisse und der ausgezeichneten Lößböden eine ertragreiche Landwirtschaft betrieben wird.

Der KAMP ändert im Bild bei ROSENBURG seinen Lauf und biegt nach Süden um. Dort schneidet er sich in den Rand des Kristallins ein. Am KAMPKNIE liegt die mächtige Anlage der ROSENBURG. Die Stadt GARS, im Südwesten des Bildes, hat sich zu einem bedeutenden Fremdenverkehrsort entwickeln können.

Die HORNER BUCHT ist ein uralter Siedlungsraum, der schon seit der Jungsteinzeit aufgesucht wurde.

Das Zentrum ist der Bezirkshauptort HORN, der auf eine KIRCHSIEDLUNG um die STEPHANSKIRCHE zurückgeht und erstmals 1050 als »NORNARUN« urkundlich erwähnt wurde. Das heutige Stadtzentrum HORNS geht auf eine planmäßige, mittelalterliche Anlage um einen Dreiecksplatz, den heutigen Hauptplatz, zurück. Im Jahre 1282 wird HORN erstmals als Stadt bezeichnet. Die Stadt spielte seit dem Spätmittelalter als Handelsplatz mit einer Maut- und Zollstelle sowie als Sitz eines Hochgerichts eine bedeutende Rolle. Beim Bahnbau verpaßte HORN den Anschluß an die Franz-Josefs-Bahn; erst 1889 fand es den Anschluß an die Kamptalbahn.

Heute ist HORN mit seinen rund 6.300 Einwohnern vor allem ein Verwaltungs- und Schulzentrum sowie ein bedeutendes regionales Einkaufszentrum.

Über dem Kamp liegt das Benediktinerstift Altenburg

Im 12. Jahrhundert planmäßig angelegt: die Stadt Horn

Maria Dreieichen, spätbarocker Wallfahrtsort am Rande der Horner Bucht

Die Rosenburg überblickt das Kamptal südlich von Horn

Retz
Im nördlichen Weinviertel an der Grenze zu Mähren

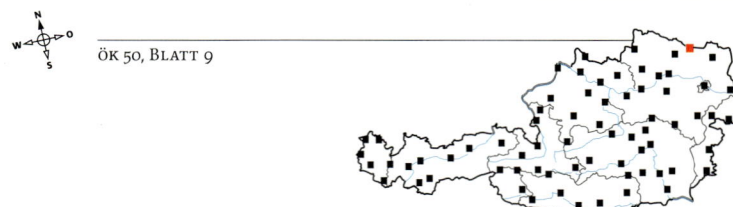

ÖK 50, Blatt 9

Das vorliegende Satellitenbild zeigt zwei Grenzen, die besser als auf jeder Karte zum Ausdruck kommen. Im Westen markieren die Waldflächen das östliche Ende des WALDVIERTELS, das hier mit dem Höhenzug des HABERMAISS und des SPITTELMAISS, 486 Meter hoch, zum rund 200 Meter tiefer gelegenen Gebiet von RETZ abfällt. Der Ostrand des Gneishochlandes ist durch zahlreiche Bäche wie den RETZER ALTBACH und den SCHRATTENBACH in einzelne Auslaufriedel zerlegt, die im Bild sehr gut in Erscheinung treten.

Die zweite Grenze ist die Staatsgrenze zu TSCHECHIEN, die deutlich hervortritt. Im WEINVIERTEL bilden schmale Gewanne mit Streifen von 400 bis 500 Metern Länge und einigen Dekametern an Breite das Flurbild. Jenseits der Grenze sind es auch sechs Jahre nach der Wende noch immer die großen Schläge der ehemals kollektivierten Landwirtschaft, die eine Seitenlänge von 1,2 Kilometern aufweisen.

Vom oben geschilderten Abfall des WALDVIERTELS dehnt sich nach Osten in einer Höhe von 200 bis 250 Metern das flachwellige tertiäre Hügelland des westlichen WEINVIERTELS aus. Im Gegensatz zum östlichen WEINVIERTEL, einem Teil des WIENER BEKKENS, gehört dieser Raum geologisch und tektonisch dem KARPATENVORLAND an, das sich aus dem ALPENVORLAND fortsetzt und weit nach SÜDMÄHREN hineinreicht. Gegliedert wird der aus Schottern, Tonen und Sanden aufgebaute Raum durch die PULKAU und zahlreiche kleine Bäche. Das Bild zeigt die kaum gegliederte Landschaft, die dem Betrachter wenige Anhaltspunkte zur Orientierung gibt. Eine Ausnahme bildet in der rechten Bildhälfte der westliche Ausläufer des BUCHBERGES südlich der PULKAU. Dieser ist aus marinen Leithakalken aufgebaut und trägt eine dichte Waldbedeckung – fast ein Fremdkörper in der nahezu reinen Agrarlandschaft mit ihren Schwarzerdeböden. Die Nutzung des Raumes ist weitgehend auf Ackerbau mit Weizen, Gerste und Zuckerrüben als Hauptfrüchte sowie Weinbau in geschützten Hanglagen ausgerichtet. Die verschiedenartige Nutzung erkennt man aus den unterschiedlichen Farbtönen – Weingebiete meist in grünen Tönen – und auch aus der Parzellenstruktur, da die Weinrieden meist sehr schmal angelegt sind. Ausgedehnte Weinflächen finden sich um RETZ und vor allem nördlich von HAUGSDORF.

Das nordwestliche WEINVIERTEL ist ein uralter Kulturraum, die Siedlungsspuren reichen bis in die Altsteinzeit zurück. Heute prägen langgezogene Straßendörfer das Siedlungsbild. Sie ziehen sich meist in den Talböden hin, wo sich Ortschaft an Ortschaft reiht. Fast geschlossen ist die Siedlungsreihe im PULKAUTAL mit PULKAU, DIETMANNSDORF, ZELLERNDORF, PERNERSDORF und HAUGSDORF. Der Raum ist ausschließlich ländlich geprägt und hat durch die tote Grenze nach dem Zweiten Weltkrieg alle Probleme eines peripheren Gebietes erfahren müssen.

Bedeutendster Ort in diesem Raum ist RETZ, dessen Siedlungsfläche sich eng an den Abfall des WALDVIERTELS anlehnt. Die Stadt hat derzeit 4.280 Einwohner, wobei die Bevölkerungszahl in den letzten Jahrzehnten ständig abgenommen hat. RETZ ist eine Ende des 13. Jahrhunderts gegründete Siedlung, die sich um einen riesigen Marktplatz und eine Burg ausdehnt und damals stark befestigt wurde. Die Stadt lebte seit jeher von Weinbau und Weinhandel. Der Stadtplatz mit seinen schönen Bürgerhäusern zeugt noch heute von Wohlstand. Die schlechte Verkehrslage führte bis ins 19. Jahrhundert zu einem wirtschaftlichen Verfall; erst der Ausbau der Straße nach KREMS und vor allem der Anschluß an die Eisenbahn im Jahre 1871 brachten der Stadt wieder einen Aufschwung.

Retz lebt seit jeher von Weinbau und Weinhandel

Auf geschützten Hanglagen wird intensiver Weinbau betrieben

Wie Kaja sicherten früher zahlreiche Burgen die Grenzwälder im Norden Österreichs

Das zentrale Weinviertel
Poysdorf und die Klippenlandschaft

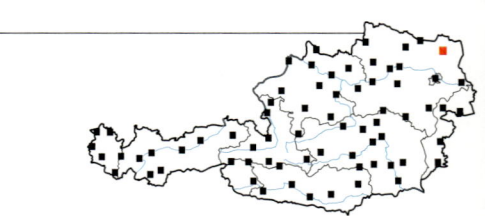

ÖK 50, Blatt 25

Das Bild führt in den zentralen Teil des WEINVIERTLER HÜGELLANDES. Zur ersten Orientierung sollen die wichtigsten topographischen Merkmale erläutert werden. Die beiden großen Waldflächen im Westen des Bildes sind alte pliozäne Schotterplatten. Im Norden dehnen sich die FALKENSTEINER BERGE aus, die im GALGENBERG die höchste Erhebung erreichen. Südlich der breiten Tiefenlinie, die vom POYSBACH durchflossen wird, liegen die mächtigen, von Wald bedeckten Schotterplatten des MISTELBACHER SCHOTTERKEGELS. Das dritte größere Waldgebiet, der BRANDLEITENWALD, liegt ebenfalls im Bereich älterer Schotterablagerungen. Zwischen diesen Waldgebieten dehnt sich die Agrarlandschaft des WEINVIERTELS aus, wobei in den Tallagen des ORTSBACHES östlich von POYSDORF der Ackerbau überwiegt, während an den Hängen der Täler sowie an den Abfällen der Klippen und Schotterplatten der Weinbau vorherrscht.

Das WEINVIERTEL ist eine Hügel- und Riedellandschaft. Ihre Täler und die sie umrahmenden Ebenen liegen meist unter 200 Metern. Es ist vor allem Aufschüttungsland, aus dem heute wieder Täler und Hügel herausmodelliert werden. Tone, Sande und Schotter bauen den Großteil des Hügellandes auf und darüber legt sich einheitlich fast überall der Löß, der mit seiner fahlen Farbe den steilen Wänden, den Schluchten und Hohlwegen besonders in den randlichen Bereichen sein Gepräge gibt. Das ganze WEINVIERTLER HÜGELLAND ist aufgrund der Offenheit der Landschaft uralter Siedlungsraum, der bis in die Altsteinzeit zurückreicht.

Eines der prägenden Landschaftselemente im WEINVIERTEL sind die markanten, von Wald bedeckten Schotterkegel, die sich von KREMS nach Ostnordost über HOLLABRUNN bis MISTELBACH erstrecken. Sie erreichen eine Höhe von 350 bis 380 Metern und bestehen aus alten Donauschottern, die der Fluß im Jungtertiär über die verlandeten Becken abgelagert hat.

Der Altsiedelraum des WEINVIERTELS erhielt sein heutiges Siedlungs- und Flurbild unter der Babenbergerherrschaft im 11. und 12. Jahrhundert. Planmäßige Straßendörfer mit 300 bis 1.000 Einwohnern sind für das WEINVIERTEL typisch. Sie ziehen sich meist entlang der kleinen Flußläufe wie am POYSBACH oder entlang der ZAYA. Vorwiegend sind es Straßen- oder Angerdörfer. Das bunte Feldmosaik, das uns das Weltraumbild zeigt, entwickelte sich aus der mittelalterlichen Gewannflur. Diese bestand aus drei Feldblöcken, die in parallele, gleich große Streifen geteilt waren. Durch Erbteilungen wurden die Felder jedoch immer mehr aufgesplittert, und es entstand das bunte Bild einer kleinparzelligen Streifenflur. In die bäuerlichen Streifenfluren sind häufig großblockige Gutsfluren eingestreut.

Heute herrscht im WEINVIERTEL eine intensive Fruchtwechselwirtschaft mit den dominanten Feldfrüchten Weizen und Gerste, gefolgt von der Zuckerrübe. An den sonnigen Hanglagen finden sich Weingärten, jedoch ist die Rebfläche in den letzten Jahren leicht rückläufig.

Das wichtigste Zentrum des Weinbaues ist POYSDORF am Südrand des FALKENSTEINER HÜGELLANDES, dessen regelmäßige Anlage um einen zentralen Platz man im Schrägluftbild sehr gut erkennen kann.

Heute erscheint der Ort als langgestreckte Hangsiedlung entlang des POYSBACHES mit drei parallel verlaufenden, fast durchwegs dörflichen Straßenzeilen.

Das Weinviertel ist reich an Ur- und Frühgeschichte: doppelte neolithische Ringanlage bei Poysdorf

Die aus Jurakalken aufgebaute Klippenzone, wie hier die Falkensteiner Klippe, kennzeichnet die Brücke des Alpen-Karpatenbogens

Der Nibelungengau
Donaulandschaft zwischen Ybbs und Pöchlarn

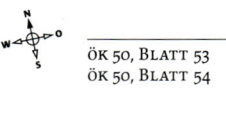

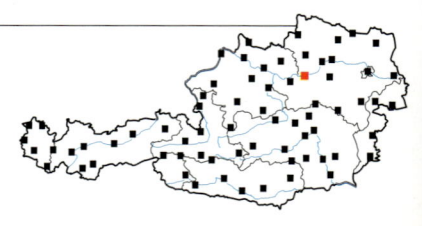

ÖK 50, Blatt 53
ÖK 50, Blatt 54

Das Satellitenbild zeigt die reizvolle DONAULANDSCHAFT am Ausgang des STRUDENGAUES mit dem großen Mäander östlich von YBBS sowie den Unterlauf der YBBS.

Im Norden des Bildes dehnt sich die Hochfläche des südlichen WALDVIERTELS aus, die hier mit einem deutlichen Steilrand zum DONAUTAL abfällt. Die Welle höchster Erhebungen zieht vom WEINSBERGER WALD gegen Südosten weiter, wird aber teils durch Brüche, teils durch tiefe Täler in Nachbarschaft der DONAU so stark gegliedert, daß sie Mittelgebirgscharakter annimmt. Das Tal der YSPER, dem die Gesteinsgrenze zwischen Granit im Westen und Gneis im Osten folgt, ist im westlichen Bildbereich tief in den Plateaurand eingeschnitten. Östlich des YSPERTALES verläuft der einer Keilscholle ähnliche Waldrücken des OSTRONG von Norden nach Süden, wohin er sanft abdacht, während er nach Westen und Osten scharf abfällt. Im Osten schließt sich an den OSTRONG eine um 300 Meter tiefer gelegene Hochfläche, die weitgehend gerodet ist. Gegen Süden sind Terrassenflächen vorgelagert, die in einer Höhe von 450 bis 500 Metern über dem DONAUTAL ausstreichen. Das Schrägluftbild zeigt eine dieser Terrassenflächen, auf der die bekannte Wallfahrtskirche Maria Taferl liegt.

Das Granit- und Gneishochland greift im Bereich des STRUDENGAUES, dessen östliches Ende im Bild zu sehen ist, mit dem Plateau von NEUSTADTL über die DONAU nach Süden. Dieses Plateau senkt sich sanft nach Osten. Ganz deutlich tritt der geologische Unterschied in der Vegetation hervor – weite Wälder, nahezu ohne Rodungsinseln im kristallinen Bereich, eine intensiv genutzte Agrarlandschaft im Schwemmlandbereich der YBBS. Der Rand des Plateaus wird durch zahlreiche nach Osten fließende Bäche in Auslaufrücken zerlegt.

Die zentrale Achse im Bild bildet die DONAU. Im Westen ist das Engtal des STRUDENGAUES zwischen dem Südabfall des Hochlandes und dem Plateau von NEUSTADTL eingeschnitten. Das Engtal wird heute zum größten Teil vom Rückstau des Kraftwerkes Ybbs-Persenbeug erfüllt. Die Kraftwerksanlage, die im Bild westlich von YBBS zu sehen ist, wurde zu Beginn der sechziger Jahre errichtet. Der Stauraum erstreckt sich rund 33 Kilometer stromaufwärts.

Unmittelbar unterhalb der Kraftwerksanlage erhebt sich auf einem Granitsporn das Schloß Persenbeug. Am rechten Flußufer dehnt sich das Siedlungsgebiet von YBBS aus, das im Mittelalter durch den Donauhandel und die Eisenindustrie aufblühte, später aber rasch an Bedeutung verlor. Die DONAU beschreibt in der Folge einen weiten Bogen nach Süden, die sogenannte YBBSER SCHEIBE. Die Schotterflächen tragen heute fast ausschließlich Ackerland. Interessant ist die Feldstruktur, die sich an den Mäanderbogen anpaßt. Der Nordteil des Bogens wird durch die langgestreckte Siedlung PERSENBEUG abgeschlossen.

Ein völlig anderes Landschaftsbild zeigt sich im Südteil des Bildes, wo die breite Niederterrassenfläche des YBBSFELDES in das DONAUTAL einmündet. Der früher stark mäandrierende, heute über weite Strecken begradigte Fluß wird von einem breiten Auwaldgürtel, der in hellgrünen Farben erscheint, begleitet. Zwischen dem Fluß und dem Abfall des Plateaus von NEUSTADTL dehnt sich die Schotterfläche des YBBSFELDES östlich von BLINDENMARKT aus. Der nördliche Teil ist eine fast siedlungsleere Ackerbaufläche – die Orte liegen eher am Übergang zum Plateau. Auch dieser Teil des YBBSFELDES weist einen recht hohen Landschaftsverbrauch auf. Im südlichen Bereich verlaufen hochrangige Verkehrswege wie die Westbahn, die geradlinig das YBBSFELD durchschneidet und im Osten zur DONAU umschwenkt. In den letzten Jahren wurde die Strecke, die um den SITTENBERG an der DONAU entlang führte, durch eine neue Tunnelstrecke ersetzt, die von SARLING bis PÖCHLARN reicht.

Ganz im Süden, nahe an der deutlichen Terrassenkante des tertiären Hügellandes südlich der YBBS, verläuft die Trasse der Westautobahn, die südlich des SITTENBERGRÜCKENS aus dem YBBSBEREICH ins ERLAUFTAL wechselt. Der höher gelegene Raum des tertiären Hügellandes südlich der YBBS weist eine andere ackerbauliche Nutzung auf, was durch die andere Farbgebung verdeutlicht wird.

Das Schloß Persenbeug ist im Besitz der Familie Habsburg-Lothringen

Weithin sichtbar liegt hoch über der Donau der bekannte Wallfahrtsort Maria Taferl

Das Kraftwerk Ybbs-Persenbeug war eines der ersten in der langen Kraftwerkskette an der Donau

Amstetten und das Ybbsfeld
Probleme des Landschaftsverbrauches und der agrarischen Nutzung

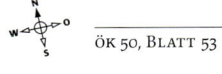

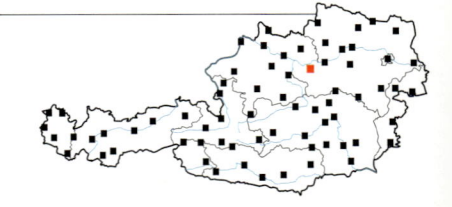

ÖK 50, Blatt 53

Zwischen dem aus kristallinen Gesteinen aufgebauten Plateau von NEUSTADTL im Norden und den höheren Terrassenflächen des in diesem Abschnitt schmalen Tertiärhügellandes erstreckt sich die breite Schotterfläche des YBBSFELDES. Im Zentrum des Bildes liegt der Bezirkshauptort AMSTETTEN.

In der linken oberen Bildecke liegt die DONAUEBENE zwischen WALLSEE und ARDAGGER, die im Süden durch den UNTERGRIESBACH begrenzt wird. Der Abfall der höheren Terrassen bzw. des Plateaugebietes wird durch einen ausgeprägten Waldstreifen markiert, der im Bild in dunkelgrüner Farbe erscheint. Nahezu die gesamte obere Bildhälfte wird von dem über die DONAU nach Süden reichenden und aus Granit und Gneis aufgebauten Plateau von NEUSTADTL eingenommen, das langsam gegen Süden abdacht. Das Gebiet, das für die Landwirtschaft weniger günstige Böden aufweist, ist weitgehend gerodet. Es dominieren Flächen für den Anbau von Futtermitteln und vor allem Grünland als Basis für die Milchwirtschaft. Der Wald bedeckt nur die höchsten Kuppen, wie der große KLOSTERWALD südlich von ARDAGGER STIFT. Der Südrand des Plateaus ist durch zahlreiche kleine Bachläufe stark zerlegt – die Hänge der tief eingeschnittenen Kerbtäler sind von dichten Wäldern bedeckt und erscheinen im Bild als feine Linie.

Das Gebiet des südlichen Plateaus von NEUSTADTL ist nicht sehr dicht besiedelt. Haufendörfer und größere Weiler liegen inmitten der ausgeprägten Blockstreifenflur. Durch den südlichen Bereich zieht die Westautobahn, die das dichte Siedlungsgebiet im YBBSFELD umgeht.

Im Süden des Bildes erstreckt sich ein schmaler Streifen des tertiären Hügellandes, das sich rund 50 bis 100 Meter über die Niederterrassenfläche heraushebt. Vorgelagert ist im Raum zwischen NEUHOFEN, dem Ort der Millenniumsaustellung 1996, und EURATSFELD eine schmale Hochterrasse, die durch einen langgezogenen Waldstreifen an der Terrassenkante am YBBSFELD endet. Das Gebiet ist intensiv landwirtschaftlich genutzt. Die Bauernhöfe liegen meist innerhalb der hier sehr schön ausgebildeten Streifenflur.

Die Landwirtschaft ist trotz ihrer Dominanz in der Flächennutzung aufgrund der wirtschaftlichen und agrarpolitischen Entwicklung größtem Konkurrenzdruck ausgesetzt. So sind etwa die landwirtschaftlichen Nutzflächen östlich von AMSTETTEN durch Betriebsansiedlungsflächen, die im Weltraumbild als weiße Flächen erscheinen sowie durch große Schotterentnahmen, die im Bereich der Forstheide zwischen HAUSMENING, AMSTETTEN und auf der Hochterrasse östlich der YBBS bereits eine raumdominante Stellung errungen haben, in ihrem Bestand gefährdet.

Aus betriebswirtschaftlichen Gründen ist man in den letzten Jahren zu einer zentralisierten Materialgewinnung übergegangen, daß die großen Abbaugruben erhebliche Auswirkungen auf den Natur- und Landschaftshaushalt nach sich ziehen. Besonders problematisch ist dies im Bereich des Landschaftsschutzgebietes FORSTHEIDE westlich von AMSTETTEN, wo man versucht, auf den aufgelassenen Schottergruben Rekultivierungsmaßnahmen zu setzen.

In der Agrarstruktur des Raumes ist in den letzten Jahren eine deutliche Veränderung eingetreten, da der Anteil der Ackerfläche gestiegen ist, während der Grünlandanteil abgenommen hat aufgrund der Umstellung von Milchviehhaltung auf Mastbetrieb beziehungsweise wegen einer völligen Aufgabe der Tierhaltung.

Die YBBS ist das wichtigste Gewässer in diesem Gebiet, parallel dazu verläuft westlich von AMSTETTEN der URLBACH, dem die Westbahn folgt.

Zentraler Ort des Raumes ist der Bezirkshauptort AMSTETTEN, der durch die Lagegunst im NIEDERÖSTERREICHISCHEN ZENTRALRAUM und an der bedeutenden Verkehrsachse eine starke wirtschaftliche Prosperität aufweist. So entwickelt sich östlich der Stadt eine neue Industrie- und Gewerbezone, die den Standortevorteil der Westbahn nutzt.

Blick vom Alpenvorland über die Schotterflächen des Ybbsfeldes zu den Strengbergen im Norden

Die über die Strengberge verlaufende Westautobahn führt durch die blühende Obstbaumlandschaft des Mostviertels

Wachau
Weinbau- und Erholungslandschaft

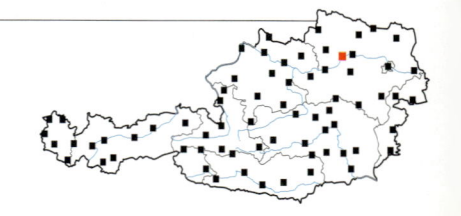

ÖK 50, Blatt 37

Die Donau durchzieht Österreich von Passau bis zur Ungarischen Pforte in einem Lauf von 341 Kilometern Länge. Dabei wechseln immer wieder terrassengeprägte Talweitungen mit tief eingeschnittenen Engtalstrecken und verleihen so der Stromlandschaft einen reizvollen Charakter. Die bekannteste Engtalstrecke ist wohl die sagenumwobene Wachau. Sie beginnt bei Melk, wo die Donau das Alpenvorland in Richtung Nordosten verläßt und in das Granit- und Gneishochland eintritt und endet nach rund 30 Kilometern mit ihrem Austritt aus diesem bei Krems.

Das Weltraumbild wird durch drei große natürliche Einheiten geprägt. Im Westen liegen die Randhöhen des Waldviertels, das mit einer 400 bis 500 Meter hohen Stufe steil zur Donau abfällt. Auf den Hochflächen, die bereits im Erdaltertum angelegt wurden und Reste der zum Böhmischen Massiv zählenden Rumpflandschaft darstellen, überwiegen sanfte, meist von dichten Wäldern bedeckte Kuppen und Muldentäler. Die von der Hochfläche zur Donau strömenden Flüsse haben infolge der starken Reliefunterschiede zahlreiche Kerbtäler geschaffen.

Die zentrale Landschaftseinheit bildet das Engtal der Donau, das zunächst in nordöstlicher Richtung verläuft und erst nach dem Austritt in die Ebene des Tullnerfeldes wieder in den West-Ost-Verlauf umschwenkt.

Das prägende kulturlandschaftliche Element im Abschnitt der Wachau zwischen Spitz und Krems ist der Weinbau. Da der Talboden kaum Platz für die Anlage bot, kultivierte man vor allem die zur Sonne orientierten steilen Hänge. Im Raum von Spitz und Weissenkirchen steigen die Hangterrassen, die auch einen Schutz vor Bodenabspülung bei Starkregen bieten, bis auf eine Höhe von 400 Metern an.

Heute dominiert im Weinbaugebiet Wachau die drahtgestützte Hochkultur. Die Anbaufläche beträgt rund 1.270 Hektar, wovon rund 50 Prozent in Gebieten mit einer Hangneigung von über 16 Prozent liegen. Die Weingärten liefern einen durchschnittlichen Ertrag von 8.000 bis 10.000 Kilogramm Trauben pro Hektar. In der Wachau werden aufgrund der Bodenbeschaffenheit vor allem Weißweine kultiviert.

Neben dem Weinbau spielt für die wirtschaftliche Entwicklung des Raumes auch der Fremdenverkehr eine bedeutende Rolle, der bereits um die Jahrhundertwende einsetzte.

Die wichtigste Ortschaft der Wachau ist Spitz, deren Ortsteile sich locker und uneinheitlich um den isoliert aufragenden Burgberg gruppieren, der auf der Sonnenseite zur Gänze für den Weinbau terrassiert wurde. Das nach Westen verlaufende Tal des Spitzer Baches bildet einen wichtigen Zugang in das südliche Waldviertel.

Ein beliebtes Ausflugsziel ist Dürnstein, das von einer mächtigen Burgruine der Kuenringer überragt wird.

Östlich der Donau liegt die dritte große Landschaftseinheit, der Dunkelsteiner Wald, der durch das Durchbruchstal vom Granit- und Gneishochland abgetrennt wurde. Ein großer, teils dicht bewaldeter Bergkranz umschließt ein teilweise gerodetes Binnengebiet in der Gegend von Gansbach.

In Dürnstein wurde König Richard Löwenherz gefangen gehalten

Die Donau auf ihrem Weg durch die Wachau

Die Burg Aggstein

Weinbauort Weißenkirchen

Krems an der Donau
1995 – eintausend Jahre alt

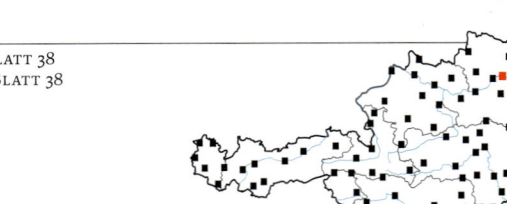

ÖK 50, Blatt 38
ÖSK 50, Blatt 38

Im Westen von KREMS verläßt die DONAU das Engtal der WACHAU und tritt in die weite Ebene des TULLNERFELDES ein. Am Übergang vom Engtal zur Ebene hat sich die Stadt KREMS mit ihren beiden Nachbarstädten STEIN und MAUTERN, das südlich der DONAU liegt, entwickelt. Das Bild wird durch drei unterschiedliche natürliche Räume geprägt. Die zentrale Achse bildet der Lauf der DONAU, der in diesem Bereich mit sanften Schlingen annähernd West-Ost verläuft. Östlich des Siedlungsraumes von KREMS und MAUTERN wird die DONAU fast auf der ganze Strecke durch das TULLNERFELD von einem Auwaldgürtel begleitet, der gegen Osten zunehmend an Breite gewinnt.

Nördlich des Flusses dehnt sich die Niederterrasse der DONAU aus, die östlich von KREMS intensiv landwirtschaftlich genutzt wird. Typisch sind langgestreckten Straßendörfer wie ROHRENDORF und BRUNN IM FELDE. Die schmalen Streifenfluren sind auf die Verkehrswege ausgerichtet. Auffallend ist, daß die Schläge von Westen nach Osten deutlich an Größe zunehmen. Von Norden erreicht der KAMP das junge Aufschüttungsland. Sein Lauf biegt bei GRUNDDORF nach Osten, wodurch der Mündungsbereich von der DONAU flußabwärts verschleppt wird.

Die Stufe des WAGRAM, der östlich von KREMS einsetzt, bildet die Nordbegrenzung des TULLNER BEKKENS. Der Abfall besteht überwiegend aus Löß, der im Eiszeitalter hier abgelagert wurde. Die Naturlandschaft wurde stark vom Menschen geformt. Die schräge Lößdecke wurde terrassiert, um auf verhältnismäßig ebenen Flächen eine Bebauung zu ermöglichen. Die wichtigste Nutzungsform stellt der Weinbau dar. Nördlich dehnen sich weite Schotterkegel aus, die von mächtigen Lößdecken verhüllt sind. Diese meist siedlungsleere Fläche zwischen dem Ostabfall des WALDVIERTELS bei STRATZING und dem unteren KAMPTAL zwischen LANGENLOIS und HADERSDORF wird landwirtschaftlich intensiv genutzt. Wir finden einen lebhaften Wechsel zwischen Acker-, Wein- und Obstkulturen vor.

KREMS bildet den zentralen Ort für das südöstliche WALDVIERTEL und das westliche WEINVIERTEL. Es gehört zu den ältesten Städten ÖSTERREICHS und wurde schon 995 urkundlich erwähnt. Die 1453 errichtete Donaubrücke brachte eine Verstärkung der günstigen Lage am Schnittpunkt des Donauverkehrs mit dem Fernhandelsweg nach BÖHMEN und MÄHREN längs des MANHARTSBERGZUGES. Erst der Bahnbau im 19. Jahrhundert verödete die MANHARTSBERGLINIE und KREMS kam in den toten Winkel zwischen den Trassen der Westbahn und der Franz-Josefs-Bahn. Damit gewann ST. PÖLTEN die Vorhand. Der geringe Wohlstand im ausgehenden 19. Jahrhundert hat dazu geführt, daß die Stadt einen großen Teil ihrer Bauten bis in die Gegenwart erhalten hat und damit wohl eine der schönsten Altstädte ÖSTERREICHS besitzt.

Die Industrie, die ihre Hauptstandorte entlang der DONAU und im Osten der Stadt hat, verfügt über alte Wurzeln und war lange Zeit auf die Verarbeitung der landwirtschaftlichen Produkte des Umlandes ausgerichtet. Nach dem Zweiten Weltkrieg erfuhr sie eine entscheidende Erweiterung durch den Aufbau eines Walzwerkes.

Der südliche Teil der Landschaft zerfällt in zwei unterschiedliche Naturräume. Zum einen in den Schwemmfächer der FLADNITZ, der durch eine deutliche Steilstufe begrenzt wird, zum anderen bildet der Granitsporn von GÖTTWEIG, ein Ausläufer des DUNKELSTEINER WALDES, eine markante Erscheinung im Bild. Gegen Osten schließt sich die lößüberdeckte Hochfläche von FUCHA an, auf der Wein- und Marillenanbau betrieben wird. Die Steilabfälle dieser Terrassenlandschaft werden von dichten Wäldern eingenommen.

Eine der stattlichsten Klosteranlagen in ÖSTERREICH stellt sicherlich das Benediktinerstift Göttweig dar, das 1083 durch Bischof Altmann von PASSAU gegründet wurde und im Mittelalter überaus reich mit Besitzungen ausgestattet wurde. Sein heutiges Aussehen erhielt das Kloster im Barockzeitalter unter Abt Gottfried Bessel.

Das erstmals 995 urkundlich erwähnte Krems ist eine der ältesten Städte Österreichs

Gut ausgebaute Schnellstraßen verbinden das Weinviertel mit der Landeshauptstadt St. Pölten

Nahtlos gehen die Städte Krems und Stein ineinander über

Der Hauptplatz von Stein

Hainburg
Auland- und Pfortenlandschaft mit Nutzungskonflikten

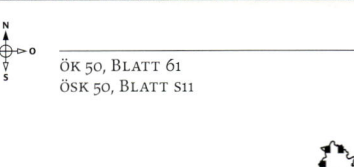

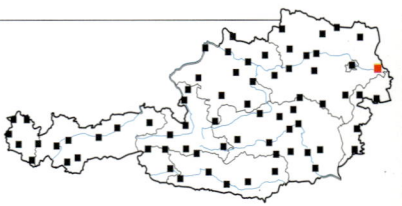

ÖK 50, Blatt 61
ÖSK 50, Blatt S11

Die Donau mit dem breiten Auwaldgürtel trennt im Osten Österreichs zwei der fruchtbarsten Agrarlandschaften, deren intensive Nutzung aus der Farbgebung des Satellitenbildes zu erkennen ist. Im Norden dehnt sich die breite Niederterrasse des Marchfeldes aus, die im Osten durch den Nord-Süd gerichteten Lauf der March begrenzt wird. Südlich der Donau erhebt sich über einer 40 bis 50 Meter hohen Terrassenkante, die von Fischamend bis Petronell reicht, eine breite Hochterrasse, die südlich der Leitha in die Parndorfer Platte und gegen Osten in den Heidboden übergeht.

Als deutlich andere Naturlandschaft heben sich die Waldflächen der Hainburger Berge heraus. Sie wurden durch Nordwest-Südost verlaufende Quersenken zerlegt, zwischen denen niedrige Schwellen vermitteln. Dabei sind der Braunsberg, der unmittelbar an die Donau herantritt und der Hainburger Schlossberg völlig isoliert. Dahinter schließen sich die 480 Meter hohen Hundsheimer Berge an, auf denen sich breite Abrasionsterrassen ausdehnen.

Die Donau bricht zwischen den Hainburger Bergen und den östlich der March einsetzenden Kleinen Karpaten, von denen der Thebener Kogel mit 515 Metern Höhe im Bild gut zu erkennen ist, in der Ungarischen Pforte in das Pannonische Tiefland durch.

In der Senke zwischen den Hundsheimer Bergen und dem Braunsberg dehnt sich das Stadtgebiet von Hainburg aus. Es ist seit seiner Gründung im 11. Jahrhundert Grenzstadt und hat in seiner wechselvollen Geschichte fast alle Angriffe aus dem Osten über sich ergehen lassen müssen. Deshalb ist Hainburg von jeher befestigt.

Westlich von Hainburg liegt das Siedlungsgebiet von Deutsch-Altenburg, wo sich auf der Basis von Thermalquellen ein reger Bädertourismus entwickeln konnte. Deutsch-Altenburg ist eng angelehnt an den Pfaffenberg, an dessen Westabfall der die Hainburger Berge umhüllende Leithakalk gewonnen wird.

Auf alten Siedlungsraum an der Donau östlich von Wien stoßen wir besonders bei Petronell, wo sich die ehemalige Hauptstadt von Pannonien, Carnuntum, ausdehnte.

Der breite Augürtel der Donau ist das Kerngebiet des Nationalparks Donau-Marchauen, der die einmalige Aulandschaft mit ihrem amphibischen Charakter und ihrer vielfältigen Tierwelt vor Eingriffen schützen soll.

Als klare Linie durchzieht der im Jahre 1905 vollendete Marchfeldschutzdamm das Auwaldgebiet. Er wurde zur Vermeidung von Überschwemmungen errichtet. Das Marchfeld erstreckt sich entlang der Donau rund 45 Kilometer von Westen nach Osten und zerfällt in die südliche Alluvialebene, die im Bild zu sehen ist, und in die nördliche Niederterrasse; sie werden durch den Wagram getrennt. Die Alluvialebene zerfällt in den Auwaldgürtel und in einen fruchtbaren Raum, der intensiv landwirtschaftlich genutzt wird. Der östliche Teil wird vom Russbach und dem Stempfelbach durchzogen. Im Osten bildet der breite Auwaldgürtel an der March die Staatsgrenze zur Slowakei.

Westlich von Bad Deutsch-Altenburg liegt Österreichs bedeutendste Römersiedlung Carnuntum; sie besitzt zwei Amphitheater

Hainburg, die östlichste Stadt Niederösterreichs an der Grenze zur Slowakei

Mitteleuropas stärkste Jodschwefeltherme machte Deutsch-Altenburg zum Bäderort

Wiener Neustadt
Zentrum des südlichen Wiener Beckens

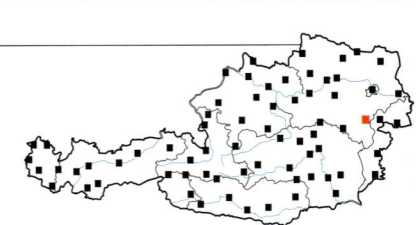

ÖK 50, Blatt 76

Das Satellitenbild des südlichen WIENER BECKENS mit der Viertelshauptstadt WIENER NEUSTADT als beherrschendem Siedlungskörper ist durch eine Vielzahl unterschiedlicher natürlicher Landschaftseinheiten geprägt.

An ihrem Nordostende brechen die ALPEN zur weiten Ebene des südlichen WIENER BECKENS ab, einem großen Senkungsfeld von ungefähr 200 Kilometer Länge und bis 60 Kilometer Breite zwischen den ALPEN und den KARPATEN.

Im Westteil des Bildes fällt die HOHE WAND zur Senke der NEUEN WELT ab, die intensiv landwirtschaftlich genutzt wird. Inmitten des fruchtbaren Ackerlandes dehnen sich die Orte MUTHMANNSDORF und DREISTETTEN aus. Die FISCHAUER VORBERGE, die von dichten Föhrenwäldern bedeckt sind, grenzen die NEUE WELT gegen das STEINFELD im südlichen WIENER BECKEN ab. Diese Schwarzföhrenwälder sind für die Bauern, deren Hofgröße meist um die 20 Hektar beträgt, durch die Harzgewinnung eine wichtige Einnahmequelle. Das gewonnene Harz wird von den Bauern in die Harzraffinerie im Markt PIESTING geliefert. Im Norden der NEUEN WELT führt das PIESTINGTAL, ein alter Industrieraum, ins Gebirge. Nördlich davon liegt die bewaldete Schotterterrasse »AUF DEM HART«, die von den Flüssen TRIESTING und PIESTING am Ende des PANNON als mächtiger Schwemmfächer ins WIENER BECKEN geschüttet wurde.

Zwischen den FISCHAUER VORBERGEN und dem Westabfall des ROSALIENGEBIRGES im Osten stößt die trockene Ebene des STEINFELDES keilförmig nach Süden vor. Dieser südliche Beckenteil wurde vor und während der Eiszeit, wohl auch infolge der Hebung des Gebirges, von den Flüssen so weit zugeschüttet, daß breite, trockene Flächen entstanden. Der gewaltige SCHWARZA-SCHUTTKEGEL von 60 Quadratkilometern Fläche bildet den südlichen Teil des WIENER-NEUSTÄDTER STEINFELDES. Der noch viel größere PIESTING-SCHUTTKEGEL erfüllt den Raum von BAD FISCHAU bis über SOLLENAU hinaus. Beide haben die LEITHA, die von Auwäldern begleitet wird und daher im Satellitenbild als grünes Band erkennbar ist, ganz nach Osten abgedrängt.

Über die feuchte LEITHANIEDERUNG, die bei LANZENKIRCHEN aus der SCHWARZA und der PITTEN hervorgeht, erhebt sich der kristalline Rücken des ROSALIENGEBIRGES.

Die Gliederung des Bildes erfolgt ganz deutlich durch wichtige Verkehrswege. Völlig geradlinig verläuft die Südbahn von FELIXDORF kommend nach WIENER NEUSTADT und weiter nach NEUNKIRCHEN. Fast parallel dazu erkennt man die Trasse der Triester Bundesstraße, die WIEN mit dem SEMMERING verbindet und die für die Ausbildung der Siedlungen eine wichtige Leitlinie darstellte. Die Südautobahn verläuft zunächst am Abfall der FISCHAUER VORBERGE und quert dann in den Osten des STEINFELDES. Südlich von WIENER NEUSTADT zweigt die BURGENLAND SCHNELLSTRASSE ab, die durch die WIENER NEUSTÄDTER PFORTE nach Osten führt.

Zum Antlitz des STEINFELDES gehören vor allem große, durch den Menschen angelegte Schwarzföhrenpflanzungen. Schon im 15. Jahrhundert wurde begonnen, die ausgedehnten Kalkschotterflächen im Süden von WIENER NEUSTADT aufzuforsten, die bis in den Raum von NEUNKIRCHEN reichen. Weite Flächen im Norden von WIENER NEUSTADT nehmen Steppenheiden ein, die im Bereich zwischen THERESIENFELD und EGGENDORF zum Naturschutzgebiet erklärt wurden. Ein Großteil der Steppenheiden liegt in militärischem Sperrgebiet und darf nicht betreten werden. Ein weiteres Kennzeichen der Umgebung von WIENER NEUSTADT sind die großen, im Satellitenbild als weiße Flächen erkennbaren Schottergruben, deren Zahl ständig zunimmt. Die Errichtung von Siedlungen um die Schotterteiche ist ein neues kulturlandschaftliches Element.

WIENER NEUSTADT bildet das wichtigste städtische Zentrum im südlichen WIENER BECKEN. Die Gründung geht auf den Babenberger Leopold V. zurück, der sie im Jahre 1194 als Schutzburg gegen Einfälle aus dem Osten und zur Sicherung der Handelswege nach Süden errichtete. Die Bedeutung der Stadt liegt heute in der Verwaltungsfunktion, als Garnison und Verkehrsknoten sowie als Einkaufsstadt.

Blick über das Steinfeld zum Ostabbruch der Alpen

Wiener Neustadt die »Allzeit Getreue« war die Residenz Kaiser Friedrich III.

Die Theresianische Militärakademie (1742-1919) und heutige Offiziersschule des Österreichischen Bundesheeres

Rax und Schneeberg
Hausberge im Naherholungsraum von Wien

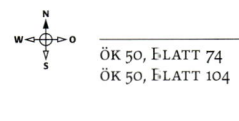

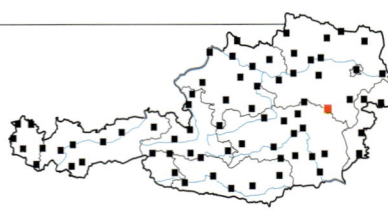

ÖK 50, BLATT 74
ÖK 50, BLATT 104

Rax und Schneeberg, zwei mächtige Kalkplateaus am Ostrand der Kalkhochalpen, sind durch die Nähe zu Wien vielbesuchte Ausflugsberge. Unser Bildausschnitt zeigt die beiden Kalkhochflächen, die durch das tief eingeschnittene Schwarzatal getrennt werden. Im Westen schließen sich an die Hochplateaus die Höhenzüge des Kuhschneeberges sowie des Hainbodens an. Den Südteil des Bildes nimmt das hier breite Tal der Schwarza mit den wichtigen alten Fremdenverkehrsorten Reichenau und Hirschwang ein, die von der Lage an der Semmeringbahn profitieren. Gegen Südosten zieht der tiefe Graben »In der Prein« über das Preiner Gscheid in das Raxental und weiter nach Neuberg an der Mürz.

Mit Rax und Schneeberg, die durch die enge Schlucht des Höllentales getrennt sind, reichen die Plateauberge der Kalkhochalpen noch nach Niederösterreich hinein. Mit dem Schichtfallen dacht sich das steile Plateau der Rax von Südost gegen Nord und Nordwest ab, und dementsprechend liegt die höchste Erhebung, die Heukuppe, im Süden. Die Hochfläche bildet eine vom Schichtaufbau unabhängige mitteltertiäre Kuppenlandschaft, die an einzelnen Bruchlinien in verschiedene Schollen zerlegt wurde. Das Grosse Höllental folgt einer Verwerfungslinie.

Typisch für die Hochfläche der Rax sind zahlreiche Karsterscheinungen. Der Raum der Rax war im Eiszeitalter vergletschert, und ein mächtiger Gletscher erstreckte sich vom Kar im Geisslochboden ins Grosse Höllental. Jenseits des Höllentales erhebt sich der Schneeberg, der im Klosterwappen mit 2.076 Metern seine größte Höhe erreicht. Durch Bruchlinien wird das Plateau in zahlreiche hochgelegene Teilflächen aufgelöst. Die höchsten Gipfel liegen in einem schmalen von Nordnordost nach Südsüdwest verlaufenden Kamm, der im Bild deutlich hervortritt. Im Westen sieht man das von zahlreichen Dolinen durchsetzte Plateau des Kuhschneeberges, in der Mitte das fast 1.900 Meter hohe Plateau des Ochsenbodens. Im Osten ist dem Schneeberg das große Plateau der Gahns mit einer Höhe von rund 1.300 Metern vorgelagert, das gegen Süden steil zum Talkessel von Reichenau abfällt. Die niedrigeren Hochflächen sind von Wald bedeckt. Von Norden und Nordosten aus gesehen bietet der Schneeberg ein imposantes Bild, da er sich fast um 800 bis 1.000 Meter aus den Kalkvoralpen heraushebt.

Die beiden Karstplateaus spielen für die Trinkwasserversorgung der Großstadt Wien eine bedeutende Rolle, da das auf den Hochflächen einsickernde Wasser sowohl im Höllental – Kaiserbrunn, Fuchspassquelle – als auch im Osten im Tal der Sierning austritt und die Erste Wiener Hochquellenleitung versorgt.

Beide Berge sind durch touristische Einrichtungen gut erschlossen. Von Puchberg führt eine Zahnradbahn auf das Schneebergplateau, wo in 1.875 Metern Höhe die Bergstation liegt. Von hier aus gehen zahlreiche Wanderwege in die Hochgebirgslandschaft. Aus dem Schwarzatal gibt es vom westlichen Ortsende von Hirschwang aus eine Seilbahn auf das 1.547 Meter hohe Gsolhirn, von wo ein Wanderweg oberhalb der Steilen Kante bis zur Heukuppe führt.

Der südlich der Plateaus gelegene Raum des Schwarzatales wandelte sich durch den Bahnbau zum Semmering in ein bedeutendes Fremdenverkehrsgebiet. Es kamen viele Fremde ins Land und bewunderten die landschaftliche Schönheit. Für den Aufstieg zu einer bevorzugten Tourismuslandschaft war entscheidend, daß auch Mitglieder des Kaiserhauses hier ihren Sommeraufenthalt verbrachten.

Der große Einbruch kam für den Raum durch den Zweiten Weltkrieg und die folgende russische Besatzungszeit, in der der Tourismus stagnierte.

Unterhalb der Rax dehnt sich die waldreiche Mittelgebirgslandschaft um den Semmering aus

Die Bergstation der Rax ist Ausgangspunkt für weite Wanderungen

Schneealpe, Schneeberg und Rax beschließen die Kalkalpen im Osten Österreichs

Eisenstadt
Junge Landeshauptstadt des Burgenlandes

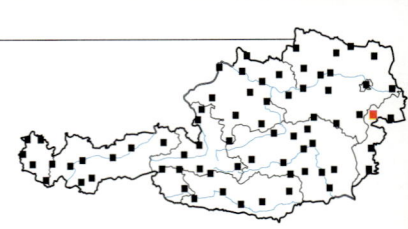

ÖK 50 Blatt 77

122

*E*ISENSTADT, die Landeshauptstadt des BURGENLANDES, liegt am Südostabhang des LEITHAGEBIRGES. Dieses, ein von Südwest nach Nordost streichender, zirka 30 Kilometer langer und fünf bis sieben Kilometer breiter plateauartiger Rücken mit leicht gewellter Kammlinie, erhebt sich etwa 250 bis 350 Meter über die Ebene der WULKA beziehungsweise über den NEUSIEDLER SEE. In seinem Kern besteht das LEITHAGEBIRGE aus Kristallin, größtenteils aus Glimmerschiefer, an den tertiäre Ablagerungen, mächtige Leithakalktafeln aus dem Torton und vorwiegend aus verfestigten Sanden und Tegeln bestehende Ablagerungen aus dem PANNON angelagert sind. Die Hänge der klimabegünstigten Süd- und Südost-Seite des LEITHAGEBIRGES, das gemäß seiner Höhenlage der Vegetationsgesellschaft des Eichen-Hainbuchenwaldes angehört, tragen bis in die Höhe von zirka 300 Metern Weingärten, darüber dehnen sich weite Waldflächen aus, die im Niederwaldbetrieb genutzt werden. Gegen Osten breitet sich die weite WULKAEBENE aus, die aus jungen alluvialen Flußanschwemmungen aufgebaut wird und südlich von EISENSTADT einige Kilometer Breite erreicht. Sie steigt gegen Westen längs der linksseitigen Zuflüsse der WULKA langsam an und geht in die leicht gewellte, aus Quarzschottern aufgebaute ZILLINGDORFER EBENE über. An der WULKA selbst finden sich eine Reihe von Acker- und Weinbaugemeinden, die als Straßendörfer eine große Ausdehnung zeigen. Sie liegen inmitten einer intensiv ackerbaulich genutzten Zone, wobei die Weingärten im Bild durch die kleinparzellige Struktur deutlich hervortreten.

Östlich der WULKA, dem einzigen natürlichen Zufluß des NEUSIEDLER SEES, liegt das von Weingärten und Wäldern bedeckte RUSTER HÜGELLAND, dessen bekannter Steinbruch als weißer Fleck im Satellitenbild erscheint. Das HÜGELLAND ist ein sich 60 bis 80 Meter über die WULKAEBENE erhebender Rücken, der wie das Leithagebirge im Kern aus Kristallin aufgebaut ist und von mächtigen Leithakalken überlagert wird.

Das Gebiet von EISENSTADT ist über die Autobahn von WIENER NEUSTADT durch die BRUCKER PFORTE relativ gut an das österreichische Verkehrsnetz angebunden. Der große Knoten EISENSTADT stellt die Verbindung zur Nord-Süd verlaufenden Burgenlandstraße her, die über den Raum MATTERSBURG zum Sattel von SIEGGRABEN zieht und ins MITTELBURGENLAND führt.

Als das BURGENLAND nach dem Ersten Weltkrieg an ÖSTERREICH fiel, hatte es alle städtischen Zentren verloren. In dieser Phase wurde das eher unbedeutende EISENSTADT zur Landeshauptstadt erklärt. Der Raum ist uraltes Siedlungsgebiet, die Funde reichen bis in die Jungsteinzeit zurück. Die erste urkundliche Erwähnung fällt in das Jahr 1264. Im Jahre 1373 erhielt der Ort das Stadtrecht und bald darauf große Weinprivilegien sowie das Recht, Juden anzusiedeln. Die Stadt war damals eine typische Ackerbürgerstadt mit Wein- und Feldbau als Haupterwerbsquellen. 1445 fiel EISENSTADT an die Habsburger, die es aus Geldmangel oftmals verpfändeten. An städtischem Charakter gewann EISENSTADT erst nach den Kuruzzenkriegen durch das Aufblühen von Handwerk und Gewerbe. Einen Aufschwung erlebte die Stadt unter den Esterházy, als sie über ihre Mauern hinauszuwachsen begann. Im Süden und Südosten entstand die Vorstadt. Diese Entwicklung wurde mit der Eröffnung der Bahnlinie im Jahre 1897 in Richtung des abseits gelegenen Bahnhofes verstärkt. Als EISENSTADT dann 1925 Landeshauptstadt wurde, änderte sich neben einem stetigen Wachstum die Wirtschafts- und Sozialstruktur grundlegend. Nach 1945 setzte dann eine rege Bautätigkeit ein, die sowohl in die WULKAEBENE als auch auf die Anhänge des LEITHAGEBIRGES gerichtet war. Im Jahre 1970 wurden die benachbarten Weinbaudörfer KLEINHÖFLEIN und ST. GEORGEN eingemeindet. Deren ausgedehnte Weinkulturen ziehen sich in ihrer typischen kleinparzelligen Struktur an den Hängen des LEITHAGEBIRGES empor. Durch diese Eingemeindungen wuchs das Stadtgebiet in Nordost-Südwest-Richtung. In der Wirtschaftsstruktur dominiert der tertiäre Sektor, erst in den siebziger Jahren wurden im Süden der Stadt einige Industriebetriebe angesiedelt.

In der Burgkirche von Eisenstadt fand Haydn seine letzte Ruhestätte

An der südlichen Abdachung des Leithagebirges liegt die Hauptstadt des Burgenlandes, Eisenstadt

Schloß Esterházy, Sitz der gleichnamigen ungarischen Magnatenfamilie, war lange Zeit die Wirkstätte Joseph Haydns

Seewinkel
Steppenlandschaft im Osten des Neusiedler Sees

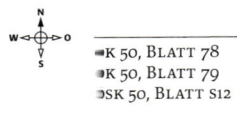

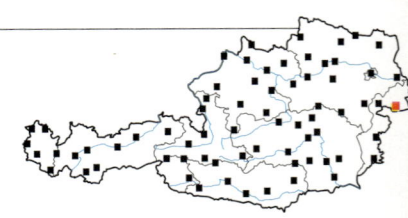

K 50, Blatt 78
K 50, Blatt 79
ÖK 50, Blatt S12

Den Westteil des Bildes nimmt der NEUSIEDLER SEE ein. Er ist von einem breiten Schilfgürtel umgeben, der nur im Bereich der Fremdenverkehrsgemeinde PODERSDORF unterbrochen ist. Im südlichen Bereich des Sees und im östlich angrenzenden SEEWINKEL wurde 1993 der Kern des staatenübergreifenden Nationalparks NEUSIEDLER SEE-SEEWINKEL eingerichtet, der eine Flächenausdehnung von 14.000 Hektar aufweist.

Der NEUSIEDLER SEE ist der westlichste Steppensee EUROPAS und hat eine Fläche von 293 Quadratkilometern, wovon 222 Quadratkilometer auf österreichischem Gebiet liegen. Von diesen ist fast ein Drittel verschilft. In den letzten Jahren hat die Ausdehnung dieses Schilfgürtels trotz mancher Eingriffe ständig zugenommen. Der See, der eine maximale Tiefe von 1,5 Metern erreicht, hat neben der WULKA nur kleinere Bäche als oberirdische Zuflüsse. Den Großteil seines Wassers erhält er durch Niederschläge und unterirdische Quellen.

Der Schilfgürtel hat durch seine große Ausdehnung und durch Schutzmaßnahmen seine Funktion als Lebensraum von rund 280 Tierarten erhalten. Vor allem im Sommer dient er einer reichen Vogelwelt als Nistplatz.

In den letzten 30 Jahren hat die Bedeutung des Fremdenverkehrs für die wirtschaftlich strukturschwache Seeregion erheblich zugenommen.

Im Osten des Sees liegt in einer Höhe zwischen 113 und 126 Metern der SEEWINKEL, der ohne deutliche Grenze in das PANNONISCHE TIEFLAND übergeht. Die Landschaft des SEEWINKELS weist schon typische Wesenszüge einer Steppenlandschaft auf. Den Untergrund bilden 10 bis 15 Meter mächtige Schotter, die die DONAU in der letzten Eiszeit über die jungtertiären Sande und Mergel aufgeschüttet hat. In diese Aufschüttungslandschaft sind rund 80 kleine Wasserflächen eingelagert, die als »Lacken« bezeichnet werden. Die meist 40 bis 50 Zentimeter tiefen Lacken mit leicht salzhaltigem Wasser unterliegen großen Schwankungen in ihrer Ausdehnung. Die größten sind die LANGE LACKE, die als großer weißer Fleck erscheint sowie der nordöstlich gelegene ZICKSEE.

Klimatisch gehört der SEEWINKEL bereits zum PANNONISCHEN KLIMABEREICH mit stark kontinentalen Zügen und schwankenden Niederschlägen. Daher gibt es im Bereich des SEEWINKELS künstliche Bewässerung, wie aus den kreisrunden Feldern in der Bildmitte geschlossen werden kann.

Im SEEWINKEL sind durch die guten Bodenverhältnisse und durch die Klimagunst alle Voraussetzungen für eine ertragreiche Landwirtschaft gegeben. Hemmend wirkt sich allerdings die starke Flurzersplitterung, bedingt durch die Realteilung, aus. Das Flurbild des SEEWINKELS zeigt die kleinparzellige Streifenflur, die für die Landwirtschaft den Zwang zur Intensivierung brachte. Durch Spezialisierung auf wenige Kulturarten wie Weinbau und Feldgemüse, konnte in den letzten Jahrzehnten ein beachtlicher Aufschwung in der Landwirtschaft erreicht werden. Mit dem Weinbau begann der Aufstieg zahlreicher Gemeinden im SEEWINKEL.

Am einzigen ohne Schilfgürtel zugänglichen Seeufer hat sich PODERSDORF zu einer der führenden Fremdenverkehrsgemeinden im Osten ÖSTERREICHS entwickelt. Neben einem regen Ausflugstourismus aus WIEN wurden in den letzten Jahrzehnten sowohl Hotels und Pensionen als auch zahlreiche Campingplätze errichtet.

Die Zicklacken im Seewinkel sind Teil des Nationalparkes Neusiedler See

Östlich des Neusiedler Sees dehnt sich die einzigartige Steppenlandschaft des Seewinkels aus, sie leitet zur Ungarischen Tiefebene über

Günser Gebirge
Grenzgebirge zwischen Mittel- und Südburgenland

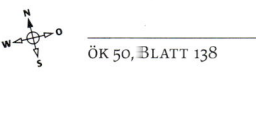

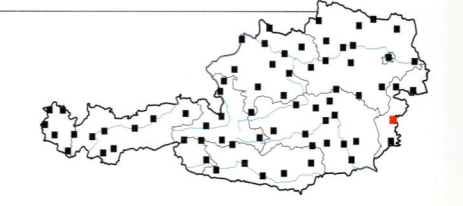

ÖK 50, Blatt 138

Das Satellitenbild zeigt den südwestlichen Teil des Bezirkes OBERPULLENDORF. Er ist Grenzgebiet zum Nachbarland UNGARN. Der nördliche Teil wird durch die Täler der RABNITZ, der GÜNS und des ZÖBERNBACHES eingenommen. Der südliche Bereich unseres Weltraumbildes, der fast ausschließlich von einer geschlossenen Waldbedeckung geprägt wird, zeigt das weit nach Osten vorspringende GÜNSER GEBIRGE. Vom WECHSEL reicht das sanft gewellte, nur mäßig zerschnittene Plateauland mit einer durchschnittlichen Höhe von 600 bis 800 Metern weit nach Osten bis über die Staatsgrenze.

Ein vom übrigen fast abgeschiedener Zug kulminiert im GESCHRIEBENSTEIN in 884 Metern Höhe. Der plumpe, dicht mit Wald bedeckte Rücken, ist ein stehengebliebener Horst, dessen westliche Verbindung durch die Tertiärbucht von PINKAFELD, die nördliche durch den Einbruch von LANDSEE unterbrochen wurde. Das Gebirge weist nahezu keine Rodungen auf, nur im obersten Bereich des GANAU-BACHES hat sich um GLASHÜTTEN bei LANGECK eine größere Siedlung ausbilden können. Ein einziger Verkehrsweg, die Straße von LOCKENHAUS nach RECHNITZ, führt über einen 802 Meter hohen Sattel knapp westlich des GESCHRIEBENSTEINS. An seiner Nordseite wird das Bergland durch zahlreiche kleine Bachläufe, die der GÜNS zufließen, relativ stark gegliedert. Das dichte Waldkleid besteht überwiegend aus Buchen, in tieferen Lagen aus Eichen- und Hainbuchenwäldern.

Nördlich des Berglandes zieht das Tal der GÜNS von LOCKENHAUS in die KLEINE UNGARISCHE TIEFEBENE hinaus. Zwischen GÜNS und RABNITZ liegt die RABNITZ-SCHOLLE, die aus breiten, meist von Wäldern bedeckten Flächen besteht. Diese Scholle fällt im Osten zum Becken von OBERPULLENDORF ab. Westlich der Waldflächen, wo das offene Kulturland beginnt, liegt HOCHSTRASS. Die Talböden von GÜNS und RABNITZ sind überwiegend ackerbaulich genutzt. Es dominiert aufgrund der herrschenden Realteilung die Streifenflur. Die Besitzgrößen sind durchwegs klein, die Nebenerwerbslandwirtschaft ist deshalb weit verbreitet.

Industrie gibt es im Raum des GÜNS- und RABNITZTALES kaum. In wirtschaftlicher Hinsicht stützt man sich auf die Einnahmequelle des Fremdenverkehrs. Dafür hat man die Kur- und Naturregion GÜNSER BERGLAND ins Leben gerufen und das GÜNSER BERGLAND als Landschaftsschutzgebiet ausgewiesen. Einer der wichtigsten Ansatzpunkte ist LOCKENHAUS mit seiner Burg, wo die Friedensakademie aufgebaut wurde. Von dieser Initiative und von der gepflegten Landschaft erhofft man sich in Zukunft einen wachsenden Zustrom an Gästen. Hoffnung macht man sich in diesem Raum auch im Hinblick auf das neue Landesentwicklungsprogramm, in dem sogenannte Tourismus-Eignungszonen ausgewiesen werden. In diesen Tourismuseignungszonen soll der Fremdenverkehr nachhaltig erhalten aber auch behutsam weiterentwickelt werden. Darüber hinaus muß bei allen Projekten auf die Belange des Tourismus besondere Rücksicht genommen werden.

Im direkten Vergleich der beiden Grenzregionen erkennt man einen deutlichen Unterschied in den Flurformen, in der Art und Form der landwirtschaftlichen Nutzflächen. Streifenflur in ÖSTERREICH, Blockflur in UNGARN.

Weit reicht der Blick vom Geschriebenstein in die Ungarische Tiefebene

Güssing
Zentraler Ort im südlichen Burgenland

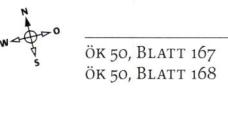

ÖK 50, Blatt 167
ÖK 50, Blatt 168

Den ALPEN sind im Südosten Schotterplatten vorgelagert, die nach Osten an Höhe verlieren. Auf ihnen erstrecken sich teilweise noch ausgedehnte Mischwälder, vorwiegend aus Buchen und Rotföhren, die gegen die PANNONISCHE TIEFEBENE hin unter Einfluß des pannonischen Klimas in Eichenwälder und Kastanienhaine übergehen.

Unser Bild zeigt die starke Waldbedeckung im Bezirk GÜSSING. Nördlich des bei GÜSSING in West-Ost-Richtung umschwenkenden Tales der STREM liegen weite Waldflächen, wie der PUNITZER WALD im Westen, in der Mitte der langgestreckte GEMEINDEWALD und östlich der Rodungsinsel von DEUTSCH-EHRENSDORF der KULMER WALD. Er geht nach Süden in den MOSCHENDORFER WALD über, der bis in den Grenzbereich zu UNGARN zieht. Auch südlich des STREMTALES sind die Hügelketten – die sich vom KARLBERG über den STETTNERBERG bis zum 306 Meter hohen HOCHBERG in der Gemeinde HEILIGENBRUNN hinziehen – überwiegend von Laub- und Kiefernwäldern bedeckt. Typisch für den südburgenländischen Raum ist in den letzten Jahren eine starke Zunahme der Waldfläche, die vor allem auf Wachstum durch Anflug zurückzuführen ist. Gebiete, die der Mensch in mühevoller Kolonisationsarbeit nach den Türkenkriegen dem Wald abgerungen hat, wachsen relativ schnell wieder zu. Die Ausdehnung der Waldflächen beschränkt sich nicht nur auf die Höhen der Schotterplatten, auch in den Tälern breitet sich der Wald wieder aus. Zwischen den Hügeln und Riedeln verlaufen breite, feuchte Muldentäler, deren Sohle oftmals versumpft ist. Da das Gefälle meist sehr gering ist, tritt häufig Mäanderbildung auf. Wegen der starken Hochwassergefährdung wurden Maßnahmen zur Flußregulierung durchgeführt. So wurde auch die STREM, die von STEGERSBACH kommend über GÜSSING Richtung HEILIGENBRUNN verläuft, in den letzten Jahrzehnten reguliert. Östlich der oben erwähnten bewaldeten Schotterplatte, die steil nach Osten abfällt, dehnt sich das breite Tal der PINKA, der PINKABODEN, aus.

Die Wirtschaft des südlichen BURGENLANDES ist trotz großer Bemühungen noch immer strukturschwach, die landwirtschaftlichen Betriebe sind durch die ständige Realteilung sehr klein geworden.

Zentrum des Raumes ist GÜSSING, das sich um den Basaltkegel des GÜSSINGER BURGBERGES, Höhe 318 Meter, entwickelt. Der BURGBERG, auf dem im 12. Jahrhundert erstmals eine Befestigungsanlage errichtet wurde, erhebt sich 100 Meter über die Ebene. Die Stadt, eine typische Suburbiumsiedlung, war im Mittelalter eine freie Siedlung, verlor jedoch unter dem Geschlecht der Batthyany die Privilegien. Erst im Jahre 1973 wurde der Bezirkshauptort zur Stadt erhoben. Die Entwicklung der Stadt vollzieht sich heute vor allem auf den weiten Ebenen im Norden, wo neben einem Schulzentrum auch zahlreiche Freizeitanlagen aufgebaut wurden. GÜSSING verfügt außerdem über Industriebetriebe der Nahrungsmittelbranche. Bekannt ist das Güssinger Mineralwasser, das aus Quellen in SULZ, im Tal des ZICKENBACH gelegen, stammt. Westlich des BURGBERGES gibt es große Teiche, die der Fischzucht dienen.

Südlich von GÜSSING führt die Straße Richtung LAFNITZTAL durch ein Gebiet mit zahlreichen Rutschungen, da die Hügel aus schräg lagernden, tonig-schluffigen Sedimenten aufgebaut sind.

Der Bergfried der Burg wurde zu einem Kirchturm umfunktioniert

100 Meter über dem Ort erhebt sich auf einem Tuff- und Basaltfelsen die Burg Güssing

Graz
Hauptstadt der Steiermark am Übergang vom Gebirge in das Flachland

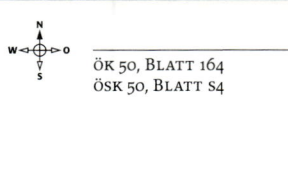

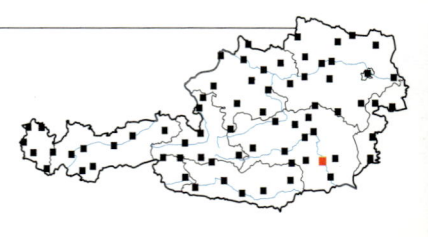

ÖK 50, Blatt 164
ÖSK 50, Blatt S4

Dort, wo die MUR nach ihrem Austritt aus dem GRAZER BERGLAND eine weite Schotterfläche geschaffen hat, liegt die steirische LANDESHAUPTSTADT GRAZ. Das Satellitenbild zeigt einen Ausschnitt aus der landschaftlichen Vielfalt an der Südostabdachung der ALPEN. Den zentralen Teil nimmt das MURTAL ein. Die MUR durchfließt dort das zwischen BRUCK und GRAZ aus paläozoischen Kalken aufgebaute GRAZER BERGLAND. Am Austritt aus dem Gebirge erstreckt sich die breite Schotterfläche des GRAZER FELDES, das gegen Süden in das LEIBNITZER FELD übergeht.

Im nördlichen Teil des Bildes erkennt man das GRAZER BERGLAND, das auf Grund seiner schlechten Böden seit Jahrzehnten zu einem starken Abwanderungsgebiet geworden ist. Heute dominieren hier Grünland- und Waldwirtschaft. Das MURTAL selbst ist die zentrale Verkehrsachse in diesem Raum; es wird von der Schnellstraße BRUCK–GRAZ, der Südbahn sowie der Südautobahn benutzt. Im südlichen Bereich ist das MURTAL stark industrialisiert.

Der südliche Bildteil wird von der GRAZER BUCHT eingenommen, die in drei unterschiedlich aufgebaute Landschaftstypen zerfällt. Die GRAZER BUCHT ist ähnlich wie die NEUSIEDLER BUCHT im Norden ein Randgebiet der PANNONISCHEN TIEFEBENE, obwohl das Relief, wie im Bild deutlich sichtbar, nicht an die UNGARISCHE TIEFEBENE erinnert. Sie ist ein im jüngeren Tertiär angelegtes Senkungsfeld. Der sich aus den ALPEN fortsetzende kristalline Untergrund ist durch Mulden und Schwellen gegliedert, die an einigen Stellen an die Oberfläche treten und vor allem westlich der MUR das Talnetz beeinflußt haben. Über dem Grundgebirge liegen Schottermassen mit einer Mächtigkeit von 2.000 bis 3.000 Metern, die durch Flüsse stark zertalt wurden und so ein Hügel-, Riedel- und Terrassenland geschaffen haben, das sich vom Bergland langsam nach Osten oder Südosten senkt. Besonders eindrucksvoll kommt diese Riedellandschaft östlich von GRAZ zur Geltung, wo zahlreiche kleine Täler zur MUR ziehen und die Landschaft zerlegen.

GRAZ ist die zweitgrößte Stadt ÖSTERREICHS und sie entwickelte sich seit dem 11. Jahrhundert als Suburbium im Schutze des SCHLOSSBERGES. Im Jahre 1242 erhielt GRAZ das Stadtrecht. Wichtig für die weitere Entwicklung der Stadt wurde die Wahl zur Residenz der Steirischen Linie der Habsburger nach 1379. Bis 1792 blieb es die Hauptstadt von INNERÖSTERREICH und hat in dieser Phase bedeutende städtebauliche Impulse erfahren, die ihr ein für ÖSTERREICH völlig neues Gepräge verliehen haben. Die Altstadt, an den intensiven Rottönen im Südwesten des SCHLOSSBERGES zu erkennen, sticht durch zahlreiche barocke Adelspaläste und geistliche Stiftshöfe hervor. Die alten Befestigungsanlagen aus dem Abwehrkampf gegen die Türken wurden 1809 von den Franzosen geschleift – an ihrer Stelle verläuft heute die Ringstraße und eine an den SCHLOSSBERG im Osten angrenzende große Parkfläche. Kräftig war das Wachstum der Stadt seit der Mitte des 19. Jahrhunderts, wo besonders durch den Eisenbahnbau ein entscheidender Impuls gesetzt wurde. Um den Bahnhof sowie entlang der Bahnlinie WIEN–GRAZ–MARBURG entwickelten sich zahlreiche Fabriken und große Miethausviertel. Durch den starken Zuzug stieg die Bevölkerungszahl von 1869 bis 1910 von 98.000 auf 193.000.

Die gründerzeitliche Stadt mit ihrer dichten Verbauung und ihrem regelmäßigen Straßennetz wird durch eine Gürtellinie von den jungen Anlagen getrennt, die sich an den Stadträndern ausgebildet haben und durch einzelne Miethäuser, besonders aber durch Einfamilienhäuser geprägt werden.

Heute wächst die Stadt vor allem nach Süden in das GRAZER FELD, wobei derzeit die das MURTAL von Ost nach West querende Südautobahn, die sich hier mit der Pyhrnroute schneidet, eine deutliche Grenze darstellt. Im Süden liegt gut erkennbar der Flughafen Thalerhof. Der südliche Teil des GRAZER FELDES sowie das sich im Süden anschließende LEIBNITZER FELD werden intensiv agrarisch genutzt. Das Flurbild ist durch schmale Streifenfluren bestimmt, die aus dem hier geltenden Realteilungsrecht resultieren.

Im Schutze des Schloßberges entstand die Altstadt der steirischen Landeshauptstadt Graz

Das Burgviertel mit Dom und Mausoleum Ferdinands II.

Mariazell
Berühmtester Wallfahrtsort Österreichs

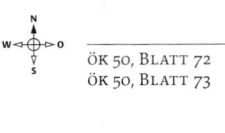

ÖK 50, Blatt 72
ÖK 50, Blatt 73

*D*er Großteil des Raumes wird von dichten Wäldern der STEIRISCH-NIEDERÖSTERREICHISCHEN KALKALPEN eingenommen. Eine erste Orientierung in diesem eher unübersichtlichen Raum soll dem Betrachter helfen, die wesentlichen Bildinhalte zu erschließen.

Die zentrale Achse führt vom JOSEFSBERG im Norden ins ERLAUFTAL bei MITTERBACH nach MARIAZELL und mündet hier in den wichtigen West-Ost-Weg in das SALZATAL, das aus dem HALLTAL kommend südlich an MARIAZELL vorbeiführt und über GUSSWERK nach Westen zieht. Östlich der BÜRGERALPE, dem Hausberg von MARIAZELL, bildet die WALSTER das wichtigste Nebental der SALZA. In der östlich der Linie JOSEFSBERG–MARIAZELL gelegenen Gebirgslandschaft treten kaum markante Berggestalten hervor.

Höchste Erhebung ist der SULZBERG mit 1.400 Metern in der linken unteren Bildhälfte. Der Raum ist von dichten Wäldern bedeckt, in denen man kaum größere Rodungsinseln entdecken kann. Die Erschließung der Wälder erfolgt durch zahlreiche Forststraßen, die vor allem im Tal der WALSTER ihren Ausgang nehmen. In diesem Tal liegt auch der verträumte HUBERTUSSEE mit seinem bekannten Jagdschloss.

Wesentlich stärker gegliedert erscheint der Westen des Bildes. Die ERLAUFMAUER und der ZINKEN zeigen sich als steile Kalkmauern, die durch das schluchtartig eingeschnittene Tal der obersten ERLAUF getrennt werden. Gegen Westen ziehen am Südabfall des ÖTSCHERS die kaum erschlossenen ÖTSCHERGRÄBEN mit einer noch intakten Urlandschaft, dem Lebensraum der »Ötscherbären«.

Höchste Erhebung ist die GEMEINDEALPE, 1.626 Meter hoch, die von MITTERBACH durch eine Seilbahn erschlossen ist und sich zu einem bedeutenden Wintersportgebiet im Naherholungsraum von WIEN entwickeln konnte. Die höchsten Teile der GEMEINDEALPE heben sich bereits aus dem geschlossenen Waldgebiet heraus.

Die Eingriffe für den Wintersport sind an den Abhängen deutlich sichtbar. Südlich der GEMEINDEALPE liegt der malerische ERLAUFSEE in einer Höhe von 827 Metern. Von MARIAZELL nach Westen erstreckt sich der lange Kamm des ZELLERHUTES. Im Bereich von GUSSWERK zwängt sich die SALZA in einem Engtal zwischen dem TRIBEIN und der SAUWAND nach Süden.

In dieser weiten Waldlandschaft, inmitten der von Eis geformten Paßfurche, die vom ERLAUFTAL ins SALZATAL führt, liegt in einer Höhe von 868 Metern MARIAZELL, das erst im Jahre 1948 zur Stadt erhoben wurde. Der Ort ist von allen Seiten her schwer erreichbar. Es erscheint wie ein Wunder, daß sich in dieser abgeschiedenen Gegend ein Wallfahrtsort entwickeln konnte, der mit Recht als der bedeutendste von ÖSTERREICH bezeichnet wird. MARIAZELL wurde der Legende nach von Benediktinern aus ST. LAMBRECHT im 12. Jahrhundert gegründet, die damals in dieser Gegend ausgedehnte Waldgebiete geschenkt bekommen hatten.

Nach der Gegenreformation erlebte der Ort seine Blütezeit, da jeder Krieg und jeder Sieg zu Pilgerfahrten nach MARIAZELL beitrug. Die gotische Kirche wurde im 17. Jahrhundert barockisiert und erhielt damals ihr heutiges Aussehen. Zur 600-Jahr-Feier im Jahre 1757 kamen rund 373.000 Pilger aus allen Teilen der Monarchie in den Wallfahrtsort, eine für die damaligen Verkehrsverhältnisse erstaunliche Zahl.

Die Größe des Marktes MARIAZELL ist vom 14. Jahrhundert bis in unsere Zeit fast unverändert geblieben. Die Häuser mit Geschäften und den zahlreichen Beherbergungsbetrieben gruppieren sich um die wichtigsten Zufahrtsstraßen bis zum Zentrum des Ortes vor der Basilika. In den letzten Jahren gab es intensive Bemühungen um ein vielfältigeres Angebot in diesem Raum, damit er ein zweites touristisches Standbein erhält. So wurde auf die BÜRGERALPE eine Seilbahn errichtet, die im Winter ein von WIEN aus leicht erreichbares Schigebiet erschließt.

Um die Urlandschaft der Ötschergräben halten sich Österreichs Braunbären auf

Vier Kilometer nordwestlich von Mariazell erfrischt der Erlaufsee den ermüdeten Wallfahrer

Mariazell ist der bedeutendste mitteleuropäische Wallfahrtsort; er steht besonders bei den Ungarn in höchsten Ehren

133

Admont und die Gesäuseberge
Im Mittelalter noch eine Wildnis

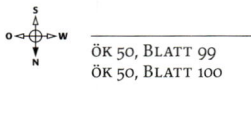

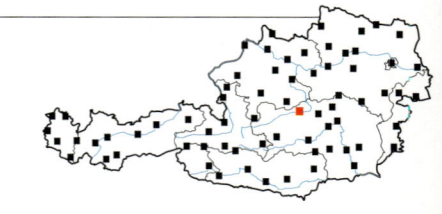

ÖK 50, Blatt 99
ÖK 50, Blatt 100

*D*as Bild führt uns in die ENNSTALER ALPEN der OBERSTEIERMARK und zeigt die das Becken von ADMONT umrahmenden Bergzüge sowie das westliche GESÄUSE und das Durchbruchstal der ENNS durch die nördlichen KALKALPEN.

Die ENNSTALER ALPEN unterscheiden sich von ihren beiden Nachbarn, dem TOTEN GEBIRGE im Westen und dem HOCHSCHWAB im Osten, durch eine intensive Zertalung, die nicht zusammenhängende Plateauflächen sondern nur kleine einzeln aufragende Klötze oder kurze Mauern ermöglichte: den Zug des PYHRGAS (2.244 Meter) und der HALLER MAUERN, den des BUCHSTEIN, der sich steil über den BUCHAUER SATTEL heraushebt und jenen des ADMONTER REICHENSTEINS und des HOCHTORS. Dieser Bereich wurde durch Seitentäler wieder in eine Reihe von Stökken zerlegt. Einige davon wie der PYHRGAS oder der NATTERNRIEGEL, haben Plateauansätze mit kleinen Karrenfeldern. Es finden sich noch Reste der alten Landoberfläche. Andererseits ist die Erosion so weit fortgeschritten, daß die Kämme, und dies ist im Weltraumbild gut sichtbar, gratartig schmal und allseitig steil abfallend ausgebildet sind.

Einen deutlichen Gegensatz zum eng eingeschnittenen Durchbruchstal im GESÄUSE zeigt das breite, freundliche ENNSTAL im Raum ADMONT. Die 16 Kilometer lange Schlucht zwischen ADMONT und HIEFLAU bildet den Durchbruch der ENNS durch die nördlichen KALKALPEN. Bei der Entstehung wirkten Hebungen, Gesteinsunterschiede und die Verzweigung des ENNSGLETSCHERS zusammen, um das Profil des Tales zu ändern.

Am BUCHAUER SATTEL legen sich die Moränen der Lokalvergletscherung über die Endmoränen des ENNSGLETSCHERS. Das GESÄUSE wurde lange Zeit infolge seiner Unwirtlichkeit vom Verkehr gemieden. Im Mittelalter war das Tal noch völlige Wildnis. Bis in die Zeit des Bahnbaues gab es keine Straßenverbindungen durch das Engtal, der Wagenverkehr führte von ADMONT über den BUCHAUER SATTEL und ST. GALLEN in das untere ENNSTAL. Ganz im Gegensatz dazu steht das breite ENNSTAL.

Hauptort ist die Marktgemeinde ADMONT mit rund 2.900 Einwohnern, deren Zentrum im Talboden südlich der ENNS liegt. Ausgehend von dem Stift ADMONT ging die Siedlungsentwicklung vor allem in Nord-Süd Richtung auf die Schwemmfächer der Seitentäler, da der breite Talboden der ENNS über weite Strecken sehr feucht ist und für eine Besiedelung nicht in Frage kam. Die Randbereiche des Tales sind durch zahlreiche Wildbäche gefährdet und deshalb ebenfalls ungeeignet.

Kern der Marktgemeinde ist das Stift, das im Jahre 1074 durch Erzbischof Gebhart von Salzburg gegründet wurde und der es den Benediktinern übergab. Das Stift war für die Urbarmachung weiter Bereiche im ENNSTAL sowie in den EISENWURZEN verantwortlich. Durch seine großen Gutsbetriebe spielt das Stift für die wirtschaftliche Entwicklung des Raumes eine bedeutende Rolle, da rund 1.000 Menschen beschäftigt werden. Von ADMONT in Richtung Norden gelangt man nach HALL, wo bis ins 16. Jahrhundert Salz abgebaut wurde.

Westlich von ADMONT wird der breite Talboden der ENNS überwiegend grünlandwirtschaftlich genutzt. In den feuchten Moorgebieten finden sich zahlreiche Torfstiche, der größte im Torfwerk nahe der Bahnlinie HIEFLAU-SELZTHAL. Auf einem Sporn nördlich der ENNS erkennt man die Klosteranlage von FRAUENBERG.

Schloß Röthelstein, ehemaliger Sommersitz der Admonter Äbte

Am Eingang zum Gesäuse liegt der berühmte Stiftsort Admont

Erzberg
Eine vom Bergbau geprägte Landschaft

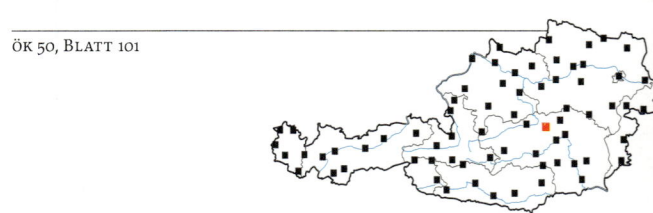

ÖK 50, Blatt 101

Die Kulturlandschaft der EISENWURZEN, die sich über die Bundesländer STEIERMARK, NIEDER- und OBERÖSTERREICH erstreckt, hat seit dem Mittelalter ihre wirtschaftliche Basis im ERZBERG, der im Weltraumbild eine dominante Stellung einnimmt. Der ERZBERG gehört zur nördlichen Schieferzone. Das gewonnene Erz hat einen durchschnittlichen Eisengehalt von 32 Prozent, der nach Röstung in den Aufbereitungsanlagen an der Nordseite des Berges auf 42 bis 46 Prozent erhöht wird. Die Förderung ist in den letzten zehn Jahren deutlich zurückgegangen und betrug 1995 nur mehr 1,6 Millionen Tonnen Erz – 1984 noch 3,6 Millionen Tonnen. Der Berg, der um 1900 noch eine Höhe von 1.532 Metern hatte, wurde infolge der Intensivierung des Abbaues um drei Etagen niedriger und weist jetzt eine Höhe von 1.465 Metern auf.

Derzeit erfolgt der Erzabbau auf 29 Stufen mit einer Höhe von rund 24 Metern vor allem an der Nordwestseite des Berges. Die gesamte Abbaufront umfaßt eine Länge von etwa 25 Kilometern. Der reichlich anfallende Abraum, der ungefähr drei Viertel des Verhaues ausmacht und teilweise schon an der Abbruchstelle ausgeschieden werden kann, wird auf mächtigen Halden beiderseits der Abbaufront aufgeschüttet. Ganz deutlich treten diese Abraumhalden im TROFENGRABEN und an der Südseite der EISENERZER RAMSAU hervor. Das am ERZBERG gewonnene Erz wird mit der Bahn zu den Hütten in LINZ und DONAWITZ transportiert.

Südlich des ERZBERGES liegen die aus alten paläozoischen Kalken aufgebauten Gipfel des HOCHKAMPELS und des EISENERZER REICHENSTEINES mit 2.165 Metern. Gegen Südwesten zieht das Tal der EISENERZER RAMSAU, deren Hänge von dichten Wäldern bedeckt sind.

Am Fuße des ERZBERGES liegt in einem weiten Talkessel die Stadt EISENERZ, die bereits im Jahre 1294 zum Markt erhoben wurde. Die Stadtentwicklung war in den letzten Jahrzehnten talabwärts gerichtet und hat der Stadt eine bandförmige Struktur verliehen. Der letzte Hochofen wurde 1945 ausgeblasen, denn die Eisengewinnung war zu verkehrsgünstigeren Standorten abgewandert.

Parallel zur wirtschaftlichen Stagnation setzte auch eine starke Abwanderung der Bevölkerung ein, die von 19.000 im Jahre 1944 auf 7.800 im Jahre 1991 abgenommen hat. Von EISENERZ gegen Südosten verläuft zwischen ERZBERG und POLSTER die Straße zum PRÄBICHL, der den Übergang nach VORDERNBERG und weiter ins MURTAL herstellt.

Den Ostteil des Bildes nehmen die westlichen Ausläufer des HOCHSCHWABS ein. Drei Kämme, die durch tief eingeschnittene Täler getrennt werden, laufen am Tal des ERZBACHES aus: im Süden der 1.910 Meter hohe POLSTER, der vom PRÄBICHL aus durch einen Sessellift erschlossen wurde, nördlich des GSÖLLBACHES, der im Osten an den FRAUENMAUERN entspringt, schiebt sich der PFAFFENSTEIN mit 1.871 Metern unmittelbar an den Talkessel von EISENERZ heran, und am Ausgang des SEEBACHTALES liegt in 628 Metern Höhe der sagenumwobene LEOPOLDSTEINER SEE.

Eisenerz am Fuße des Erzberges

Der Abraum wird am Rande des Erzberges wieder aufgeschüttet

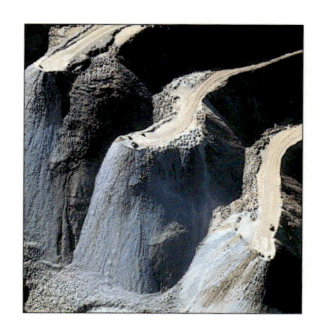

Auf 25 Etagen wird auf dem Erzberg Eisenerz abgebaut, zur Verhüttung wird es nach Linz und Donawitz gebracht

Hochschwab
Kalkplateau in den östlichen Kalkhochalpen

ÖK 50, Blatt 102

Zwischen dem Tal der STEIRISCHEN SALZA im Norden und der GRAUWACKENZONE im Süden erhebt sich das langgestreckte Kalkplateau des HOCHSCHWABS. Das Gebirge beginnt im Westen beim LEOPOLDSTEINER SEE nahe dem ERZBACH und reicht im Osten bis zum SEEBERG-SATTEL. Bei einer Länge von 30 Kilometern ist es nur rund drei Kilometer breit. Das zusammenhängende Plateau, von einigen isolierten Vorposten im Westen abgesehen, beginnt mit der FRAUENMAUER und der EISENERZER HÖHE, über die ein früher viel begangener Weg von EISENERZ nach WILDALPEN an der SALZA führte. Das Plateau steigt gegen Osten an, kulminiert in 2.277 Meter Höhe und hält sich auch in den AFLENZER STARITZEN, dem schmalen langen Kamm in der linken unteren Bildhälfte, noch über 1.800 Meter, also noch durchaus über der Waldgrenze. Im morphogenetischen Bau zeigt sich, daß nach Abschluß des Schuppenbaues der östliche Flügel weiter zusammengepreßt und nach Norden vorgeschoben wurde, so daß noch mehr Auf- und Einwölbungen die alte Kuppenlandschaft betrafen. Daher weisen die einzelnen Glieder Höhenunterschiede von bis zu 1.000 Metern auf. Sowohl diese als auch ein jüngeres Niveau, deren Karsttäler und Hochtröge in 1.100 bis 1.400 Metern anzutreffen sind, treten im Bild deutlich hervor.

Solche Talreste finden sich in der DULLWITZ oder in der FÖLZALM. An Verwerfungen und Flexuren sind einzelne Teile der Hochfläche verstellt. Die Abdachung ist im westlichen Teil nach Süden, im östlichen gegen Norden gerichtet. Den steilen Südwänden des HOCHSCHWABGIPFELS liegen wieder weite verkarstete Plateauflächen vor wie die KARLALPE oder die weite MITTERALPE zwischen der DULLWITZ im Norden und dem ENDRIEGELGRABEN im Süden. So gesehen stellt der HOCHSCHWAB eine durch Brüche zerlegte und durch Sacktäler zerschnittene Wölbung dar. Das Plateau ist aus Wetterstein- und Dachsteinkalk aufgebaut.

Von beiden Seiten greifen Sacktäler in das Plateau ein, in die das auf der Hochfläche einsickernde Wasser austritt. Die Quellen der Nordseite sind jetzt zum größten Teil gefaßt und speisen die zweite Wiener Hochquellenleitung, die über 150 Kilometer in die Bundeshauptstadt zieht. Auf der Höhe ist ein 225 Quadratkilometer großes Areal abflußlos. Die Gliederung bietet gut entwickelte Hochtröge wie das der DULLWITZ und das FOBESTAL oder langgestreckte Karstwannen. Dolinengruppen sind am HOCHSCHWAB seltener zu finden. Im ganzen Plateaubereich sind die Spuren der eiszeitlichen Lokalvergletscherung festzustellen, deren Zungen bis 700 Meter herabreichten.

Trotz ausgedehnter Flächen unproduktiven Bodens und weit verbreiteter Latschendickichte finden sich am HOCHSCHWABPLATEAU zahlreiche Almen, die aber wegen der geringen Pflege in ihrem Wert gesunken sind. Die Waldgrenze liegt im Hochschwabbereich niedrig, nämlich in 1.500 bis 1.600 Meter Höhe. Der Weidegürtel steigt im Mittel bis auf 1.700 Meter, darüber liegt der Krummholzgürtel bis 2.100 Meter Höhe.

Nach diesem allgemeinen Überblick sollen die wichtigsten Teile des Plateaus und die Täler vorgestellt werden. Das Gipfelplateau liegt in der rechten unteren Bildhälfte. Gegen Osten ist die DULLWITZ eingesenkt, die talaus in das SEETAL übergeht. Im Norden ziehen die AFLENZER STARITZEN als schmaler Kamm bis zum STEIRISCHEN SEEBERG, der aus dem SEEGRABEN in das MARIAZELLER GEBIET führt. Im Süden sind dem HOCHSCHWABGIPFEL die weiten Karstflächen der KARLALPE und der MITTERALPE vorgelagert.

Durch den ENDRIEGERGRABEN, der sich gegen Süden im FÖLZGRABEN fortsetzt, sind die BÜRGERALM und die SCHÖNLEITE vorgelagert, die vom AFLENZER BECKEN durch einen Sessellift und in den letzten Jahren durch eine Straße erschlossen wurden. In diesem Bereich liegt ein kleines Schi- und Wandergebiet. Zwischen den tief eingeschnittenen Sacktälern der FÖLZ und des ILGNER GRABENS liegt der bewaldete Rücken des ILGNER ALPL, 1.506 Meter hoch. Der gesamte Raum dieser bewaldeten Vorberge ist durch Forststraßen erschlossen.

Im Süden des HOCHSCHWABS schiebt sich bis zum FLONINGZUG, der zur Schieferzone gehört, das AFLENZER BECKEN ein. Durch das günstige Klima konnte sich AFLENZ zu einem bedeutenden Luftkurort entwickeln. Vom offenen AFLENZER BECKEN führt das enge Tal des THÖRLBACHES Richtung MÜRZTAL. In diesem Bereich haben sich seit dem Mittelalter zahlreiche Hammer- und Sensenwerke angesiedelt. Auch heute spielt die Eisenverarbeitung im THÖRLTAL noch eine bedeutende Rolle, wenn sie auch hinter die Holzwirtschaft und den Fremdenverkehr zurückgetreten ist.

Bis zu 1.000 Meter mächtig sind die aus Wettersteinkalken aufgebauten Decken des Hochschwabmassivs. Seine Nordseite ist Quellgebiet der Zweiten Wiener Hochquellenleitung

Leoben
Viertelshauptstadt in der Mur-Mürz-Furche

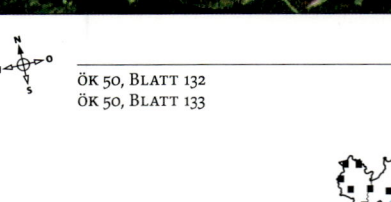

ÖK 50, Blatt 132
ÖK 50, Blatt 133

Das Bild zeigt den zentralen Teil der über 200 Kilometer langen Furche des MUR-MÜRZTALES, der NORISCHEN SENKE. Eine kurze topographische Einordnung soll die Interpretation des Bildes erleichtern. Von Südwest nach Nordost verläuft das MURTAL, das im Bildbereich einen typischen Wechsel von Engtalstrecken und Beckenweitungen zeigt. Im Westen mündet das LIESINGTAL ein, an dessen Südende der große Autobahnknoten bei ST. MICHAEL OB LEOBEN auf die Verkehrsbedeutung des Raumes schließen läßt. Es folgt eine kurze Engtalstrecke zwischen dem AICHBERG im Norden und dem Nordabfall der GLEINALPE. Dann tritt die MUR in das Becken von LEOBEN ein, das sich an der Mündung des VORDERNBERGER BACHES ausgebildet hat.

Im Norden wird das BECKEN VON LEOBEN durch die Schieferzone, im Süden von der GLEINALPE begrenzt. Die GLEINALPE ist wie die übrigen Teile des STEIRISCHEN RANDGEBIRGES dünn besiedelt und überaus waldreich. Gegen das MURTAL laufen zahlreiche Seitenkämme, die von tief eingeschnittenen Gräben begrenzt werden. Nur wenige Rodungsinseln unterbrechen die dichten Fichtenwälder, die an der Schattenseite bis in die Talsohle reichen.

LEOBEN, in 532 Meter Seehöhe in der Beckenweitung des MURTALES an der Einmündung des aus dem breiten TROFAIACHER BECKEN kommenden VORDERNBERGERTALES gelegen, zählt rund 28.500 Einwohner, im Jahre 1961 waren es noch 36.000. Diese starke Abnahme gibt einen deutlichen Hinweis auf die wirtschaftlichen Probleme des obersteirischen Raumes. Die Entwicklung von LEOBEN ist eng mit der Eisenwirtschaft verknüpft. Die bereits im 10. Jahrhundert erwähnte Siedlung wurde unter dem Böhmenkönig Ottokar aus strategischen Gründen nordwärts in die schmalste Stelle einer MURSCHLINGE verlegt. Im Spätmittelalter blühte die Stadt auf, durch zahlreiche Privilegien wurde sie Haupthandelsort für das gesamte VORDERNBERGER EISEN. Im Jahre 1850 wurde die Bergakademie aus VORDERNBERG nach LEOBEN verlegt und zur Montanistischen Universität erweitert. Mit der folgenden technischen Entwicklung in der Schwerindustrie wurde LEOBEN zu einem Zentrum der Eisen- und Stahlerzeugung.

Im Jahre 1881 wurden die wichtigen Erzbergbaue, Kohlebergwerke und Eisenverarbeitungsbetriebe in der Alpine-Montangesellschaft zusammengefaßt, die dann 1946/47 verstaatlicht wurde. Im Jahre 1889 errichtete die Alpine Montan im Vorort DONAWITZ einen neuen Großbetrieb, da hier verhältnismäßig viel ebene Flächen zur Verfügung standen. Dazu kamen die verkehrsgünstige Lage an der Südbahn, die Nähe zum ERZBERG und den Braunkohlegruben der NORISCHEN SENKE. Heute kämpft das Werk DONAWITZ mit großen wirtschaftlichen Problemen, da sich durch die Stahlkrise die sowieso schon vorhandenen Standortnachteile weiter verschärft haben. Ein starker Abbau der Belegschaft in den letzten Jahrzehnten war die Folge.

Im MURTAL verlaufen zahlreiche hochrangige Verkehrswege von Osten nach Westen – dies schafft erhebliche Umweltprobleme.

Das Hüttenwerk Donawitz liegt in einem zum Becken von Trofaiach führenden Seitental des Murtales

Leoben, inmitten einer Murschlinge, ist Sitz der Montan Universität

Der »Schräge Durchgang« der Mur-Mürz-Furche entwickelte sich über die Jahrhunderte zu einer geschlossenen Industrielandschaft

Bruck an der Mur
Industrielandschaft im unteren Mürztal

ÖK 50, Blatt 133

Der Gegensatz zwischen eng besiedelten altindustrialisierten Räumen und dicht bewaldeten Mittelgebirgen bestimmt das Landschaftsbild im Gebiet des Zusammenflusses von MUR und MÜRZ.

Im Süden verläuft der Boden des STEIRISCHEN RANDGEBIRGES. Westlich des Murdurchbruches sind es die Ausläufer der GLEINALPE, die mit dem REBISCHKOGEL am Engtal der MUR enden. In diesem Bereich des Schattenhanges geht das dichte Waldkleid bis an den Rand des Talbodens. Schmale Gräben wie der HOLZGRABEN schaffen einen Zugang in die weiten Waldgebiete. Östlich der MUR setzt der Kristallinrücken der FISCHBACHER ALPE an, der das MÜRZTAL begleitet.

Das MURTAL schwenkt nach der Einmündung der MÜRZ aus der Südwest-Nordost-Richtung der NORISCHEN SENKE nach Süden um und durchbricht in einem Engtal zwischen BRUCK und FROHNLEITEN das STEIRISCHE RANDGEBIRGE. Wo die MUR in einem Engtal in das Grundgebirge einschneidet, erreicht dieses nur eine Breite von zwölf Kilometern.

Das MÜRZTAL setzt sich über 40 Kilometer mit einem fast geradlinigen Verlauf in Richtung der NORISCHEN SENKE bis MÜRZZUSCHLAG fort. In seiner Gesamtheit breit und einförmig, zerfällt es in zwei langgestreckte Becken, von denen jenes von ST. MAREIN den linken unteren Bildausschnitt einnimmt. Im fünf Kilometer breiten Becken von ST. MAREIN liegen die für den Raum typischen kohleführenden Schichten aus dem Tertiär am Nordrand. Dieses Gebiet erscheint in sanften und weichen Geländeformen.

Die westliche Begrenzung des Mürztales bildet der zur Schieferzone gehörende FLONINGZUG, dessen Abfall zum MÜRZTAL infolge der sanften Hangformen weite Rodungsgebiete aufweist. Das MITTELGEBIRGE erreicht im Raum westlich des MÜRZTALES etwa 1.000 Meter. Gegliedert wird der Bereich durch tief eingeschnittene Täler, die aus den parallel zum MUR- und MÜRZTAL angelegten Becken das Hauptttal durchbrechen. Zwischen BRUCK und KAPFENBERG mündet das LAMINGTAL, das nach TRAGÖSS in die westliche HOCHSCHWABGRUPPE führt. Nahezu parallel dazu verläuft das in einem engen Kerbtal 400 Meter tief eingeschnittene Tal des THÖRLBACHES.

Im Gegensatz zu den nur dünn besiedelten Randgebieten bilden BRUCK und KAPFENBERG ein fast geschlossenes Siedlungsband, das nur in der Engtalstrecke im Bereich des untersten MÜRZTALES unterbrochen ist.

Die beiden großen Siedlungen weisen eine völlig unterschiedliche Geschichte und vor allem ganz andere wirtschaftliche Schwerpunkte auf. Das am MURKNIE gelegene BRUCK gehört zu den bedeutendsten Gründungen des Böhmenkönigs Ottokar II. Den Kern der Stadt bilden zwei Tangentialstraßen, die den Hauptplatz aussparen, mit einer Lage unmittelbar am Zusammenfluß von MUR und MÜRZ. Durch seine Lage an der Abzweigung der Triesterstraße von der Venedigstraße zählte es zu den Hauptstapelplätzen des ostalpinen Italienhandels. Die alte Stadtanlage wurde durch einen Brand 1792 völlig zerstört. Im Zeitalter des Eisenbahnbaues wurde BRUCK zum Bahnknoten an der Gabelung der Südbahn. Die Ansiedlung von Großbetrieben der Eisenindustrie brachte eine erhebliche Stadterweiterung durch Arbeiterhausquartiere. Seit dem Ersten Weltkrieg begann die räumliche Verschmelzung mit KAPFENBERG, das inzwischen am industriellen Sektor ein Übergewicht gewonnen hat.

Der Süden des Stadtgebietes ist durch die flächenintensiven Verkehrswege sehr betroffen. Durch das Zusammenlaufen der Murtalschnellstraße mit der Verbindung zum SEMMERING und der Schnellstraße von GRAZ hat dieser Stadtteil mit beträchtlichen Umweltbelastungen zu kämpfen.

KAPFENBERG hat den Bezirkshauptort BRUCK an Einwohnerzahl schon seit langem übertroffen. Der Aufstieg begann 1894 mit der Gründung der Böhler Edelstahlwerke, die auf ein altes Hammerwerk zurückgehen. Die weitläufigen Werksanlagen sind im nordöstlichen Stadtbereich zwischen der MÜRZ und dem Abfall der FISCHBACHER ALPE in verkehrsgünstiger Lage zwischen Südbahn und SEMMERING Schnellstraße gelegen. Das auf Erzeugung von Guß- und Edelstählen spezialisierte Werk – heute Böhler-Uddeholm – brachte dem Markt KAPFENBERG, der erst 1924 zur Stadt erhoben wurde, ein starkes Wachstum. Die zahlreichen Werkssiedlungen, in deren Gestaltung sich die Ausbauphasen des Werkes spiegeln, kennzeichnen das Siedlungsbild der sich bandartig in das MÜRZTAL hinziehenden Stadt. Eine zweite Wachstumsachse zieht sich in den Mündungsbereich des THÖRLTALES. Die jüngste Siedlungserweiterung geht auf die westlich des Tales gelegene Hochfläche mit den Siedlungen PARSCHLUG und POGIER, die zum nahen Pendlereinzugsbereich von KAPFENBERG zählen.

Bruck an der Mur, bedeutender Verkehrsknoten an der Einmündung der Mürz in die Mur, ist eine planmäßige Gründung Přemysl Ottokars II.

Sölkpaß
Alter Handelsweg zwischen Enns und Mur

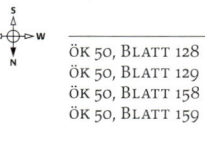

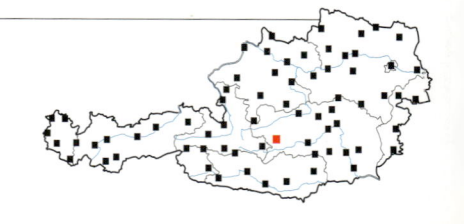

ÖK 50, Blatt 128
ÖK 50, Blatt 129
ÖK 50, Blatt 158
ÖK 50, Blatt 159

Die NIEDEREN TAUERN sind als Teil der ZENTRALALPEN ähnlich aufgebaut wie die ÖTZTALER ALPEN und setzen sich vorwiegend aus Schiefergneis und Glimmerschiefern zusammen. Sie setzen im Westen am MURTÖRL an, streichen zwischen ENNS- und MURTAL schwach gegen Ostnordost und enden in spitzem Winkel bei ST. MICHAEL OB LEOBEN. Die höchste Erhebung bleibt mit 2.862 Metern im HOCHGOLLING unter dem Niveau, das eine Vereisung zu schaffen vermöchte, doch war der ganze Kamm bis in das Gebiet der SECKAUER ZINKEN im Pleistozän ein Zentrum der Vergletscherung. Eine Besonderheit der NIEDEREN TAUERN stellen die herrlich ausgebildeten Kare der Gipfelregion mit unzähligen kleinen Karseen dar, die für Bergwanderer beliebte Zielpunkte abgeben. Im Bild erscheinen der HOHENSEE im Talschluß des HOHENSEEBACHGRABENS sowie die beiden KALTENBACHSEEN im mächtigen Kar westlich des SÖLKPASSES und die ZWIEFLERSEEN am Abfall des EISENHUTES als schwarze Punkte.

Die höchsten Gipfel der NIEDEREN TAUERN liegen im westlichen Bereich häufig gegen Süden vorgeschoben, zwischen den kurzen Quertälern, die zu einem auch im Bild deutlich erkennbaren Längstalzug führen, welche als junge Subsequenzzone parallel zum MURTAL verläuft. Das Gebirge ist asymmetrisch gebaut, die Fiederform der Kammgliederung ist aber um so reiner, je näher der Hauptkamm zu den begrenzenden Längstälern liegt.

Im Bild grenzen an der Linie GROSSES SÖLKTAL, das nach Norden der ENNS zustrebt, und dem KATSCHTAL die SCHLADMINGER und WÖLZER TAUERN aneinander. Zu den SCHLADMINGER TAUERN zählen noch der isolierte Stock des 2.433 Meter hohen DENECKS, nordwestlich der SÖLKER TAUERN sowie der Kamm des EISENHUTES zwischen dem KATSCHTAL und dem GÜNSTERTAL. In den östlich anschließenden WÖLZER TAUERN sinkt die Kammhöhe allmählich unter 2.000 Meter. Der Hauptkamm verläuft von der HORNFELDSPITZE östlich der Paßfurche zur SCHOBERSPITZE, (2.423 Meter), der südlich der GREIM vorgelagert ist.

Die zentrale Achse in diesem Bereich bildet die Linie GROSSES SÖLKTAL–KATSCHTAL, die durch den SÖLKER TAUERNPASS verbunden wird, der mit einer Höhe von 1.788 Metern die kürzeste Verbindung zwischen ENNSTAL und MURTAL darstellt. Er wird schon seit der Keltenzeit begangen, worauf zahlreiche Funde hinweisen. In der Völkerwanderungszeit wurden die SÖLKTÄLER dann von den Slawen besiedelt (SÖLK – SELICHE heißt Wohnsitz). Später kam der Raum in den Besitz der Erzbischöfe von SALZBURG, die mit dem Ausbau der Saumpfade begannen und so den regen Handel mit Salz und Getreide über den Paß beherrschen konnten. Im Jahre 1498 wird der Ort ST. NIKOLAI im SÖLKTAL erstmals urkundlich erwähnt. Im Verlaufe des Merkantilzeitalters hörte der Saumverkehr über den Paß wegen der Konkurrenz anderer Übergänge allmählich auf und die Saumwege verfielen zunehmend.

Nach dem Zweiten Weltkrieg begann dann der Ausbau der Straße über den Paß. Die Nordrampe wurde im Jahre 1959 befahrbar, im Jahre 1960 erreichte die Almaufschließung von Süden her die Paßhöhe. Die neu angelegte Straße erhielt den Namen »Erzherzog-Johann-Straße«. Bis 1973 war die Straße mautpflichtig und wurde dann vom Land STEIERMARK übernommen, das für den weiteren Ausbau sorgte. Um größere Umweltbeeinträchtigungen durch den zunehmenden Verkehr zu vermeiden, wurde die Paßregion 1973 zum Naturschutzgebiet erklärt. Heute wird die Straße jährlich von rund 300.000 Fahrzeugen frequentiert.

Der NATURPARK SÖLKTÄLER umfaßt eine Gesamtfläche von 277 Quadratkilometern und ist damit der größte der STEIERMARK. Wasser ist das prägende Landschaftselement des Naturparks SÖLKTÄLER. Der SCHWARZENSEE ist der größte der rund 300 Bergseen in den SCHLADMINGER TAUERN. Wildbäche stürzen über unzählige Wasserfälle zu Tal und vereinigen sich mit anderen Bächen zu den beiden Hauptgewässern, der GROSSEN und KLEINEN SÖLK. Typisch für den Raum sind auch zahlreiche Feuchtbiotope, vermooste Flächen und trockene karge Matten in den höheren Bereichen.

Der Sölkpaß verbindet den Lungau mit dem Ennstal

Die Trogtalform des Sölktales ist typisch für alle Täler der Niederen Tauern

Das Judenburger Becken
Alter Industrieraum mit Strukturproblemen

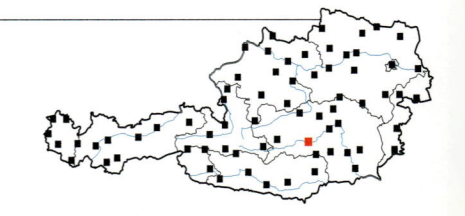

ÖK 50, Blatt 161

Das Weltraumbild zeigt den Westteil des JUDENBURGER BECKENS mit seiner Nord- und Südumrahmung. Die MUR durchfließt bei ST. PETER und JUDENBURG eine Talenge zwischen dem Nordabfall der SEETALER ALPEN und dem breiten Auslaufrücken des FALKENBERGES, der sich neben MUR und PÖLS bis in das Stadtgebiet von JUDENBURG hineinschiebt. Durch die MUR wird das große inneralpine Becken der NORISCHEN SENKE in das AICHFELD im Norden und in den MURBODEN im Süden geteilt. Gegen Osten ist das Becken offen und geht hier in das SECKAUER TEILBECKEN mit dem Zentrum KNITTELFELD über. Den Nordrand des Beckens bildet der Gebirgsfuß der SECKAUER ALPEN, der mit zahlreichen Gräben zum AICHFELD abfällt.

In diesen Auslaufgräben spiegelt sich das Bild der inneralpinen Kulturlandschaft wider – gerodete Hänge auf der Sonnenseite, während die Schattenhänge bis in den Talboden dichte Wälder tragen. Im Süden begrenzen die tertiären Ausläufer der breiten Rücken von SEETALER ALPEN, STUB- und GLEINALPE das Becken. Diese südliche Begrenzung wird durch das Tal des GRANITZENBACHES gegliedert, der aus dem Becken zum OBDACHER SATTEL führt und einen bequemen Übergang ins LAVANTTAL schafft.

Die waldreichen Hangbereiche der Beckenumrahmung stehen im Gegensatz zu den landwirtschaftlich genutzten guten Böden der WÜRMTERRASSE und den vorwiegend mit Auwald bestandenen Flächen der tiefer gelegenen Terrassen zwischen JUDENBURG und ZELTWEG, die den stark mäandrierenden Lauf des Flusses begleiten. Die landschaftsbedingte Eignung des Raumes für den Fremdenverkehr ist je nach Höhenlage unterschiedlich. Sehr gute Voraussetzungen als Naherholungsraum bieten die naturnahen Höhenlagen an der Südseite der SECKAUER ALPEN. Positive Auswirkungen auf den Fremdenverkehr zeigt auch das im Bereich der stillgelegten Zeche FOHNSDORF am nördlichen Beckenrand errichtete Montanmuseum. Von großer Bedeutung für die wirtschaftliche Entwicklung des Beckens in der Gegenwart ist sicherlich der Ausbau der Murtal-Schnellstraße, die einen ausgezeichneten Anschluß an die Phyrnautobahn und an den WIENER RAUM schafft. Dadurch werden die Nachteile seiner Randlage etwas gemildert.

Die Region des JUDENBURGER BECKENS stellt den Westteil der historisch gewachsenen Industrieachse MUR-MÜRZ dar, die bereits im Mittelalter ein bedeutendes Verbindungsglied zwischen dem WIENER RAUM und OBERITALIEN darstellte. In der industriellen Entwicklung wird die NORISCHE SENKE durch den Kohlebergbau, die Eisen- und Stahlerzeugung und -verarbeitung sowie durch die holzverarbeitende Industrie geprägt. In den beiden Weltkriegen wurden wichtige Rüstungsbetriebe in das JUDENBURGER BECKEN verlagert, was jedesmal eine kurze Hochkonjunktur in dieser Region nach sich zog. Die ursprünglich günstigen Standortfaktoren wie Rohstoffvorkommen und Energiebasis haben durch die weltwirtschaftliche Umorientierung an Bedeutung verloren. Daher hat sich die MUR-MÜRZFURCHE und hier besonders der Raum JUDENBURG in den letzten Jahrzehnten zu einer der größten Problemregionen ÖSTERREICHS entwickelt, was sich in zahlreichen Betriebsschließungen, Abbau von Arbeitskräften und einer hohen Arbeitslosigkeit niederschlägt. In der Krise schlagen die Strukturprobleme, wie Abwanderung der Wohnbevölkerung, schlechte Verkehrsanbindungen, erhebliche Mängel in der Infrastrukturausstattung und vor allem die industrielle Monostruktur voll durch.

Im Bildbereich liegen drei größere Siedlungen. Das im Westen gelegene, bandartig sich entlang der MUR hinziehende JUDENBURG geht auf eine römische Gründung zurück. Im Mittelalter wuchs die Siedlung rasch mit einem H-förmigen Grundriß, der für geplante innerösterreichische Städte des Mittelalters typisch ist. JUDENBURG gehörte damals zu den reichsten Städten der STEIERMARK, da von hier aus der gesamte Handel mit VENEDIG gelenkt wurde. In der zweiten Hälfte des 19. Jahrhunderts nutzten einige Sensenwerke die Wasserkraft der MUR. Um die Jahrhundertwende entstand dann jenseits der MUR, in einer großen Mäanderschlinge, das Steirische Gußstahlwerk, das aber in den letzten Jahrzehnten ebenfalls von der Krise der Montanindustrie erfaßt wurde.

Im Norden des Beckens liegt FOHNSDORF, ein alter Kohlebergbauort. Dort wurde aus Tiefen von 800 bis 1.200 Metern wertvolle Glanzkohle gefördert.

ZELTWEG liegt mitten im Becken und erstreckt sich entlang der alten Triester Straße.

Am Rande des Aichfeldes entstand im Mittelalter mit Judenburg durch den Fleiß jüdischer Kaufleute eine der reichsten Handelsstädte des Landes

Der Stadtturm Judenburgs wurde nach dem Vorbild des Campanile von San Marco in Venedig gebaut

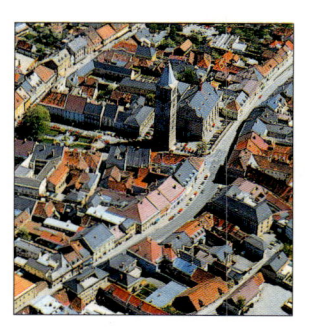

Packalpe
Mittelgebirge zwischen Lavanttal und weststeirischem Hügelland

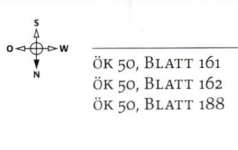

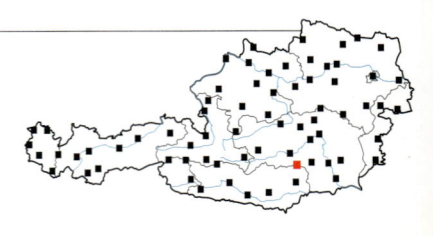

ÖK 50, Blatt 161
ÖK 50, Blatt 162
ÖK 50, Blatt 188

Die PACKALPE, deren höchste Teile das Weltraumbild zeigt, bildet als Fortsetzung der KORALPE die östliche Begrenzung des LAVANTTALES und gleichzeitig das Grenzgebirge gegen das WESTSTEIRISCHE HÜGELLAND, über dem sie mit langen, sanften Wellen ansteigt. Die höchsten Teile liegen nahe dem südwestlichsten Winkel des HÜGELLANDES, wo die südöstlich streichende PACKALPE mit der nach Nordosten verlaufenden GLEINALPE zusammenstößt. In diesem Bereich erreichen der GRÖSSENBERG und der AMERINGKOGEL noch 2.184 Meter. Aus dem Bild kann man ganz klar erkennen, daß es in diesem nördlichen Abschnitt noch bescheidene Ansätze einer Karbildung gibt.

Dann sinkt die Gipfelhöhe unter 2.000 Meter. Der Kamm verläuft zunächst nach Osten, wo mit dem SPEIKKOGEL (1.993 Meter) eine markante Hochfläche ausgebildet ist. Nach der Einsenkung des PETERER SATTELS, in dem der Kamm ganz schmal zusammengedrängt wird, erstreckt sich eine schmale, über die Waldgrenze aufragende Kammzone (HIRSCHEGGER ALM) gegen den Bereich der VIER TÖRL, wo die Kammhöhe unter 1.200 Meter sinkt. Der PACKSATTEL wird von der Straße WOLFSBERG–KÖFLACH benutzt – heute folgt dem 1.164 Meter hohen Übergang auch die Trasse der Südautobahn. Der Abfall ins LAVANTTAL ist relativ steil und wird durch zahlreiche weit ins Gebirge zurückreichende Gräben gegliedert. Im Osten ist, durch das oberste TEIGITSCHTAL getrennt, der noch knapp über die Waldgrenze aufragende WÖLKERKOGEL vorgelagert, von dem ein langer Kamm über den SPENGERKOGEL (1.460 Meter) nach Südosten verläuft. Am Zusammenfluß der TEIGITSCH mit dem MITTEREGGBACH liegt der Ort HIRSCHEGG in 899 Metern Höhe. Die weite, offene Grünlandfläche östlich des Grabens wird als HIRSCHEGG-PIBER-SONNSEITE bezeichnet. Der Ostabfall gegen das Tertiärbecken von KÖFLACH ist treppenartig gestaltet und sinkt langsam gegen das HÜGELLAND ab. Auch diese Zone ist durch tief eingeschnittene Kerbtäler gegliedert, wodurch ein relativ unruhiges Relief entsteht.

Nach der vorherrschenden Nutzung lassen sich im Bereich der PACKALPE drei höhengebundene Stockwerke unterscheiden. Die höchste Zone, die sich im Bild durch die hellbraune Farbe sehr deutlich abhebt, wird von alpinen Matten eingenommen, da hier die Waldgrenze bei etwa 1.700 Metern liegt. Diese Zone, meist im Eigentum von Großgrundbesitzern, wird almwirtschaftlich mit Jungvieh genutzt. Die Nutzungsintensität ist aber in den letzten Jahren rückläufig. Darunter folgt zwischen 1.700 und 1.300 Metern ein fast geschlossener Waldgürtel, in dem man die menschlichen Eingriffe in Form von großflächigen Schlägerungen sehr gut erkennen kann. Zahlreiche helle Bänder – Forststraßen – durchziehen die dunklen Farben, die auf die Fichtenwaldbestände hinweisen. In den Besitzverhältnissen überwiegt auch hier der Großgrundbesitz.

Die starke Holzentnahme hat es in diesem Teil der PACKALPE auch schon früher gegeben, da die zahlreichen Glashütten im WESTSTEIRISCHEN HÜGELLAND auf den Rohstoff angewiesen waren. Die dritte, tiefere Zone führt in den Bereich des bergbäuerlich genutzten Raumes. Zu beiden Seiten des Gebirges haben die Bauern Rodungskeile in die einst geschlossenen Waldgebiete vorangetrieben. Die Zahl der Höfe ist von der Bodengüte abhängig. Es dominiert im Gebiet der Westabdachung der Einzelhof, der inmitten der Einödfluren liegt. Größere Rodungsflächen gibt es bei den Riedeln an der Ostabdachung. Der Raum der PACKALPE gehört schon seit langem zu den bergbäuerlichen Problemgebieten, da die kleinen Höfe und die schlechte Ertragslage schon früh zur Abwanderung führten. In zahlreichen Gräben und auf den Hochflächen findet man Wüstungen. Heute gibt es nahezu keine Vollerwerbsbetriebe mehr.

Das Steirische Randgebirge überragt den Dunst in den angrenzenden Tal- und Beckenlandschaften

Köflach
Braunkohlerevier im weststeirischen Hügelland

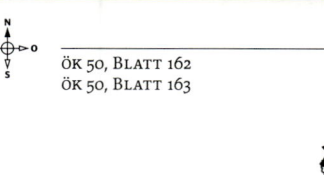

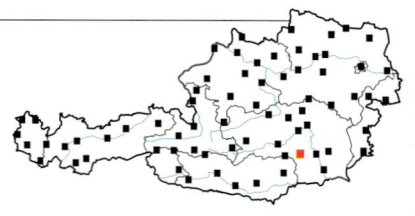

ÖK 50, Blatt 162
ÖK 50, Blatt 163

Die östlichen ZENTRALALPEN bilden vom WECHSEL über die FISCHBACHER ALPE, den GLEIN- und STUBALPENZUG, die PACK- und KORALPE einen weiten Bogen, der die MITTELSTEIERMARK und die GRAZER BUCHT einschließt. Die altkristallinen Gesteine des STEIRISCHEN RANDGEBIRGES wurden während der Erdneuzeit in mehreren Etappen gehoben. Mit seinen breiten Rücken sowie dem von Einebnungsflächen gegliederten Abfall zum östlich anschließenden HÜGELLAND bildet das STEIRISCHE RANDGEBIRGE eine große Rumpfflächentreppe. Am östlichen Gebirgsfuß dehnt sich das WESTSTEIRISCHE HÜGELLAND aus, das sich über die MUR in das OSTSTEIRISCHE HÜGELLAND fortsetzt. Der Boden der ganzen MITTELSTEIERMARK besteht aus Ablagerungen einer ehemaligen seichten Bucht des Meeres, welches im Miozän das gesamte PANNONISCHE BECKEN erfüllte. In diese Bucht mündeten die Flüsse aus den ZENTRALALPEN und lagerten ihre Sedimente ab. Die leicht nach Südosten geneigte Aufschüttungsfläche wurde nach dem Rückzug des Meeres von den Flüssen und Bächen wieder zerschnitten. So entstand eine Riedellandschaft, die im vorliegenden Satellitenbild ausgezeichnet zum Ausdruck kommt. Die Wasserläufe, wie hier die KAINACH und der MÜHLBACH, haben sich 200 bis 300 Meter tief in die Tertiärschichten eingegraben. Die langen Rücken sind, wie das Bild zeigt, mit verschieden großen Waldflächen bedeckt. Verkehr und Siedlungen folgen den gestuften Hochflächen.

Im nördlichen Bereich des WESTSTEIRISCHEN HÜGELLANDES dehnt sich unmittelbar am Abfall der PACKALPE das weststeirische Braunkohlerevier um KÖFLACH und VOITSBERG aus. Nahe dem heutigen Gebirgsrand bildeten sich im Tertiär in sumpfigen Schwemmlandebenen Braunkohlenflöze. Sie enthalten im Raum von KÖFLACH und VOITSBERG ergiebige Lignitlager, deren Ausbeutung bereits im 18. Jahrhundert begann. Später wurde der Abbau von der Graz-Köflacher Eisenbahn- und Bergbaugesellschaft übernommen, die heute zu einer Bergbauholding gehört. Nach dem Zweiten Weltkrieg wurde das Unternehmen verstaatlicht. Das Satellitenbild zeigt die starken Eingriffe des Bergbaues in die Landschaft. Weite Teile werden durch den Tagbau und die weiten Abraumhalden, die in weißen Farben im Bild erscheinen, geprägt. Der wichtigste Abbauort ist derzeit das Revier II des Karlsschachtes, in dem man nach dem Zweiten Weltkrieg fast zur Gänze zum Tagbau überging. Die Kohlenflöze erreichen hier eine Mächtigkeit von 70 Metern. Man schätzt die Reserven auf zirka zehn Millionen Tonnen. Die gebrochene Kohle wird mittels Förderbandanlagen zur Trocknungs- und Zentralsortierungsanlage in das zwei Kilometer entfernte BÄRNBACH gebracht. In BÄRNBACH wird ein Teil der Kohle verladen, der überwiegende Teil aber kommt auf die Halden des großen Wärmekraftwerkes von VOITSBERG, wo die Kohle verstromt wird.

Drei Siedlungen liegen im Zentrum des Bildes; die westlichste ist KÖFLACH, das erst nach der Entdeckung der Braunkohle an Bedeutung gewonnen hat. Lokale Ton- und Quarzitvorkommen schufen die Basis für den Aufbau einer keramischen Industrie.

Durch die Probleme des Braunkohlebergbaues hat die Bevölkerungszahl von KÖFLACH in den letzten Jahrzehnten leicht abgenommen. Östlich des HEILIGEN BERGES, der als hellgrüne Fläche im Bild erscheint, liegt der Bergbau- und Industrieort BÄRNBACH, dessen Siedlungsgebiet sich entlang der KAINACH ausdehnt. Der Ort weist in vielen Bereichen eine regelmäßige Anlage auf. Der Verwaltungsmittelpunkt im Braunkohlerevier ist das flußabwärts gelegene VOITSBERG, dessen Siedlungsfläche durch den KOBERBERG im Süden und dem breiten Riedel des LOBMINGBERGES umrahmt wird. Die Stadt zieht sich lange im Tal der KAINACH hin und zeigt eine sehr unregelmäßige Siedlungsstruktur. Südlich des KOBERBERGES verlaufen die tief eingeschnittenen Gräben des GÖSSNITZBACHES und der unteren TEIGITSCH.

Das umliegende Gebiet ist über weite Strecken von Wald bedeckt. Es gibt nur kleinere Rodungsinseln, vor allem auf den Riedeln nördlich von KÖFLACH und BÄRNBACH.

Im Voitsberger Dampfkraftwerk wird die Kohle aus dem Köflacher Tagbau in elektrische Energie umgesetzt

Österreichs bedeutendste Braunkohlenlagerstätte bei Köflach wird im Tagbau großräumig abgebaut

Gleisdorf
In der oststeirischen Riedellandschaft

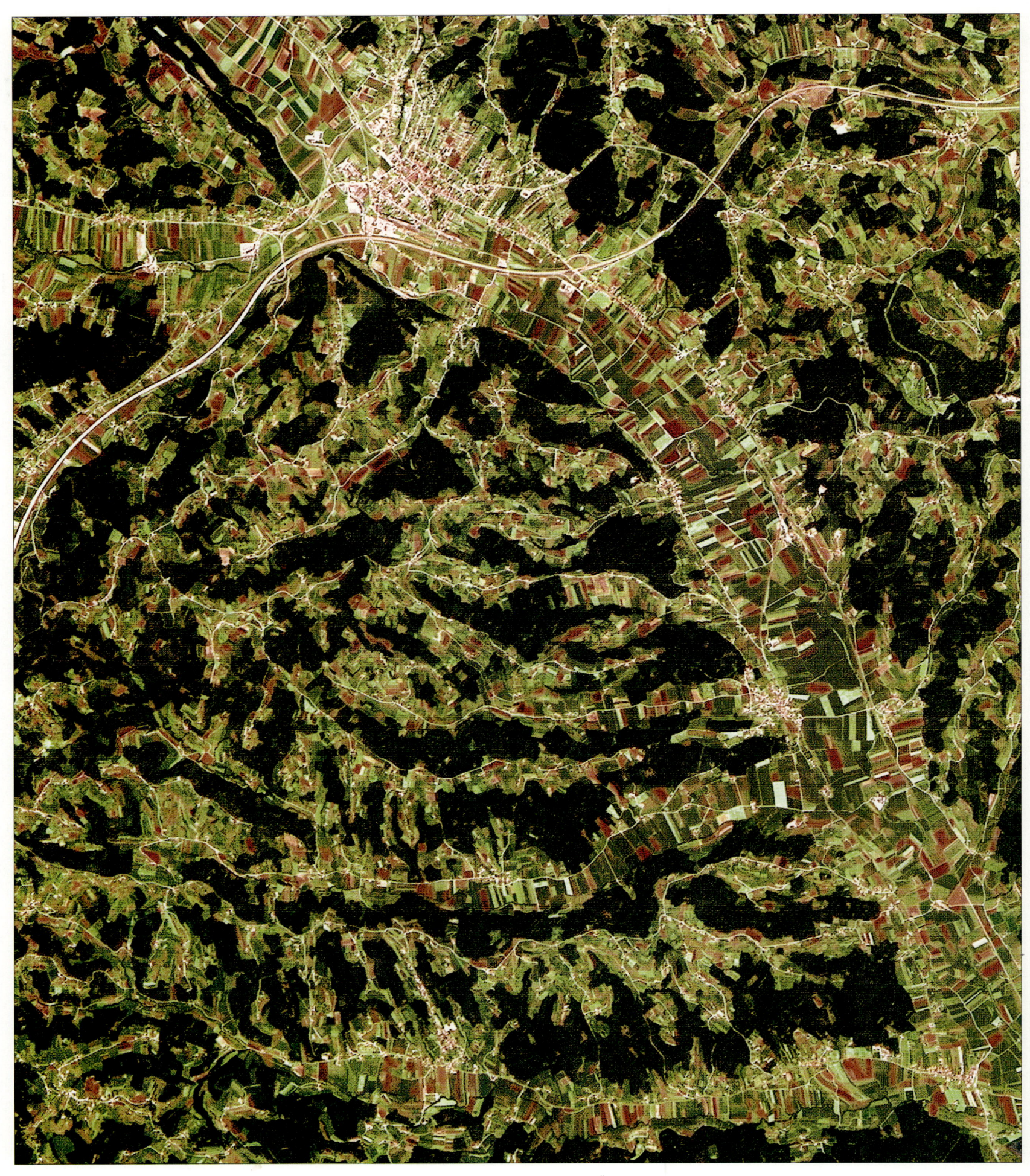

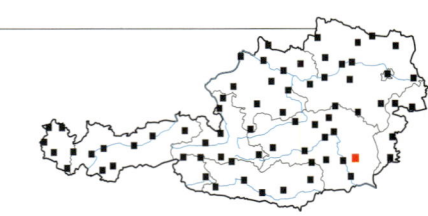

ÖK 50, Blatt 165

*G*LEISDORF liegt eingebettet in das Hügelland der OSTSTEIERMARK, einer Teillandschaft des südöstlichen ALPENVORLANDES. Im Norden erhebt sich schützend das STEIRISCHE RANDGEBIRGE, während im Süden und Südosten sich die Hügel in der Weite des PANNONISCHEN BECKENS verlieren. Einem bunten Teppich gleicht diese Gegend mit ihren sanften Hügeln, schmalen Riedeln, breiten Tälern und engen Tobeln. Dieses farbige Landschaftsmosaik wird durch den Wechsel von Waldgebieten an den Steilhängen der Täler mit den vielfältigen landwirtschaftlichen Kulturen noch verstärkt.

Den Bildausschnitt kann man in drei unterschiedliche Landschaftstypen gliedern. Im Westen zwischen der MUR und der RAAB, deren Tal die beherrschende Achse darstellt, liegt das GRABENLAND. Es ist dies eine vielgestaltige Landschaft, in der die wasserscheidenden langgezogenen Hauptriedel in Südostrichtung verlaufen. So kann man etwa auf den Höhen östlich von GRAZ bis in die Gegend von FELDBACH wandern, ohne in das Tal hinabsteigen zu müssen. Der Riedel westlich des RAABTALES, der von der Südautobahn in der LASSNITZHÖHE überquert wird, ist an seiner Ostabdachung durch zahlreiche kleine, tief eingeschnittene Täler stark zerlegt worden. Das wichtigste Tal, das PICKLBACHTAL, zieht am südlichen Bildrand von STUDENZEN im RAABTAL nach ST. MAREIN.

Der Zusammenfluß von RAAB, RABNITZ und LASSNITZ hat das morphologische Landschaftsbild um GLEISDORF stark beeinflußt. Auffallend sind hier die breiten Talböden von RAAB und RABNITZ, von denen das RAABTAL eine Breite von nahezu einem Kilometer erreicht. Die heutigen schwachen Gerinne können kaum für die Formung dieser breiten Talformen verantwortlich gemacht werden. Es handelt sich offensichtlich um eine eiszeitliche Anlage, wobei die Schotter der Talauen einige Meter dick von Feinsedimenten verschüttet wurden. Fast alle Täler werden von mehreren Terrassen, die in unterschiedlichen Höhen über dem Talboden liegen, begleitet. Diese Terrassen und die Höhen der Riedel sind die bevorzugten Siedlungsplätze.

Östlich des RAABTALES erstreckt sich eine weitläufige Hügellandschaft bis an die FEISTRITZ. Dieses Hügelland vermittelt im Weltraumbild einen anderen Eindruck als das GRABENLAND im Westen.

Absolute Höhen über 500 Metern finden wir nur im Raum um GLEISDORF, die relativen Höhen erreichen nur an wenigen Stellen 150 Meter. Nach Osten werden die Hügelrücken und die Riedel niedriger und breiter und gehen schließlich in Platten über, die den SÜDBURGENLÄNDISCHEN RAUM prägen. In den ein bis zwei Kilometer breiten, feuchten Muldentälern bilden die Flüsse meist zahlreiche Mäander. Die Talquerschnitte weisen eine typische Asymmetrie auf, wobei die linken Seiten flachere, die rechten Seiten steilere Hänge haben. Das RAABTAL im Raum von GLEISDORF zeigt einen besonders ausgeprägten asymmetrischen Querschnitt. Die Gerinne werden über weite Strecken von einem flachen Flußdamm begleitet, gegen die Talränder finden sich schwere Aulehme. In diese Zone haben die kleinen Seitenbäche ihre lehmig-sandigen Schwemmkegel hineingebaut, die neben den Terrassen bevorzugte Siedlungsstandorte sind. Zwischen GLEISDORF und STUDENZEN kann man zu beiden Seiten des RAABTALES diese Schwemmkegellage klar erkennen.

Die Talsohle ist hier fast immer waldlos, das Wiesenland überwiegt. In geschützten Lagen reicht der Weinbau bis auf eine Höhe von 450 Metern. Die steilen Riedel und die Platten im Osten tragen noch sehr viel Mischwald.

Der Raum von GLEISDORF ist durch das STEIRISCHE RANDGEBIRGE vor Klimaeinflüssen aus Westen und Nordwesten relativ gut geschützt, nach Süden und Nordosten hingegen offen. Dadurch sind die ozeanischen Einflüsse gemildert, die kontinentalen begünstigt. Es dominieren in diesem Raum verhältnismäßig milde Winter und gemäßigt warme Sommer. Die mittleren Jahresniederschläge liegen um 850 Millimeter. Eine klimatische Gefahr stellen die häufig im Gefolge von Sommergewittern auftretenden Hagelschläge dar.

Das günstige Klima, verbunden mit guten Böden, sind die Grundlage für eine intensive landwirtschaftliche Nutzung. Besonders gute Verhältnisse findet der Obstbau vor, der in den letzten Jahrzehnten im Raum GLEISDORF zu einer wichtigen Einnahmequelle der Bevölkerung geworden ist. Der »Steirische Apfel« wurde zu einem Qualitätsbegriff im österreichischen Obstmarkt. GLEISDORF wurde zum wichtigen Handelsplatz für Obst.

Der Hauptverkehrsweg in diesem Raum ist die Südautobahn, die von Osten aus dem ILZTAL kommend die Steilstufe des RAABTALES überwindet. GLEISDORF wird im Süden umfahren. Durch das von Westen zur RAAB verlaufende LASSNITZTAL zieht die Autobahn in Richtung LASSNITZHÖHE, um von dort in das GRAZER FELD abzusteigen.

Breite Täler durchziehen das Steirische Riedelland

Leibnitz
Zentrum der südlichen Steiermark

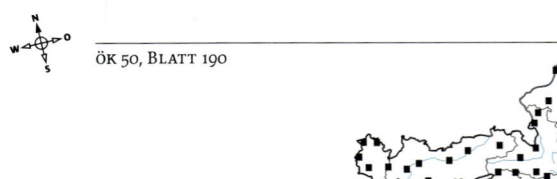

ÖK 50, Blatt 190

Zwei unterschiedliche Naturlandschaften prägen dieses Bild aus dem Bereich der Bezirkshauptstadt LEIBNITZ und lassen zusammen mit den menschlichen Eingriffen ein sehr buntes Mosaik entstehen, das den Betrachter fasziniert. Im Südwesten erkennen wir den SAUSAL, der sich zwischen dem SULMTAL und dem Tal der LASSNITZ bis an die weite MUREBENE heranschiebt. Der Gebirgsrest stammt aus dem Paläozoikum und besteht aus Phylliten und Tonschiefern, die durch die hier rege vulkanische Tätigkeit gebildet wurden. Die Metamorphose erfolgte im Zuge der variszischen Gebirgsbildung im Unterkarbon. Da die Sausalschiefer sehr leicht verwittern, setzten sie der Erosion wenig Widerstand entgegen. Dies findet in der Oberflächenformung des Berglandes seinen Ausdruck. Wir erkennen schmale Rücken und Riedel, die mit steilen Hängen zu tief eingeschnittenen Gräben wie dem WÖLLINGGRABEN oder der MUGGENAU einfallen. Der SAUSAL ragte im Tertiär, als ein großes Meer den OSTSTEIRISCHEN RAUM bedeckte, als Insel heraus. Heute ist er ein wichtiges Weinbaugebiet der STEIERMARK. Hier gedeien auf den guten vulkanischen Böden ausgezeichnete Weißweine. Das Weingut des LANDES STEIERMARK mit einer bedeutenden Weinbauschule liegt im Durchbruch zwischen dem SAUSALABFALL und dem SEGGAUBERG am Ostende des SULMSEES. Die offene Landschaft mit den zahlreichen Weingärten und den malerischen Weinbaudörfern hat in den letzten Jahren auch touristisch sehr gewonnen.

Die bestimmende Landschaft im Bild ist das LEIBNITZER FELD, das sich rund 30 Kilometer zwischen WILDON im Norden, wo der BUCHKOGEL weit ins Tal vorspringt, bis SPIELFELD an der Grenze von SLOWENIEN erstreckt. Das LEIBNITZER FELD ist wie das nördlich gelegene GRAZER FELD eiszeitlich entstanden, als die gewaltigen Schotter- und Schuttmassen aufgeschüttet wurden. Die MUR selbst hat sich in diese Schotterkörper nacheiszeitlich eingeschnitten und wird vor allem östlich von einem breiten Auwaldgürtel begleitet.

Das LEIBNITZER FELD weist eine doppelte Nutzung auf. Zum einen wird hier aufgrund der teilweise guten Böden und des milden Klimas eine ertragreiche Landwirtschaft betrieben. Das Flurbild wird durch die für den Südosten ÖSTERREICHS typischen Streifenfluren geprägt, die ein Ergebnis der hier herrschenden Realteilung ist. Das LEIBNITZER FELD hat sich in den letzten Jahrzehnten zu einem mit Körnermais fast monokulturartig genutztem Agrarraum entwickelt. Die zweite wichtige Nutzungsform ist der Schotterabbau, der vor allem im Norden des LEIBNITZER FELDES weite Flächen beansprucht. Die Eingriffe in die Landschaft werden einerseits durch die weißen Flächen, andererseits durch die quadratisch angelegten Wasserflächen deutlich. Diese mit Wasser gefüllten ehemaligen Schotterabbaue werden in den letzten Jahren vielfältig genutzt, teils als Badeseen, teils als Anglerseen, teilweise werden sie in Feuchtbiotope umgewandelt.

Die Besiedelung des Gebietes geht entlang von zwei Achsen: an der Bundesstraße reihen sich langestreckte Straßendörfer zwischen LEBRING und LEIBNITZ auf. Die zweite Siedlungsreihe folgt dem gewundenen Lauf der LASSNITZ und umfaßt die Orte JÖSS, LANG und TILLMITSCH. Zentrum des Raumes ist LEIBNITZ an der Einmündung des SULMTALES, überragt von der mächtigen BURG SEGGAU, die sich auf dem Sporn zwischen SULM und LASSNITZ ausdehnt. LEIBNITZ entwickelte sich auf historischem Boden, da wenige Kilometer südlich der Stadt in WAGNA die Ausgrabungen der großen Römersiedlung FLAVIA SOLVA liegen.

Die Stadt weist zwei Zonen dichter Verbauung auf – einerseits das Zentrum um den Hauptplatz, andererseits das nach der Eröffnung der Bahnlinie GRAZ-MARBURG entstandene Bahnhofsviertel im Osten.

Geradlinig durchfließt die Mur die fruchtbare Ebene des Leibnitzer Feldes

Leibnitz, der Hauptort der Südsteiermark, wird von Burg und Schloß Seggau überragt

Bis nach Leibnitz reichte im 16. Jahrhundert der Besitz des Erzbistums Salzburg

Klagenfurt
Die Hauptstadt Kärntens

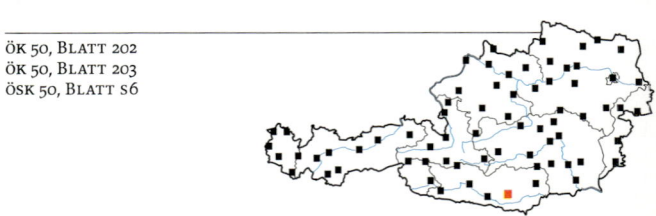

ÖK 50, Blatt 202
ÖK 50, Blatt 203
ÖSK 50, Blatt S6

In zentraler Lage im KLAGENFURTER BECKEN entwickelte sich seit dem Hochmittelalter die LANDESHAUPTSTADT KLAGENFURT. Das KLAGENFURTER BECKEN, allseits von mächtigen Gebirgen umgeben, ist nicht nur der Zentralraum des Landes KÄRNTEN sondern auch das größte inneralpine Senkungsfeld. Es dehnt sich von der VILLACHER ALPE im Westen rund 75 Kilometer gegen Osten aus und erreicht eine Breite von 20 bis 30 Kilometern. Es ist von relikten Pfeilern des Grundgebirges, Rücken aus tertiären Konglomeraten, Moränen und Schotterfeldern des eiszeitlichen DRAUGLETSCHERS sowie von nacheiszeitlichen Flußablagerungen erfüllt.

Das bunte Landschaftsbild des zentralen Beckens kommt im Bild sehr deutlich zum Ausdruck. Im Norden erstreckt sich der Ostteil des MOOSBURGER HÜGELLANDES, das mit dem bewaldeten Rücken vom FALKENBERG bis zum KREUZBERG weit in das Stadtgebiet von KLAGENFURT hineinreicht. Der Ostabfall am KREUZBERG gehört zu den bevorzugten Wohngebieten der Landeshauptstadt. Nördlich davon greift die Bucht von LENDORF mit dem SELTENHEIMER MOOS weit in das Hügelland ein. Von KLAGENFURT nach Norden verläuft das ZOLLFELD an der GLAN, die historische Kernlandschaft des Landes. Wie ein Sperriegel schiebt sich von Osten der MARIA SAALER BERG in das Bekken vor. Im Süden des Bildes erscheinen noch die Ausläufer der SATTNITZ, in die südlich der GLANFURT das BECKEN von VIKTRING hineinreicht. Die zentrale Achse bilden das Ostende des WÖRTHERSEES und das Stadtgebiet von KLAGENFURT, das sich in 446 Meter Höhe zwischen den Ausläufern des eher undurchgängigen Hügellandes im Nordwesten und den Sumpfgebieten des WÖRTHERSEE OSTENDES, der GLANFURT und der GLAN ausdehnt. Die Stadt ist relativ jung. Um 1246/47 entstand sie als geplante Siedlung des Spanheimer Herzogs Bernhard als Konkurrenz zu VILLACH, das dem Bistum BAMBERG gehörte und damals in großer Blüte stand.

Im Jahr 1518 wurde KLAGENFURT zur Landeshauptstadt erhoben. Den ältesten Kern der hochmittelalterlichen Stadt bildet ein langgestreckter Dreiecksplatz. Neben dem mittelalterlichen Kern entstand im Süden und Osten die im rechteckigen Grundriß angelegte Renaissancestadt. Im Jahre 1812 zählte KLAGENFURT rund 12.000 Einwohner. Besonders wichtig wurde für die Stadt der Bahnbau. Die Bahnhöfe entstanden im Osten und Süden, wodurch sich hier neben gründerzeitlichen Wohnvierteln auch Industrie ansiedelte. Gleichzeitig entstanden im Nordwesten in Richtung auf den KREUZBERG ruhige und vornehme Villenviertel. Nur zögernd tastete sich die Stadt an den WÖRTHERSEE heran. KLAGENFURT wuchs zwischen den beiden Weltkriegen verstärkt nach Osten und Süden, wo billige Grundstücke angeboten wurden. Die Folge war eine starke Zersiedelung, die heute die Stadtplanung vor große Probleme stellt. Im Uferbereich entstanden vielfältige Fremdenverkehrseinrichtungen, wie Europapark, Minimundus und Campingplätze. In jüngster Zeit wurde in dieser Zone die Universität Klagenfurt aufgebaut. Im Osten und Süden bildete sich nach 1945 eine Industriezone mit modernen und großräumigen Anlagen.

Rund um die Stadt wuchsen die alten, eingemeindeten ehemaligen Bauerndörfer wie ST. PETER und ANNABICHL zu einer mehr oder weniger offen verbauten Vorortezone heran.

Heute geht das Wachstum der Stadt vor allem in das hügelige Gebiet nach Norden, da der Nordosten durch die Anlagen des Flughafens weniger gefragt ist. Der einstige SCHLOSSWEILER ANNABICHL ist zu einer umfangreichen Wohnsiedlung geworden, die alten Dörfer TERNDORF, ST. GEORGEN und TESSENDORF sind in den Stadtkörper eingegliedert worden. Die Auspendlergemeinde MARIA SAAL im Nordwesten des Bildes ist trotz einer umfangreichen Siedlungstätigkeit noch immer stark ländlich geprägt und stellt einen wichtigen Naherholungsraum für KLAGENFURT dar. Das GLANTAL mit dem archäologisch besonders interessanten Zollfeld, ist fast unbesiedelt und noch größtenteils Ackerland, auf dem vorwiegend Getreide und Mais angebaut wird.

Die rechtwinkelige Stadtanlage Klagenfurts entstand im ausgehenden 16. Jahrhundert

Das Klagenfurter Becken ist das größte inneralpine Einbruchsbecken der Ostalpen

Der Magdalensberg ist eine der bedeutendsten archäologischen Fundstätten Österreichs

Die Grundmauern »Virunums«, der Hauptstadt der römischen Provinz Noricum, zeichnen sich gut im Getreide ab

Wolfsberg
Im Lavanttaler Becken

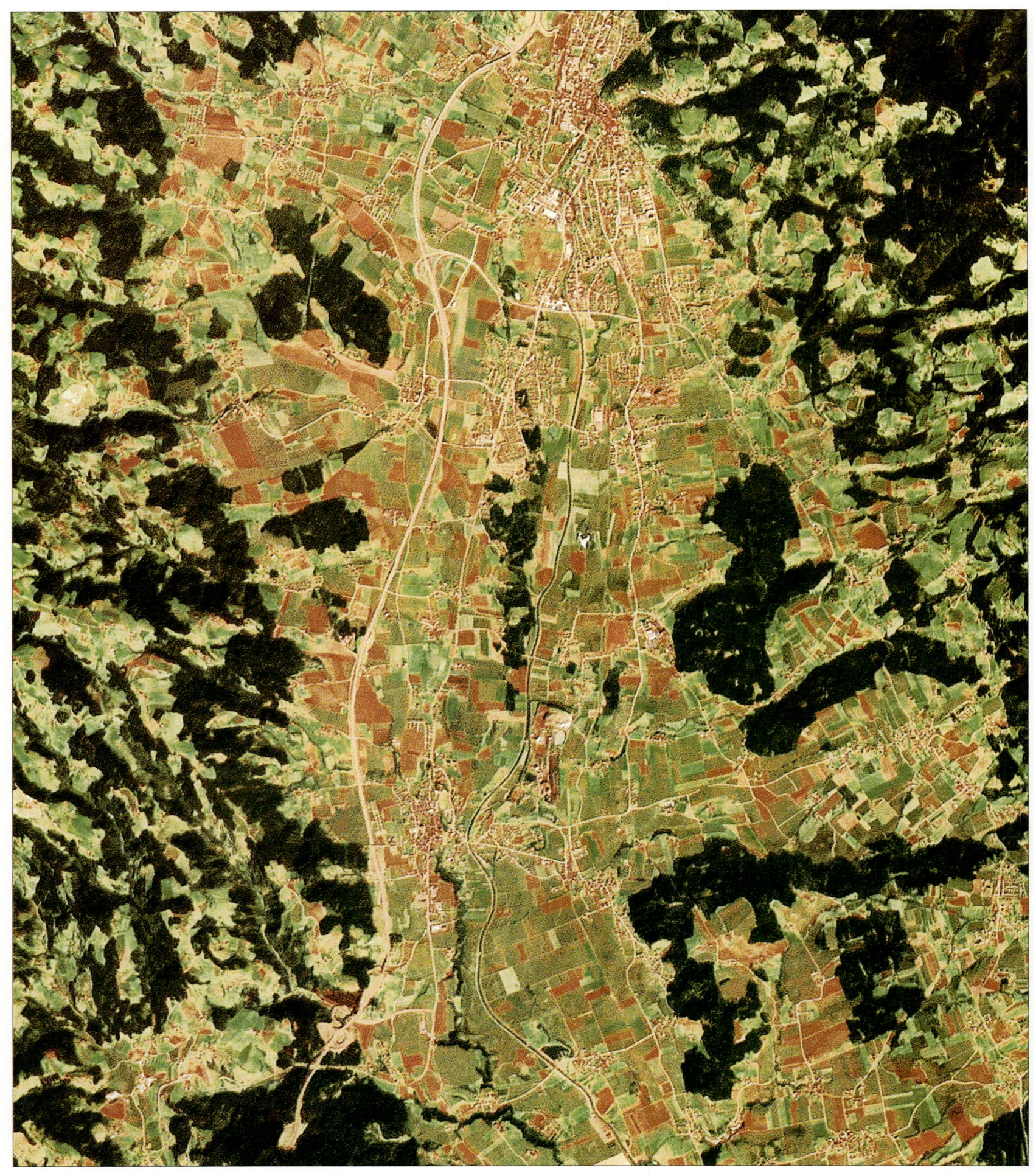

ÖK 50, Blatt 187
ÖK 50, Blatt 188

Das Bild umfaßt das »Paradies von KÄRNTEN«, wie das untere LAVANTTAL aufgrund der günstigen Bedingungen für die Landwirtschaft genannt wird. Den größeren Rahmen für die Beckenlandschaft an der unteren LAVANT bildet der Bau der östlichen ZENTRALALPEN. Die zentrale Achse der kristallinen OSTALPEN, die NIEDEREN TAUERN, biegt südostwärts um. Die LAVANTTALER Bruchzone spaltet diese ehemalige große Wölbung in zwei Nord-Süd streichende Gebirgszüge, die SEETALER ALPEN und die SAUALPEN im Westen, die STUB- und die KORALPE im Osten. In der Gesamtaufnahme ÖSTERREICHS (Seite 8/9) ist die das Bild der östlichen OSTALPEN bestimmende Störungslinie durch den großen Überblick klar zu sehen. In nebenstehendem Bildausschnitt ist sie durch den scharfen Bruchrand zwischen WOLFSBERG und UNTERDRAUBURG zu erkennen. Eine 1.000 Meter mächtige Auffüllung überdeckt im LAVANTTALER GRABEN die Bruchzone, entlang der es gelegentliche Erdbeben gibt und an der Säuerlinge austreten. Die große Wölbung wurde in zwei Teile zerbrochen und durch Hebungsvorgänge schief gestellt, sodaß die Steilabfälle pultartig nach Westen weisen. Dadurch weist das LAVANTTAL vor allem im unteren Bereich einen asymmetrischen Bau auf, der im Bild sehr gut zum Ausdruck kommt. Langgestreckte Rücken zwischen tief eingeschnittenen Tälern ziehen von der SAUALPE herab. Gute Beispiele dafür sind das Tal des ARLING BACHES, das bei WOLFSBERG einmündet sowie das bis an den Hauptkamm der SAUALPEN zurückgreifende Tal des REISBERGER BACHES, das bei ST. MAREIN das Becken erreicht. Im Gegensatz dazu wird in der KORALPE nach einem kurzen Steilanstieg eine Höhe von 2.000 Metern erreicht. Das mehrere 1.000 Meter tiefe LAVANTTALER BECKEN wurde durch jungtertiäre Schichten, die Kohlenflöze führen, aufgefüllt und der Talboden in der Würmeiszeit abschließend von Stauseeablagerungen überdeckt.

Das Endergebnis war ein in vieler Hinsicht asymmetrisches Becken. Die langen, niedrigen Auslaufrücken der SAUALPE erweitern den Siedlungs- und landwirtschaftlichen Nutzungsraum nach Westen. In diesem Bereich ist der Wald sehr stark zurückgedrängt und nimmt vor allem die Hänge der tief eingeschnittenen Kerbtäler ein, die weitgehend unbesiedelt sind. Am Beckenrand wurden flache Schwemmkegel aufgeschüttet, die in die breite Seeterrasse übergehen, in die sich die LAVANT etwa zehn Meter tief eingeschnitten hat. Dort fließt sie in einer feuchten Talaue, die im Bild als langgezogener dunkelgrüner Streifen erscheint. In den Steilhang der KORALPE haben sich tiefe, kurze Täler eingekerbt, die Besiedelung nur an kleinen Verflachungen und Ecken zulassen. Der Waldgürtel ist hier im Osten fast geschlossen.

Das Becken mit einer Länge von 20 Kilometern und einer durchschnittlichen Breite von sechs Kilometern ist nach Süden offen und wird gegen Norden gut abgeschlossen. Die im KLAGENFURTER BECKEN auftretende Kontinentalität wird im LAVANTTALER BECKEN besonders in höheren Lagen gemildert. Dies zeigt sich vor allem im früheren Eintreten gewisser Temperaturwerte, im früheren Blühen der Obstbäume, im Auftreten wärmeliebender Pflanzen wie Edelkastanie, Mannaesche, Hopfenbuche und im früher sehr bedeutenden Weinbau bei WOLFSBERG. Das Zusammenspiel von »mildem Klima« und »guten Böden« bewirkte, daß das untere LAVANTTAL durch seine Getreidefelder und vor allem Obstkulturen zum bevorzugten Agrarraum KÄRNTENS wurde.

Die Besiedelung des Raumes erfolgte schon sehr früh. Bereits 860 nach Christus schenkte Ludwig der Deutsche dem ERZBISTUM SALZBURG einen Hof an der LAVANT, aus dem sich das auf einer Terrasse gelegene und im unteren Bildteil sichtbare ST. ANDRÄ entwickelte. Der Ort wurde 1228 Sitz des neugegründeten BISTUMS LAVANTTAL und entwickelte sich zum Hauptort des Tales. Erst 1859 wurde der Bischofssitz nach MARBURG verlegt. In dieser Phase begann der Abbau von Braunkohle, der dem Raum eine gute wirtschaftliche Entwicklung ermöglichte. Bis zur Schließung im Jahre 1968 belieferte der Bergbau das neu errichtete kalorische Kraftwerk, an das jährlich 650.000 Tonnen Kohle geliefert wurden.

Die Industrialisierung hat es mit sich gebracht, daß das untere LAVANTTAL zu einem industriell-gewerblich-agrarischen Mischgebiet wurde.

Der zentrale Ort des Raumes ist das in der nördlichen Bildhälfte gelegene WOLFSBERG, das Verwaltungsfunktion hat, aber auch ein bedeutender Industriestandort geworden ist.

Für die Verkehrserschließung des LAVANTTALES spielen zwei Verkehrswege eine wichtige Rolle. In den fünfziger Jahren wurde von BLEIBURG die einzige neu errichtete Bahnstrecke der Zweiten Republik ins LAVANTTAL gebaut. Die Südautobahn durchzieht von WOLFSBERG den gesamten Bildausschnitt bis nach ST. ANDRÄ, wo sie nach Westen in Richtung GRIFFEN und KLAGENFURTER BECKEN umschwenkt.

Wolfsberg war während der Reformationszeit eines der Hauptzentren des österreichischen Protestantismus

Die Burg Twimberg nördlich von Wolfsberg wurde im 15. Jahrhundert als Bollwerk gegen die Türken ausgebaut. Sie verfiel ab dem 16. Jahrhundert

Maltatal und Kölnbreinsperre
Speicherkraftwerk in den östlichen Hohen Tauern

ÖK 50, Blatt 155
ÖK 50, Blatt 156
ÖSK 100, Blatt S2

160

*D*as Ostende der HOHEN TAUERN wird durch drei markante Gruppen gebildet, die sich in weitem Bogen um das obere MALTATAL anordnen. Der schmale, unvergletscherte Hauptkamm zwischen dem ANLAUFTAL im Norden und dem von MALLNITZ weit zurückreichenden SEEBACHTAL spaltet sich am KLEINEN ANKOGEL (3.097 Meter) in zwei Äste. Im Norden erhebt sich zunächst der ANKOGEL (3.246 Meter) als markanter Gipfel aus dem großen nach Osten abfließenden KLEINELENDKEES. Der schmale Hauptgrat der TAUERN läuft in einem nach Süden offenen Bogen über den TISCHLERKARKOPF zur ZWÖLFERSPITZE, wo das Gebirge zur 2.259 Meter hohen ARLSCHARTE, dem Übergang vom Tal der GROSSEN ARL ins MALTATAL, absinkt. Dem ANKOGEL ist in Richtung GROSSELENDTAL der SCHWARZHORNKAMM vorgelagert, in dessen Hochkare die verträumten SCHWARZHORN SEEN eingelagert sind. Östlich der ARLSCHARTE setzt der TAUERNKAMM mit dem WEINSCHNABEL (2.750 Meter) an. Gegen Norden verläuft ein schmaler Grat, der die Verbindung zu den am MURTÖRL beginnenden NIEDEREN TAUERN bildet; nach Osten zieht die HAFNER GRUPPE, die im GROSSEN HAFNER mit 3.076 Metern ihre höchste Erhebung hat. Im Norden des HAFNER liegen die ROTGÜLDENSEEN.

Den südlichen Teil des Bildes nimmt die mächtige HOCHALMSPITZGRUPPE ein, die sich am KLEINEN ANKOGEL vom Hauptkamm abspaltet. In der HOCHALMSPITZE, die sich im Süden in der REISSECKGRUPPE fortsetzt, springen die ZENTRALGNEISE des TAUERNFENSTERS am weitesten nach Süden vor. Ein schmaler Kamm, der das oberste GROSSELENDTAL umgibt und an dessen Nordabdachung sich das mächtige GROSSELENDKEES ausdehnt, bleibt meist unter 3.000 Metern und erreicht erst in der TAUERNKÖNIGIN, der HOCHALMSPITZE, eine Höhe von 3.360 Metern. Vom Kulminationspunkt laufen Kämme in alle Richtungen. Deutlich erkennt man im Bild die unterschiedlich großen Gletscher, die der HOCHALMSPITZE ihre Schönheit verleihen. Vom Westen reicht das SEEBACHTAL weit ins Gebirge zurück und trennt den schmalen Grat des SÄULECKS (3.086 Meter) ab. Die zurückweichenden Gletscher haben weite Grundmoränenfelder hinterlassen, die von scharfen Seitenmoränen begrenzt werden und so auf die letzten Gletscherhochstände schließen lassen.

Den Hauptzugang in diesen Raum bildet das MALTATAL, das von Südosten ins Gebirge zieht. Das MALTATAL zweigt bei GMÜND vom LIESERTAL ab.

In diesem wundervollen Naturraum wurde eine der größten Energiegewinnungsanlagen ÖSTERREICHS errichtet. Über neun Brücken und durch sieben Tunnel führt eine 19 Kilometer lange Mautstraße bis in eine Höhe von 1.900 Metern. Sie endet direkt an der KÖLNBREINSPERRE, dem Kernstück der im Jahre 1978 fertiggestellten Kraftwerksgruppe Malta. Im Bereich der ehemaligen SAMERALM wurde das mächtige Sperrwerk mit einer Höhe von 200 Metern und einer Kronenlänge von 626 Metern errichtet, das einen See von 2,5 Quadratkilometern Ausdehnung mit einem Nutzinhalt von 200 Millionen Kubikmetern Wasser aufstaut.

Durch den Straßenbau wurde der früher einsame Raum auch für den Tourismus erschlossen. Jährlich werden die Sperre und das oberste GROSSELENDTAL von hunderttausenden von Menschen besucht.

Die Staumauer der Kölnbreinsperre ist 200 Meter hoch und 626 Meter lang

Die Kölnbreinsperre in 1.900 Meter Seehöhe ist das Kernstück der Kraftwerksgruppe Malta

Spittal an der Drau
Verkehrsknoten und zentraler Ort in Oberkärnten

ÖK 50, Blatt 182

Im Rahmen OBERKÄRNTENS erhält die beckenartige Erweiterung des LURNFELDES, die sich von der Einmündung des MÖLLTALES bei MÖLLBRÜCKE über SPITTAL AN DER DRAU bis FERNDORF erstreckt, von Natur aus eine besondere Stellung im verzweigten Siedlungsnetz des alpinen DRAUTALES.

Eingebettet in das Kristallin der GOLDECK-KREUZECK- und REISSECKGRUPPE sowie des Bergrückens entlang des MILLSTÄTTER SEES vereinigt das heute aufgefüllte Konfluenzbecken die Täler der DRAU, MÖLL und LIESER und führt sie gegen Südosten Richtung VILLACH und KLAGENFURTER BECKEN weiter. In einen, durch glaziale und fluviale Aufschotterung geebneten Beckenboden stoßen mächtige Schwemmkegel vor, ausgedehnte moränenüberkleidete Schotterterrassen geben gute Böden ab, anmoorige Auböden mit Weiden und Erlenbestockung nehmen den Überschwemmungsbereich der breiten DRAUSOHLE ein. Das LURNFELD zeigt noch eine intensive agrarische Nutzung, wenn auch durch den Flächenbedarf der Verkehrswege und die rasche Ausdehnung der Siedlungen ein hoher Landschaftsverbrauch festzustellen ist.

Die vom Norden in einem engen Durchbruchstal in das LURNFELD mündende LIESER hat einen mächtigen Schwemmfächer in das DRAUTAL vorgebaut und den Hauptfluß bis an den Steilabfall des GOLDECKS abgedrängt. Auf diesem so entstandenen hochwassergeschützten Schwemmfächer liegt der historische Kern des Bezirkshauptortes SPITTAL, der sich in den letzten Jahren sehr gut entwickelt hat.

Er dehnt sich um einen rechteckigen Stadtplatz aus, an dessen Südostecke das Renaissanceschloß Porcia liegt. Einen entscheidenden Einfluß auf die Entwicklung der Stadt nahm die Eröffnung der Tauernbahn, die hier in das PUSTERTAL abzweigt. Dadurch kam es zu einem bedeutenden, Richtung Bahnhof gerichteten Wachstum. Heute dehnt sich die Stadt nach zwei Richtungen aus: nach Westen am Abfall des FRATRES entstehen große Einzelhaussiedlungen. Der soziale Wohnbau geht vor allem nach Südosten in das EDLINGER FELD. Hier wurde in den letzten drei Jahrzehnten auch eine große Industrie- und Gewerbezone geschaffen, die den Ruf SPITTALS als Einkaufs- und Arbeitsort weiter gefestigt hat.

Im Süden der Stadt erhebt sich das zum DRAUZUG gehörende GOLDECK, das durch eine Seilbahn erschlossen ist und als wichtiger Naherholungsraum dient. In den letzten Jahren wurde vom Süden her eine Ausflugsstraße auf das GOLDECK gebaut, deren Verlauf sich in der unteren Bildhälfte klar abhebt.

Der Raum des LURNFELDES hat eine zentralisierende Wirkung auf den Verkehr. Neben der Abzweigung der Pustertalstrecke wird vor allem der Straßenverkehr angezogen. Vom Norden aus dem LIESERTAL verläuft die Tauernautobahn zum großen Autobahnkreuz Lieserhofen, wo ein Ast nach Nordwesten in Richtung MÖLL- und oberes DRAUTAL abzweigt, der den vom GROSSGLOCKNER beziehungsweise FELBERTAUERN kommenden Transit aufnimmt und an der Stadt vorbeileitet.

Der MILLSTÄTTER SEE liegt in einer vom eiszeitlichen DRAUGLETSCHER ausgeschürften Wanne. Die Hänge fallen steil zum rund 140 Meter tiefen Seebecken ein. An der Nordseite haben die vom TSCHIERNOCK und den MILLSTÄTTER ALPEN kommenden Seitenbäche Schwemmkegel in den See vorgebaut, die heute Siedlungen tragen. Am besten ausgebildet ist die Schwemmkegellage um MILLSTATT, das in der Vergangenheit durch seine mächtige Klosteranlage zum Kolonisationszentrum in OBERKÄRNTEN wurde. Der am Westende des Sees gelegene Ort SEEBODEN hat sich zu einem bedeutenden Sommerfremdenverkehrsort entwickelt.

Über den MILLSTÄTTER SEE erhebt sich der breite Rücken des TSCHIERNOCK. An der geschützten Sonnenseite wurde die rund 300 Meter über dem See gelegene Terrasse, die sich von TREFFLING bis OBERMILLSTATT hinzieht, da klimatisch begünstigt, zum bevorzugten Siedlungsraum.

Der zwölf Kilometer lange Millstätter See liegt in einem 140 Meter tiefen Gletscherbecken der Eiszeit

Millstatt ist ein gern besuchter Badeort Kärntens am gleichnamigen See

Der Siedlungshügel von St. Peter im Holz, vier Kilometer westlich von Spittal an der Drau, ist seit 1100 vor Christus besiedelt. Ab 50 nach Christus erfolgte der Ausbau der römischen Stadt, von der zahlreiche Funde zeugen

Unausgegrabene römische Mauerreste am Fuße des Holzerberges

163

Kötschach-Mauthen · Gailtal
Doppelort an der Gail

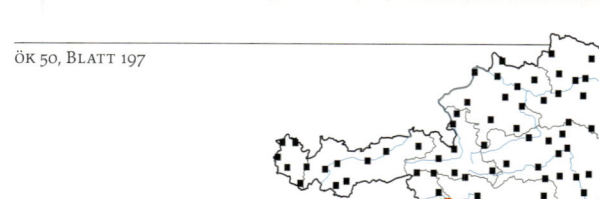

Die geologisch interessanten GAILTALER ALPEN trennen die beiden geradlinig von West nach Ost verlaufenden Längstäler von DRAU im Norden und GAIL im Süden.

Das Gebiet südlich der DRAU nehmen in KÄRNTEN die KALKALPEN und die KARNISCHEN ALPEN ein, deren Nordabfall noch in der unteren Bildhälfte erscheint. Die KALKALPEN werden durch eine auffallende Linie ihnen fremder Gesteine in einen Nord- und Südabschnitt geteilt. Diese langgestreckte Zone folgt dem LESACHTAL und dem GAILTAL und lagert sich eng an die im Norden aufragenden Kalkgesteine an, die im Bild im JAUKENKAMM mit 2.275 Metern kulminieren. Diese Zone ist die Fortsetzung der JUDICARIENLINIE, die sich über 600 Kilometer hin zwischen die ALPEN und die DINARIDEN schiebt. Das südlich anschließende GAILTALER Kristallin taucht nach Süden unter die KARNISCHEN ALPEN. Die KARNISCHEN ALPEN bestehen größtenteils aus paläozoischen Schichten und können aufgrund des Fossilreichtums als geologischer Lehrgarten bezeichnet werden. Auf die alten Gesteine sind Kalkgipfel aufgesetzt, woraus sich ein sehr interessantes Landschaftsbild mit grünen Matten und hellen Kalkfelsen ergibt.

Das obere GAILTAL erstreckt sich von der Stufe westlich von KÖTSCHACH bis nach HERMAGOR. Zwischen den GAILTALER ALPEN im Norden und den KARNISCHEN ALPEN im Süden hat sich ein etwa 1,5 Kilometer breiter Talboden aus jüngsten Anschwemmungen ausgebildet. Typisch für diesen Raum ist auch der starke Gegensatz in den begrenzenden Hängen. Die nach Süden weisenden Hänge der GAILTALER ALPEN sind dünn besiedelt, während der nach Norden schauende Hang der KARNISCHEN HOCHALPEN, bis auf einige kleine Siedlungen auf einer Terrassenflur in 800 Metern Höhe, unbesiedelt ist.

Siedlungsträger ist vornehmlich der Talboden mit den großen Schwemmkegeln, die im Weltraumbild ein klares Gliederungselement abgeben. Daß die Siedlungen den Talboden meiden und auf die trockeneren Schwemmfächer ausweichen, liegt auch darin begründet, daß der Talboden ein geringes Gefälle hat und daher bei den häufig auftretenden Hochwässern weite Strecken überschwemmt sind. Der Fluß wird von zahlreichen Mooren und Auwäldern begleitet, die für das obere GAILTAL typisch sind. Auf den Wiesen im Bereich des Talbodens beruhte die einst bedeutende Pferdezucht.

Am Hang der KARNISCHEN ALPEN liegt der Ort WÜRMLACH. Hier zweigt die Adria-Wien-Pipeline von der transalpinen Leitung ab, die von Monfalcone nach Ingolstadt führt.

Der Doppelort KÖTSCHACH-MAUTHEN konnte sich in den letzten Jahrzehnten zu einem bedeutenden Fremdenverkehrsort entwickeln. Die Orte liegen auf Schwemmkegeln der Seitenbäche und verdanken ihre Entwicklung dem Fernverkehr. Die beiden Hochgruppen der GAILTALER ALPEN und der KARNISCHEN ALPEN verlieren hier rasch an Höhe, und im Übergang zur niedrigen Fortsetzung im Osten finden sich zwei tief eingeschnittene Pässe, im Norden der 981 Meter hohe GAILBERGSATTEL und im Süden der PLÖCKENPASS mit 1.357 Metern Höhe, der den Zugang in die oberitalienische Tiefebene ermöglicht. An diese besonders seit der Römerzeit wichtigen Straßenübergängen haben sich zwei Paßfußorte gebildet: das im Grundriß dörfliche Straßendorf KÖTSCHACH und der geschlossen verbaute Mautort, der bereits 1377 zum Markt erhoben wurde. Dieses MAUTHEN liegt an der Stelle des römischen LONCIUM. Heute sind beide Ortskerne entlang einer Verbindungsstraße locker zusammengewachsen.

Westlich des Doppelortes endet das GAILTAL an der 200 Meter hohen Stufe von WETZMANN, die das LESACHTAL abtrennt. Die GAIL schneidet in einer engen Schlucht in den Felsriegel ein. Als langer, eisgeformter Talstrunk hängt der GAILBERG über den beiden Haupttälern. Er trennt die waldreichen Hänge und alten Landflächen von MUSSEN und JUCKENBÜHEL. Im Norden der GAILTALER ALPEN zieht sich das DRAUTAL, das in der Talenge des TIROLER TORES KÄRNTEN betritt, begrenzt von den Abfällen der kristallinen KREUZECKGRUPPE nach Osten. Das obere DRAUTAL weist eine breite Talsohle auf. Die zahlreichen Schwemm- und Murenkegel engen das Tal von beiden Seiten ein und zwingen den Fluß zum Mäandrieren. Von einem Schwemmkegel zum nächsten werden Fluß- und Grundwasser gestaut, der Boden ist feucht und von Entwässerungskanälen durchzogen. Ein mächtiger Schwemmfächer liegt bei SIMMERLACH am Ausgang des aus der KREUZECKGRUPPE kommenden DOBLGRABENS.

Auch im DRAUTAL erkennt man eine typische Asymmetrie der Besiedelung. In der sonnseitigen KREUZECKGRUPPE zieht die Besiedelung mit Einzelhöfen und Kirchweilern, die durch Straßen gut erschlossen sind, hoch hinauf, während der Hang der GAILTALER ALPEN dicht bewaldet und gänzlich unbesiedelt ist. Wichtigste Siedlung ist OBERDRAUBURG, der Paßfußort am GAILBERG.

Von Kötschach-Mauthen, am Ausgang des Lesachtales in das Gailtal und an der Verbindung zum Drautal gelegen, führt die Straße über den Plöckenpaß nach Italien

Villach
Verkehrsknoten im westlichen Klagenfurter Becken

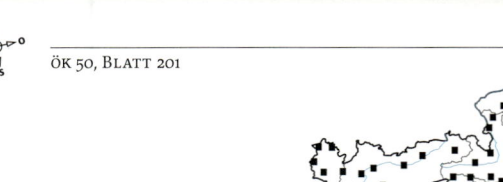

ÖK 50, Blatt 201

Das Satellitenbild zeigt ganz deutlich die Stellung VILLACHS als Verkehrsknoten im Westteil des KLAGENFURTER BECKENS. VILLACH, die zweitgrößte Stadt KÄRNTENS, zählt zu den Mittelstädten ÖSTERREICHS. Die Stadt liegt auf dem flachen Gleithang eines DRAUMÄANDERS und steigt auf Terrassen an. Am flachen Terrassenhang zwischen Kirche und DRAUUFER liegt die Altstadt in einer Seehöhe von 501 Metern. Die neueren Viertel der Stadt erstrecken sich westlich des Westbahnhofs auf Terrassen mit einer Höhe von 520 bis 560 Metern. Es sind spätwürmeiszeitliche und postglaziale Terrassen, Aufschüttungen der DRAU und GAIL, die am Rande des abschmelzenden Gletscherlappens gegen das Eis geschüttet wurden.

Der dreieckige Stadtkern der mittelalterlichen Stadt weist eine planmäßige Anlage auf. Der zweite Zug im Grundriß der Stadt ist der isohypsenparallele Verlauf einiger Gassen, die am Hauptplatz ungeregelt zusammenstoßen. Nördlich der DRAU liegt das Bahnhofsviertel, dessen Größe auf die Bedeutung VILLACHS als Bahnknotenpunkt hinweist. In der Phase des Bahnbaues setzte für VILLACH ein Aufschwung ein, in dessen Zeit zahlreiche Wohnviertel nördlich der DRAU entstanden sind. Größere gründerzeitliche Wohnviertel liegen im Westen und Süden der Stadt. Die Verbauung zwischen den Weltkriegen und vor allem nach 1945 konzentrierte sich auf die Terrassen von LIND im Norden des Bahnhofsgeländes sowie auf die Hänge am Abfall der VILLACHER ALPE. Im Süden der Stadt hat sich aufgrund warmer Quellen der Kurort WARMBAD VILLACH entwickeln können. Die jüngste Siedlungsausweitung hat ehemalige Dörfer erreicht und diese dem Stadtkörper eingegliedert und dabei völlig überformt. Die Stadt war schon seit langem in die Umlandgemeinden hinausgewachsen und hat hier vor allem zu den Gemeinden LANDSKRON und FELLACH ein geschlossenes Siedlungsgebiet geschaffen.

Von der Stadt nach Südwesten erstreckt sich der Unterlauf der GAIL, die hier zwischen dem bewaldeten Rücken der DOBROVA und dem Abfall der VILLACHER ALPE der DRAU zuströmt. Der Bereich des Talbodens ist durch den großen Verschiebebahnhof FÜRNITZ und zahlreiche Industriebetriebe sehr stark überbaut worden.

Der Autobahnknoten östlich von VILLACH deutet auf die große Verkehrsbedeutung des Raumes hin. Von Osten nach Südwesten verläuft die Südautobahn, die vom WÖRTHERSEE kommend am Hang der DOBROVA ins GAILTAL führt. Aus dem DRAUTAL mündet von Nordwesten die Tauernautobahn, die die Ausläufer des OSWALDIBERGES in einem langen Straßentunnel unterfährt. Vom großen Knoten drauabwärts verläuft die Karawankenautobahn.

In das bewaldete, aus eiszeitlichen Schottern aufgebaute Hügelland der DOBROVA, das im Süden durch eine parallel zu den KARAWANKEN verlaufende Talung mit den Orten FINKENSTEIN und LATSCHACH begrenzt wird, ist der 29,5 Meter tiefe und durch eine Insel gekennzeichnete FAAKER SEE eingelagert, der sich in den letzten Jahrzehnten zu einem bedeutenden Sommerfremdenverkehrsgebiet entwickelt hat. Durch diese Entwicklung haben sich die zahlreichen Dörfer und Weiler in Seenähe völlig verändert und zeigen ein gewaltiges Wachstum wie etwa FAAK im Südwesten und DROBOLLACH im Norden des Sees.

Die DRAU bildet die zentrale Achse im Bild, deren Lauf durch zahlreiche Kraftwerksbauten stark verändert wurde. Im Osten von VILLACH liegt der große Stausee von ROSEGG mit dem alten Mäander bei DRAUTSCHEN, der vom Schloss Wernberg überragt wird.

Von VILLACH nach Nordwesten verläuft zwischen dem bewaldeten Höhenrücken der OSSIACHER TAUERN und dem Abfall der GERLITZEN die eiszeitlich angelegte OSSIACHER SEEFURCHE. Der See hat nach dem Rückzug des Eises weiter nach Südwesten bis an den Abfall des OSWALDIBERGES und KUMITZBERGES gereicht. Dieser Teil wurde im Postglazial durch den TREFFENER BACH zugeschüttet und bildet heute eine weite, offene, landwirtschaftlich genutzte Fläche, die stark durch die Verkehrswege beeinträchtigt ist.

Das OSSIACHER-SEE-TAL ist in das kristalline Grundgebirge eingetieft und zeigt im westlichen Teil eine breite Trogform.

Blick über die Drau vor dem Stillegen der Flußschlinge im Zuge eines Kraftwerkbaues

Villach, die zweitgrößte Stadt Kärntens, hat besondere Bedeutung im Durchgangs- und Warenverkehr mit Italien

Das Österreichische Fernerkundungs-Datenzentrum

Technologie-Zentrum Salzburg, Sitz des OFD und von GEOSPACE

Als die ersten Satellitenbilder veröffentlicht wurden, staunten die Menschen wie bei den ersten Fotografien: Die Erde aus dem Weltall gesehen – eine Perspektive, die das Denken der Menschen verändert hat. »*Think Global – Act Local*«, diese Devise ist in Wissenschaft, Politik und Wirtschaft zu einem Leitbild geworden.

Nach 20 Jahren der Entwicklungszeit werden Satellitendaten nun als wichtige Informationsquelle für die Entwicklung von Strategien zur nachhaltigen Nutzung der Resourcen unserer Erde von Entscheidungsträgern weltweit genutzt. Sie finden Anwendung in den Bereichen Umweltmonitoring, Land- und Forstwirtschaft, Ressourcenmanagement, Geologie, Kartographie und anderen mehr.

Um den Bedürfnissen der Nutzer nachzukommen, entwickeln viele Staaten der Erde – und zunehmend auch rein kommerzielle Konsortien – laufend neue Satelliten zur Erdbeobachtung.

Die österreichische Firma GEOSPACE GMBH, die in ÖSTERREICH bereits seit 1986 die wichtigsten internationalen Betreiber von Erdbeobachtungssatelliten vertritt, hat dieser rasanten Entwicklung Rechnung getragen.

1995 wurde in Kooperation mit dem Techno-Z Salzburg Research Verein das Österreichische Fernerkundungs-Datenzentrum (OFD) gegründet. Das OFD ist Ansprechpartner in allen Fragen der Fernerkundung, berät über Nutzungsmöglichkeit der verschiedenen Daten und führt Bestellung und Lieferung der Satellitenbilddaten durch. Damit ist das OFD die österreichische Schaltstelle zwischen den weltweiten Datenlieferanten und den österreichischen Anwendern. Die Mitarbeiter des OFD nehmen laufend an internationalen Veranstaltungen der Satellitenbetreiber teil, im Rahmen derer über bestehende Anwendungen und zukünftige Entwicklungen informiert wird. Mit Hilfe einer Kunden- und Interessenten-Datenbank sammelt das OFD alle Wünsche und Informationsbedürfnisse und informiert einerseits die Anwender gezielt über Neuerungen und andererseits die Satellitenbetreiber über spezifische Anforderungen an die Daten.

Im Sinne des CEO-Gedankens (Center of Earth Observation), der von der Europäischen Kommission (DG XII) und dem Joint Research Center in Ispra (Italien) ausgehend, die Nutzung von Satellitenbilddaten durch ein Informationsnetzwerk fördert, erfüllt das OFD bereits jetzt die Funktion des österreichischen Knotenpunktes.

Die Zukunft der Satellitenbildtechnologie hat gerade erst begonnen. Mit der Aussicht auf Daten im Bereich von einem Meter Bodenauflösung in den kommenden Jahren wird ihr eine neue Dimension eröffnet.

Das Österreichische Fernerkundungs-Datenzentrum wird die österreichischen Anwender bei der Erschließung dieser Technolgie mit Hilfe von maßgeschneiderten Serviceleistungen unterstützen.

OFD, Techno-Z, Jakob-Haringer-Str. 1, 5020 Salzburg,
Tel.: 06 62-45 85 06, Fax: 06 62-45 81 15 13,
e-mail: satdata@ofd.ac.at
www: http://www.ofd.ac.at/ofd/

Literaturverzeichnis

Arnberger, E.: Encyklopädie der Kartographie, Band 1, Deutike, Wien 1975.
Bauer, B.: Geomorphologie des südöstlichen Waldviertels im Einzugsgebiet von Krems und Kamp, Verlag Notring, Wien 1972.
Bamberger R.; Bamberger M.; Bruckmüller E.; Gutkas K.: Österreich Lexikon, in zwei Bänden, Verlagsgemeinschaft Österreich-Lexikon 1995.
Beckel, L.; Koren, J.: Österreich aus der Luft, Pinguin Verlag, Innsbruck 1989.
Beckel, L.; Forster F.: Satellitenbildatlas Österreich, RV Reise- und Verkehrsverlag, München, Stuttgart 1994.
Beckel, L., Hrsg.: Satellite Remote Sensing Forest Atlas of Europe, Justus Perthes Verlag, Gotha 1995.
Beckel, L., Hrsg.: Global Change, Satellitenbilder dokumentieren wie sich die Erde verändert, RV Reise- und Verkehrsverlag München, Stuttgart 1996.
Böhm, W.: 60 Jahre Landeshauptstadt – zur Entwicklung des Stadtbildes der Freistadt Eisenstadt in: Geographisches Jahrbuch Burgenland, 1979.
Diercke Weltatlas Österreich, Georg Westermann Verlag, Wien 1995.
European Commission: Umwelt und Klima 1994–1998, Informationspaket, Brussels 1994.
Forster, F.: Schärding, Steyr, Untere Ybbs-Landschaftsplanung in: Handbuch zum Diercke Weltatlas Österreich, Westermann Verlag, Wien 1996.
Forster, F.: Oberkärnten in: Exkursionsführer des 21. Deutschen Schulgeographentages, Salzburg 1988, Westermann Verlag, Wien 1996.
Haßlacher, P.: National Park Hohe Tauern in: Exkursionsführer des 21. Deutschen Schulgeographentages, Salzburg 1988.
Heuberger, H.: Die Ötztalmündung in: Alpenkundliche Studien; Festschrift für Hans Kinzl; Innsbruck 1968.
Katzmann, W.; Schrom, H.: Umweltreport Österreich, Kremayr & Scheriau, Wien 1991.
Klappacher, O.: Unser Nachbar Österreich, Westermann Verlag, Braunschweig 1993.
Kommission für Raumforschung der Österreichischen Akademie der Wissenschaften: Atlas der Republik Österreich, Freytag-Berndt u. Artaria, Wien 1972.
Krebs, N.: Die Ostalpen und das heutige Österreich, Nachdruck, Wissenschaftliche Buchgesellschaft, Darmstadt 1961.
Müller, G.: Der Lungau – Mehr als eine Ferienlandschaft, Tamsweg 1981.
Österreichischer Oberstufen-Atlas, Ed. Hölzl, Wien 1996.
Österreichisches Statistisches Zentralamt u. Umweltbundesamt: Umwelt in Österreich, Daten und Trends 1994, Wien 1994.
Paschinger, H.: Kärnten - eine geographische Landeskunde, Band I, Klagenfurt 1976, Band II, Klagenfurt 1979.
Seifriedsberger, A.: Kaprun – Kitzsteinhorn in: Exkursionsführer des 21. Deutschen Schulgeographentages, Salzburg 1988.
Schindlbauer, G.: Das oberösterreichische Salzkammergut in: Exkursionen im Bundesland Salzburg und in Nachbargebieten, Salzburg 1992.
Schnürer, S.: Ötztaler Alpen – Silvretta – Verwall, BLV München 1990.
Sitte, W.: Kaprun und Kitzsteinhorn in GW-Unterricht, Nr. 55; 1994.
Stelzl, H.: St. Pölten – Planung einer neuen Hauptstadt in: Handbuch zum Diercke Weltatlas Österreich, Westermann Verlag, Wien 1996.
Stenzel, G.: Österreichs Burgen, Verlag Kremayr & Scheriau, 1989.
Unterstufen Schulatlas, Freytag - Berndt u. Artaria, Wien 1996.

Stadtbücher und Festschriften
Leibnitz – 75 Jahre Stadt, 1988
Industrievierteler Hausbuch, 1991
Stadt Bludenz, 1974
Stadbuch Kitzbühel, 1982
Bezirksbuch Braunau
Stadt- und Landschaftsentwicklungspläne:
Stadentwicklungsplan Feldkirch, 1996
Stadtentwicklungsplan Zell am See
Stadtentwicklungsplan Kapfenberg

Location	Page
Bregenz	28
Bregenzerwald	34
Feldkirch	30
Bludenz	32
Arlberg	38
Silvretta	36
Landeck	42
Tschirgant	44
Kaunergrat	46
Sölden	48
Innsbruck	40
Achensee Jenbach	50
Kitzbühel	52
Nationalpark Hohe Tauern	12
Zell am See	62
Großvenediger	64
Großglockner	66
Bad G…	68
Lienz	54
Kötsc… Mauthen	164
58	
56	
Stein… 60	